人材ビジネスを整理する

視点　人材ビジネスは直接、間接的に多様な個人と多様な組織を支援する

人材ビジネスは求職者と採用企業だけではなく、在職者、離職者、未就職者、フリーランスや在籍企業、採用予定のない企業まで関わっています。

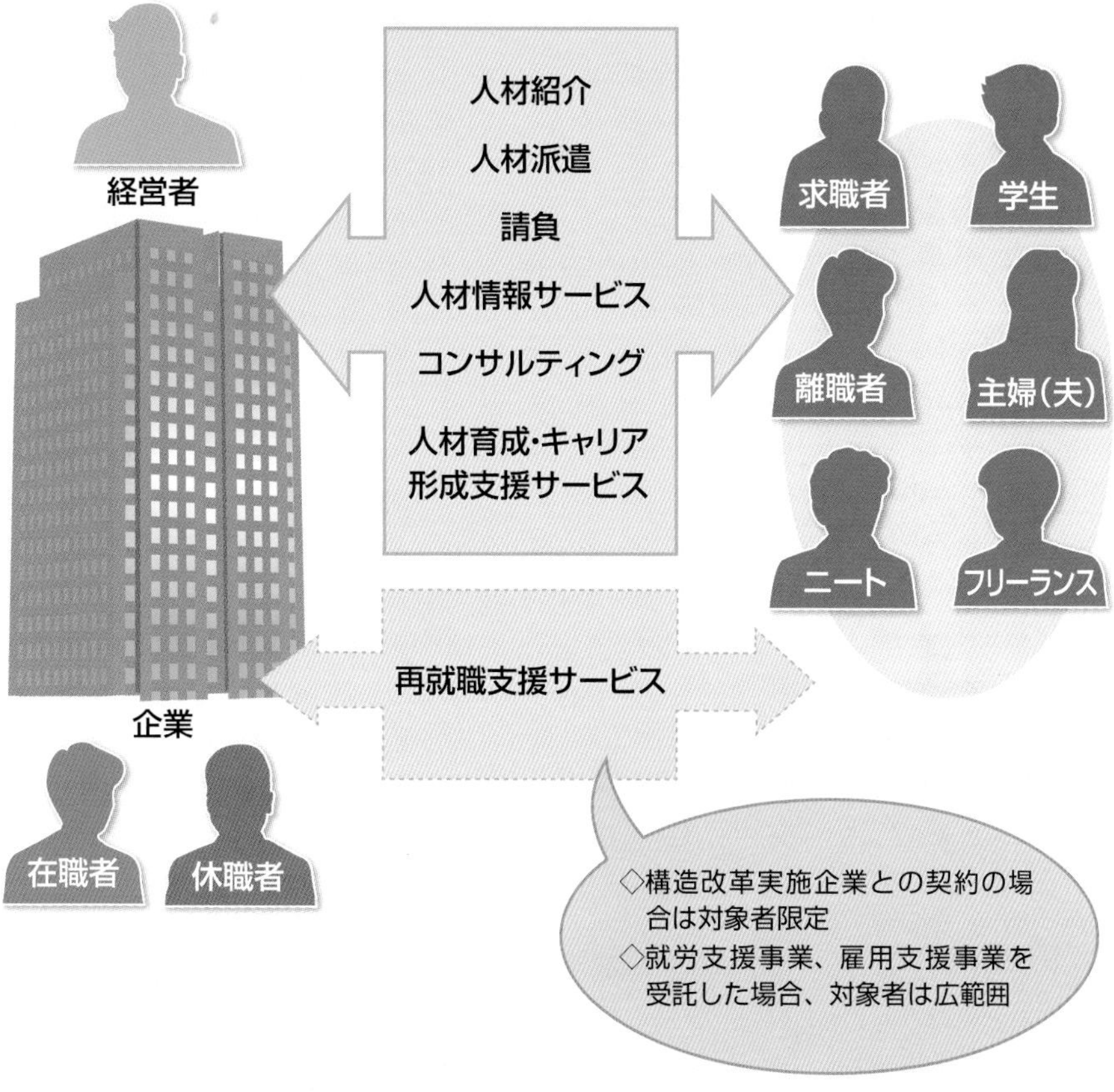

雇用支援　就業環境改善　人事改革　生産性向上　業務改善
業務の請負　就業支援　両立支援　雇用創出　人材育成支援
キャリア形成支援　独立起業支援　事業承継支援　地域活性化

プラットフォーム化に着目する

視点　大手人材総合サービス会社のプラットフォームは深化している

就業と雇用に関する**ワンストップサービス**を行う大手人材総合サービス会社はすでに**プラットフォーム**といえますが、更なるメガ化により深化しています。

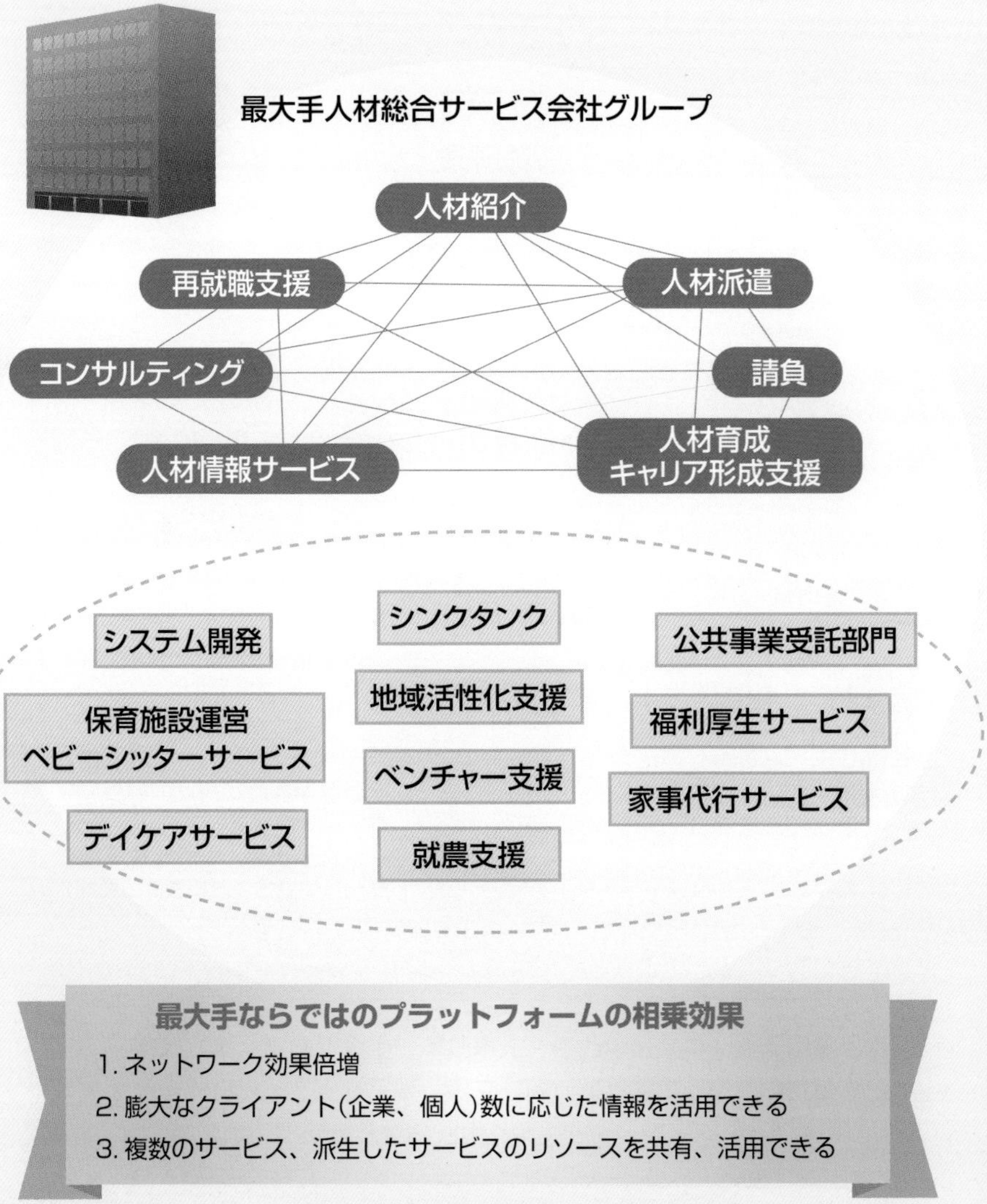

最大手ならではのプラットフォームの相乗効果

1. ネットワーク効果倍増
2. 膨大なクライアント(企業、個人)数に応じた情報を活用できる
3. 複数のサービス、派生したサービスのリソースを共有、活用できる

働き方改革と人材ビジネス

視点❶ 「働き方改革」は人材ビジネスとリンクする

これまでも過重労働防止や多様な働き方、柔軟な働き方に貢献してきた人材ビジネスは、今後ますます必要とされるでしょう。

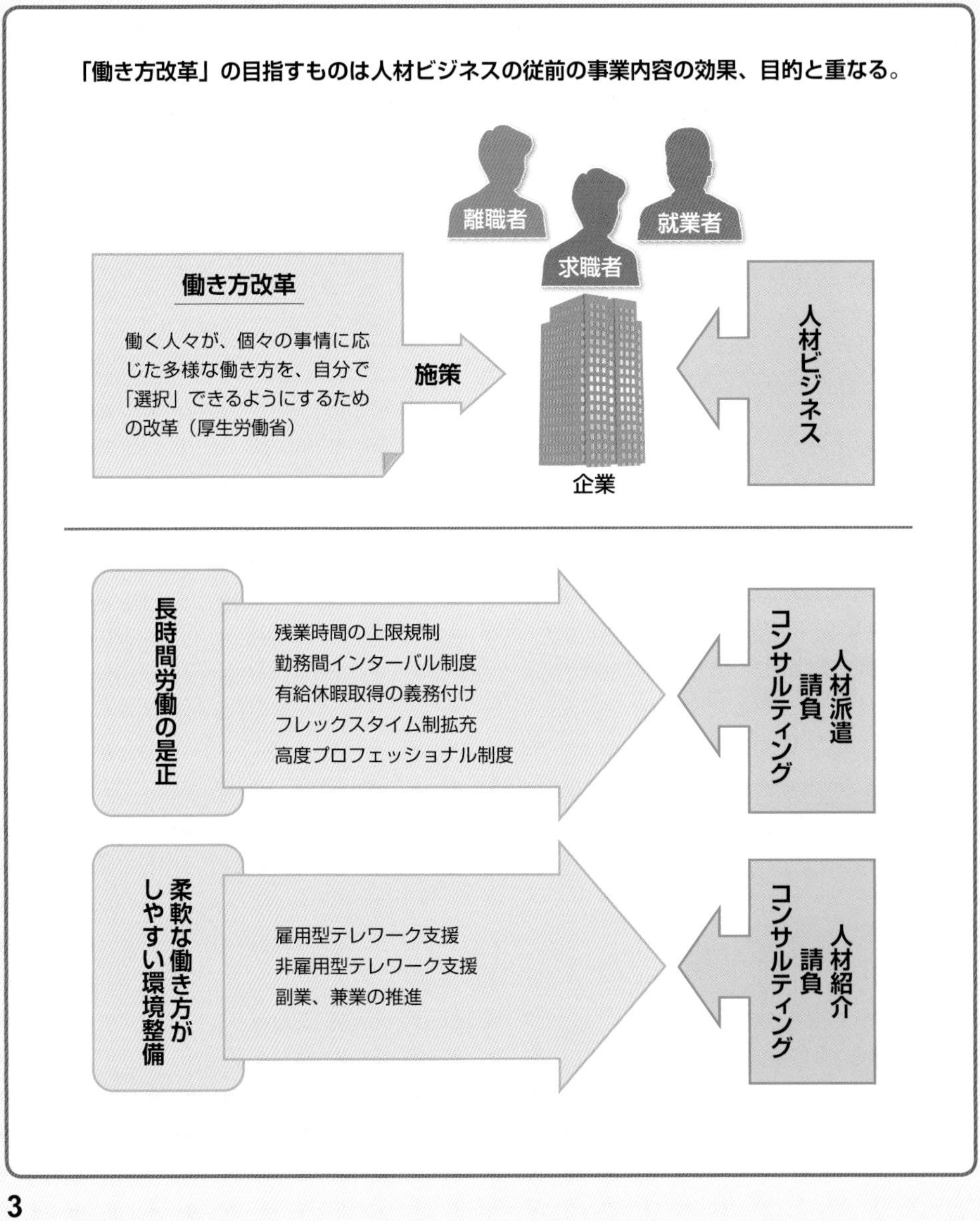

視点❷　人材ビジネスは「働き方改革」をサポートする

両立支援、職場復帰支援、中高年の就業促進、多様な人材の活用は元々人材ビジネスの得意分野です。

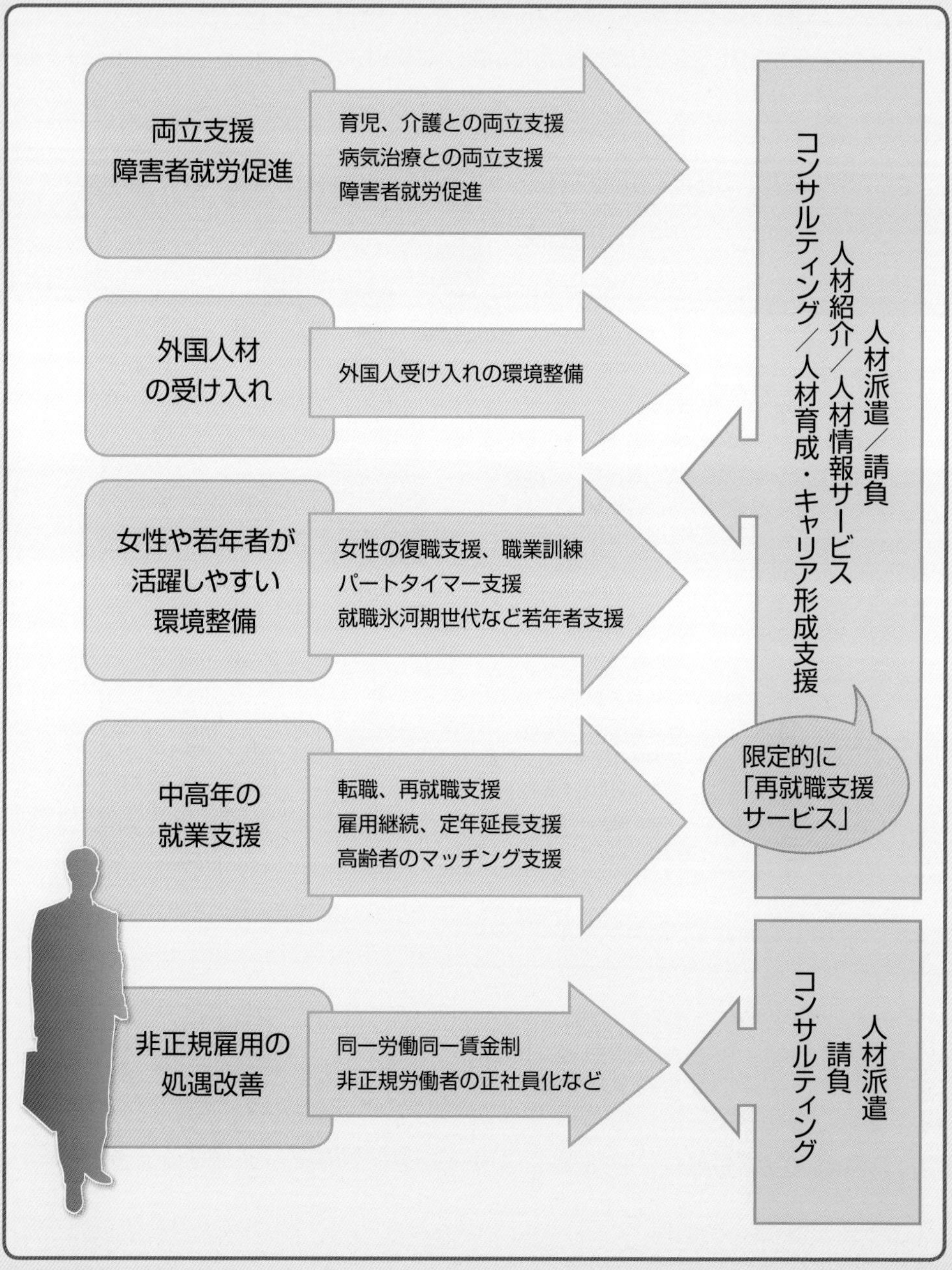

AI、ロボットの発達は人材ビジネスにどんな影響を及ぼすか

視点　AI、ロボットの発達は雇用と就業に大きな変化をもたらす

人材ビジネスはその変化に応じてサービス内容の柔軟性を高め、より多様なサービスを提供する必要があり、自社の業務の進め方にも改革が求められます。

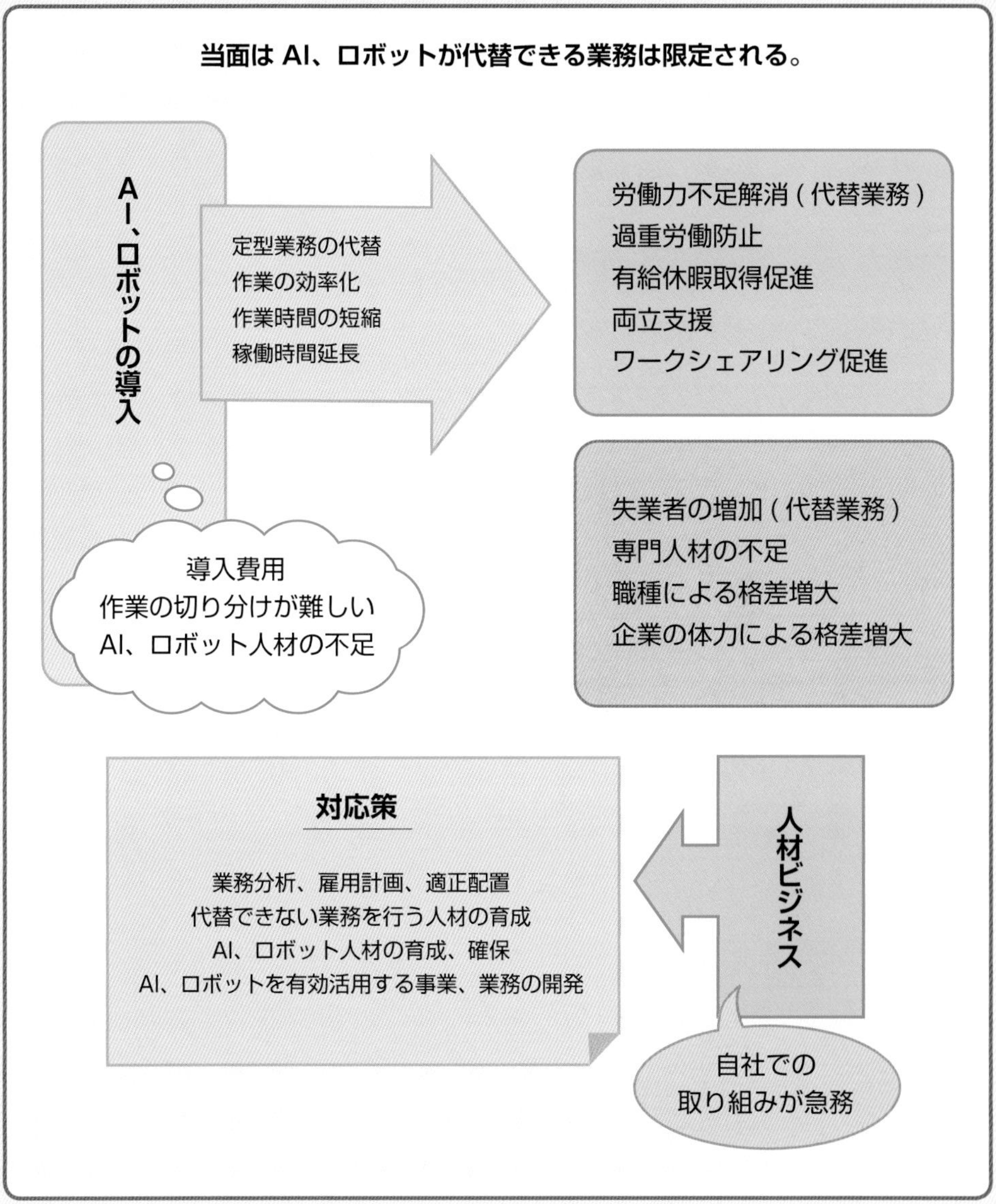

多様な働き方を分析する

視点 副業、兼業、テレワークを創る、マッチングする、サポートする

「働き方改革」以前から、副業、兼業、在宅勤務を認める企業が増え始め、フリーランスの働き方もより多様になりました。それらに応じた人材ビジネスもあります。

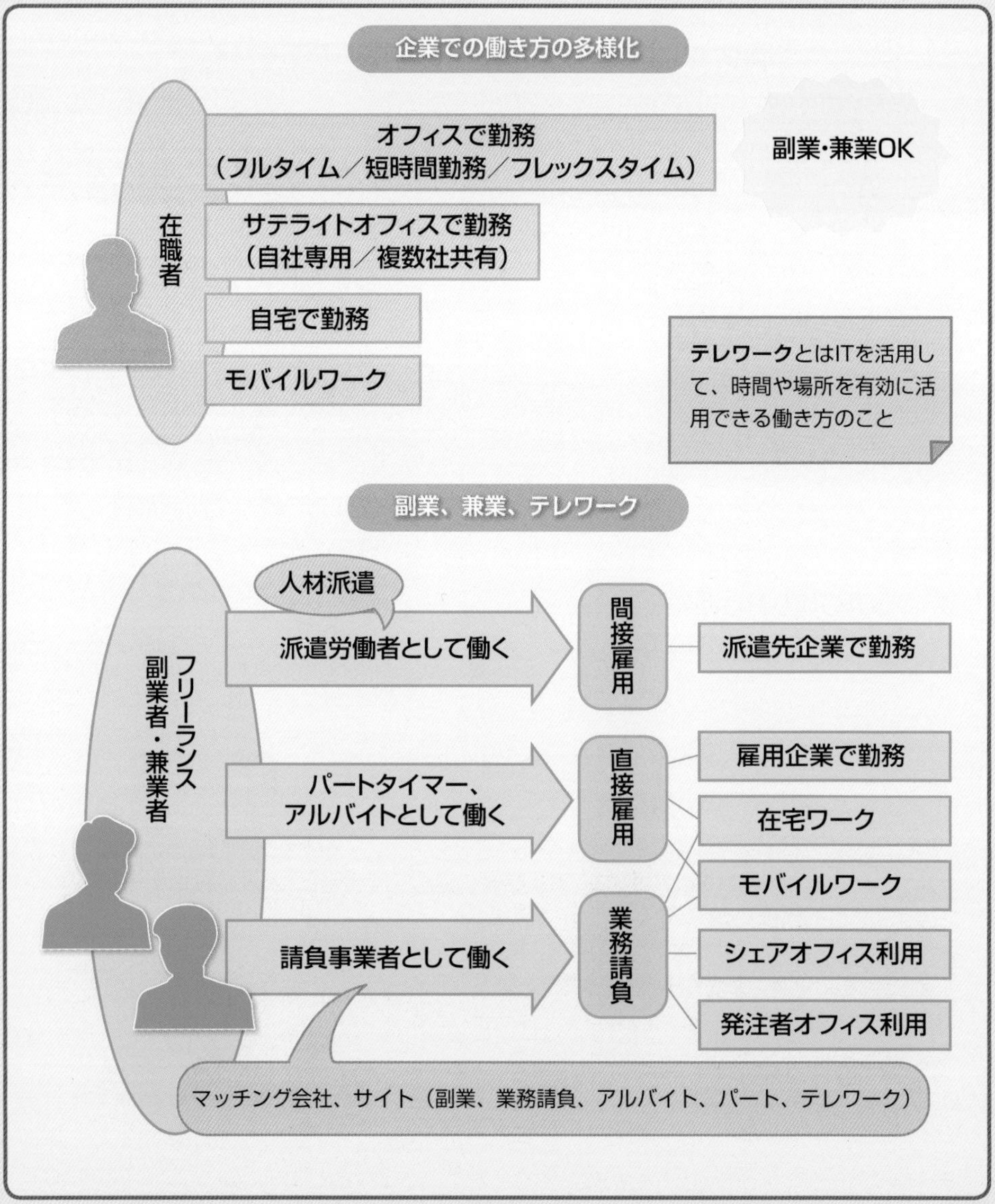

新しい働き方、マッチングビジネスの登場！

視点❶　ギグエコノミー、シェアリングエコノミーは柔軟な働き方を創る！

個人がマッチング会社を介して短期単発の仕事を受託するスタイルはより多様になり、依頼企業、依頼人と就業者双方のニーズに応えています。

クラウドソーシングは定着し、受託内容を特化したマッチングサービスや個人間の業務受発注を仲介するビジネスが続々と現れています。

シェアリングエコノミー：複数の企業、個人が物や労働力、スキル、知識を活用することで成り立つ経済形態

ギグエコノミー：インターネットを通じて短期単発の仕事を請け負う働き方や、それによって成り立つ経済形態

クラウドソーシング：インターネットを介して不特定多数の個人、企業が業務を受発注する仕組み

		マッチングサービス会社、サイト、アプリ
多様な業務	総合的なクラウドソーシングサービス	「クラウドワークス」「ランサーズ」「ココナラ」他
特化した業務	飲食店の宅配代行	「ウーバーイーツ」
	簡単な作業	「シェアジョブ」「エリクラ」他
	ビジネスの助言	「ビザスク」
	軽貨物配送	「ピックゴー」他

ギグワーカーの社会保障、トラブル対応が課題！

視点❷　インフルエンサーマーケティングの拡大は新たな人材市場を生む

スマートフォンの普及、SNS活用度アップにより、インフルエンサーをマッチングするインフルエンサーマーケティング会社が急増しています。

インフルエンサーマーケティングとは、対象分野に強く、その顧客層に訴求力をもつインフルエンサーを起用してマーケティングする手法で、依頼企業とインフルエンサーをマッチングするマーケティング会社は一種の人材ビジネス会社ともいえるでしょう。

インフルエンサーとはInstagram、You Tube、Blogなどで情報発信して他者の行動や社会に影響を与える人で、狭義では「依頼企業のサービスや商品をネット上で評価、PRする人」のこと

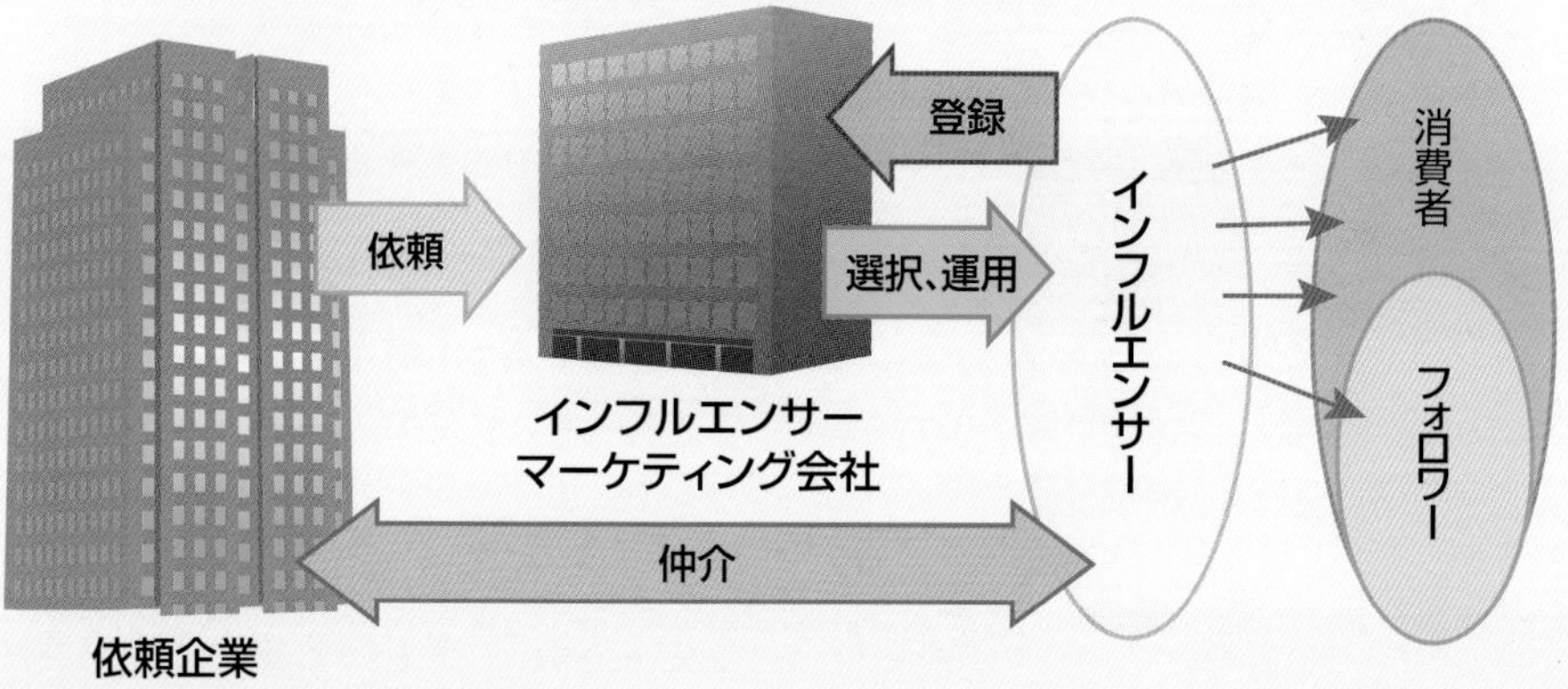

▼インフルエンサーマーケティング会社

ディレクション型	インフルエンサーの選択、運用などマーケティング業務すべてを受託する。
プラットフォーム型	依頼企業がインフルエンサーを選択できるプラットフォームを提供する。

市場規模は
2018年度219億円！
2025年度は674億円の見通し

著名人以外のインフルエンサーが急増し、副業、在宅ワークともなっている

How-nual Shuwasystem Industry Trend Guide Book

図解入門
業界研究

最新 人材ビジネスの動向とカラクリがよ～くわかる本

業界人、就職、転職に役立つ情報満載

［第3版］

人材ビジネスコンサルタント/
キャリア・カウンセラー
土岐 優美 著

秀和システム

はじめに

本書の既刊（第2版）を刊行してから四年以上が経ちました。その間に、技術革新、インターネット利用の拡大、スマートフォンの普及、組織、産業構造の変革、個人の意識の変化、多様な働き方の登場、関連法の改定など、人材ビジネスを取り巻く状況は激変しています。「公務員なら安全」と求職者が殺到した地方自治体職員の採用は、いまや民間企業との人材獲得競争に追い込まれています。業績が好調であっても、早期希望退職制度を主とする人員削減を行う企業も増えました。都市への人口集中が進む中、インターネットを活用すれば仕事ができるため、地方に移住する人も現れました。在宅で一時的に様々な業務を請け負う働き方も多様化し、それを仲介するビジネスも盛んになっています。AI導入によって労働力不足が解消されるのか、失業者が増えるのか新たな課題も生まれました。

さて、業界ばかりか、個人、組織に大きな影響を与えた、二〇一五年の改正労働者派遣法の問題点はそのままに、「働き方改革」が開始されました。改革の趣旨である「働く人々がそれぞれの事情に応じた多様な働き方を選択できる社会」は、これまでも人材ビジネスが目指し、貢献してきたことです。派遣法の問題点の解決にもまた、寄与するはずです。

一方、違法行為を行う業者、質の低い業者や、人材ビジネスを簡単に利益が得られるビジネスと捉え、安易に参入する人も消えてはいません。そのために、多くの人がいまだに人材ビジネスに「虚業」「怪しい仕事」というイメージを抱いています。民間企業であるがゆえに、自社や依頼先企業の利益のみを重視しているとの誤解もあります。

しかしながら、本来、人材ビジネスには「組織、個人、人材ビジネス業者の三者がＷｉｎ-Ｗｉｎの関係である」という基本原則があります。だからこそ成り立つともいえます。そして、様々な変化に対応し、組織と個人、双方の多様なニーズに柔軟に応える、双方をマッチングする人材ビジネスは常に求められています。

したがって、この間の変化を伝えるだけでなく、人材ビジネスの原則、本来の内容、責務、課題と機能性、柔軟性を伝え続けることが必要と考えます。同時に、もともと広範囲で、さらに多様化し続けている人材ビジネスを体系化し、総合的に案内することがいまもなお重要です。

また、人材ビジネス会社には多様な経験、スキル、資質を持つ人材が求められ、年齢がマイナスになるとは限りません。職業経験だけでなく、管理育成経験、人生経験、社会経験なども役に立つ仕事であり、組織と個人の双方の立場に立てることが強みとなるからです。

つまり、人材ビジネスに対する多様なニーズが常に存在していると同時に、多様な人材が人材ビジネスに関わることができるともいえます。

本書ではまず、範囲を明らかにした上で分類し、それぞれの概容とシステム、活用のメリットを説明します。いずれも、相互に密接な関係があり、その活用範囲、対応範囲が拡大、または特定されています。続いて個人のキャリアの流れに沿って、在学中、ファーストキャリア、セカンドキャリアへと、同時進行で企業側の採用、入社後の人事管理、退職関連・独立開業等へと、段階ごとに人材ビジネスの事業範囲、活用状況、課題も見えてきます。そして、最終章では、今後の展望について考えていきます。

本書は、筆者がかつて人材派遣会社に勤務し、現在はキャリア・カウンセラーとして、あらゆる人材ビジネスに直接・間接に複合的に関わっているからこそ、その全体像や現実を伝えられるものと考えます。今後も、社会や個人、組織の変化につれ、人材ビジネス業界は変化し続けることでしょう。

今後の様々な変化に対応するためにも、本書で人材ビジネスの内容、現状と社会的意義、課題を理解していただけたらと願います。

二〇二〇年二月　土岐優美

How-nual 図解入門 業界研究

最新人材ビジネスの動向とカラクリがよ～くわかる本[第3版]

●目次

第1章 人材ビジネス業界を俯瞰する

第2章 就業までの人材ビジネス（キャリア教育と進路選択支援）

第3章 採用と就業後の人材ビジネス（雇用と就業支援）

第5章 人材ビジネスの現状分析と展望

資料編

第 1 章

人材ビジネス業界を俯瞰する

まずは、人材ビジネスの範囲と分類、それぞれのシステム、概要と活用のメリットについて、見ていきましょう。

1 人材ビジネスとは

人材ビジネスといっても、極めて広範囲。まずは、どのように分類されるかを見ていきましょう。人材ビジネス会社は、それらを複合的に行い、さらに細分化、特化し、連携することで、多様化し続けています。

人材ビジネスとは

産業構造の変化と個人の就労観、価値観の変化、多様化によって、求人ニーズ、求職ニーズ、雇用形態、採用方法、人事制度もまた、変化、多様化しています。

それらの変化や多様化に柔軟に対応するのが**人材ビジネス**といえましょう。

では、その「人材ビジネス」とは何でしょうか。

「人」をキーワードとするビジネスを思い浮かべてみてください。「人」を目的語とした短文を作成すれば、その数だけ人材ビジネスがあることになります。

・人を教育する
・人を採用、配置する
・人を支援する
・人を活用する
・人を選択する
・人を評価する

これらに直接・間接に関わるビジネスが人材ビジネスで、大別すると以下のようになります。

①再就職支援サービス（転籍・出向支援含む）
②人材紹介
③人材派遣
④請負（業務代行含む）
⑤人材育成・キャリア形成支援サービス
⑥コンサルティングサービス

⑦人材情報サービス

それぞれの内容は後述しますが、すべてを事業内容とする企業もあれば、いくつかを組み合わせたり、一つに限定したり、分野や対象を特定する場合もあります。

いずれにも、キャリア・カウンセリングやコンサルティングの要素があり、キャリア・カウンセラー、キャリア・コンサルタント、経営コンサルタント、人事コンサルタント等の活躍範囲ともいえましょう。

ちなみに、「民間の活力と創意を活かした労働市場サービスに関する研究会*」の「労働市場サービス産業活性化のための提言」(二〇〇二年三月)では、人材ビジネスを「求人情報提供」「職業紹介」「労働者派遣」のサービスと分類しています。その他の機関では、それらに加えて「再就職支援」「請負」「その他」の事業としています。

しかし、ここでは、この分類にうまく適合しないサービスがあることと、範囲が広がってもいるため、前述のように分類しました。

次節から、その仕組みと概要を見ていくことにしましょう。

人材ビジネスの種類

・再就職支援サービス
・人材紹介
・人材派遣
・請負(業務請負、業務代行、外注)
・人材育成、キャリア形成支援サービス
・コンサルティングサービス
・人材情報サービス

用語解説

＊…**に関する研究会**　労働市場における民間の役割と条件整備を目的とした民間3団体の研究会。(社)全国求人情報誌協会、(社)日本人材紹介事業協会、(社)日本人材派遣協会によって2002年3月に設置された。

2 企業側と個人側（依頼者、費用負担者、受益者）

人材ビジネスには、企業を主対象とする事業と、個人を主対象とする事業があります。ですが、限定的に副対象のニーズにも応えており、結果的に、企業と個人が共に受益者といえましょう。

企業を主対象とする事業

人材ビジネスの中でも、**人材紹介**、**人材派遣**、**請負**は依頼先（費用負担者）が企業であり、そのニーズに合致した人材を紹介、派遣、活用する事業です。就業する個人も依頼者ですが、多くの場合、費用は発生しません。ただし、労働者の安定的雇用を促進する社会的責任や法的要請もあり、労働者のニーズや適性に合う仕事や依頼先企業の開拓、就業支援も求められています。

また、労働者のニーズに合致した企業や仕事を紹介する業務そのものの精度が、他社との差別化や業績向上につながることから、各社は、それをアピールするのが通常です。企業を主対象としていても、個人が受益者になることが、宣伝効果ともなるのです。

個人を主対象とする事業

再就職支援サービスは、依頼先は主として企業ですが、その企業の社員個人の再就職そのものを支援することから、個人を主対象とする事業といえましょう。

また、**人材情報サービス**は、就職、再就職、転職やスキルアップを希望する人に、求人情報、企業情報、人材ビジネス会社情報、スキルアップ情報などを提供することが主ですから、個人が主対象といえます。

しかし、これらは、結果的には、優秀な人材の雇用や資格取得校、各種学校などの受講・通学につながります。そのため、求人企業や資格取得校、各種学校などが料金を支払って依頼するか、無料で情報提供することで成り立ち、採用・集客効果を得るのです。

個人と企業を対象とする事業

個人がスキルアップ、目標達成、問題解決を図る際、その支援にあたる**人材育成・キャリア開発支援サービス**は、企業の依頼によって社員教育やその相談にも応じています。

また、**コンサルティングサービス**は、ライフプラン、ファイナンシャルプラン＊、税金・法律などの個人の課題や、経営、人事、雇用などの企業の課題に関する解決策、情報、戦略案を提供するものです。

つまり、個人か企業どちらかに対してサービスを提供し、その依頼者が受益者になります。

これら三分類いずれも、最終的には個人、企業共に受益者であることが理想です。個人の問題解決・目標達成・スキルアップは、同時に、所属する企業の活性化・業績向上につながるからです。また、企業の経営改善・マネジメント力向上は、雇用している個人のモチベーション＊アップ、キャリアアップにつながるはずです。

企業側？　個人側？

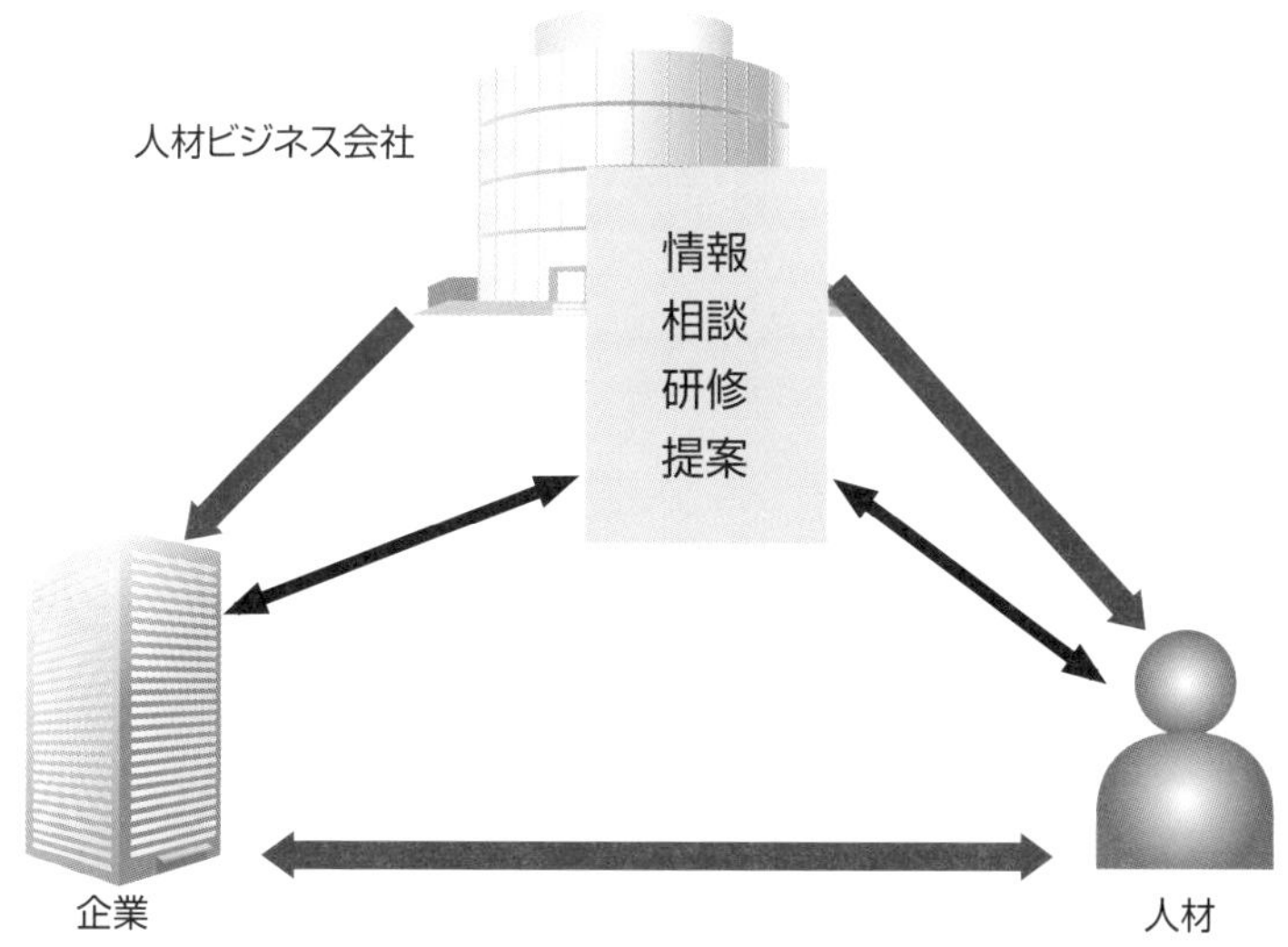

用語解説

＊**ファイナンシャルプラン**　個人の資産形成、運用計画。
＊**モチベーション**　動機付け。意欲、熱意、やる気。行動、意欲を起こさせる要素。

3

再就職支援サービスのシステム

まずは、再就職支援サービスのシステムを説明します。アウトプレースメントと呼ぶ場合もあり、企業が自社の社員を社外へと転出させるために活用するサービスです。

再就職支援サービスとは

再就職支援サービスは、主として企業から依頼され、その企業の社員の再就職、転籍、出向、独立を支援するもので、そのサービスを行うのが再就職支援会社です。

企業は、通常、事業を運営するために社員を採用、教育し、社員の定着化を図ります。ですが、業績悪化、コスト削減、業務のシステム化や機械化、事業の縮小・変更などの変化に対応するためには、**人員削減**を主とする**雇用調整**を余儀なくされることがあります。また、企業の雇用計画の甘さから、雇用調整の事態を招くこともあります。

いずれにしろ、**会社都合***による「非自発的離職者」に対し、企業はしかるべき措置をとらなければなりません。自社内で十分対応できる場合を除き、社会的責任上から、あるいは雇用調整の必要経費と捉える場合は、外部の再就職支援会社に依頼することになります。また、再就職支援サービスの利用自体を、退職を受け入れてもらう条件の一つとして提示することもあります。さらに、雇用調整の計画段階から、再就職支援会社のコンサルティングを受ける場合もあります。

通常、社員一人あたりの単価と支援期間などの条件を定めて契約します。本来、職業紹介（人材紹介）は行わず、キャリア・カウンセリング、**ファシリティ***提供、トレーニングによる後方支援となりますが、目的（転職、出向、独立）達成のため、たいていは紹介会社などとの連携、提携をとっています。

近年、再就職支援会社は、雇用対策を実施する地方

用語解説

＊会社都合　会社側の責任や事情による退職理由。雇用保険受給に影響する。

＊ファシリティ　便宜、施設、設備。

自治体など、公的機関からも受注しています。

自己破産などによる企業倒産であれば、地方自治体がその退職者に対する支援を行うことがあり、その業務を受託します。

また、緊急雇用対策事業などの一時的再就職支援・就職支援の一環として、あるいは公的職業相談機関や無料職業紹介機関での長期的支援として、キャリア・カウンセリングや再就職支援セミナー運営、講義なども受託しているのです。

通常、求職者本人(個人)が費用負担することはありません。増減はあれ、雇用調整のニーズは常にあるため、この業界もさらに競争力が要求されています。

「再就職支援」といっても、個人が依頼者である有料のキャリア・カウンセリング事業は少なく、人材派遣や人材紹介のサービスの一環として行われる無料のものは多数あります。本書では、一環として行われるサービスは、その事業に含めて説明します。

再就職支援サービスのシステム

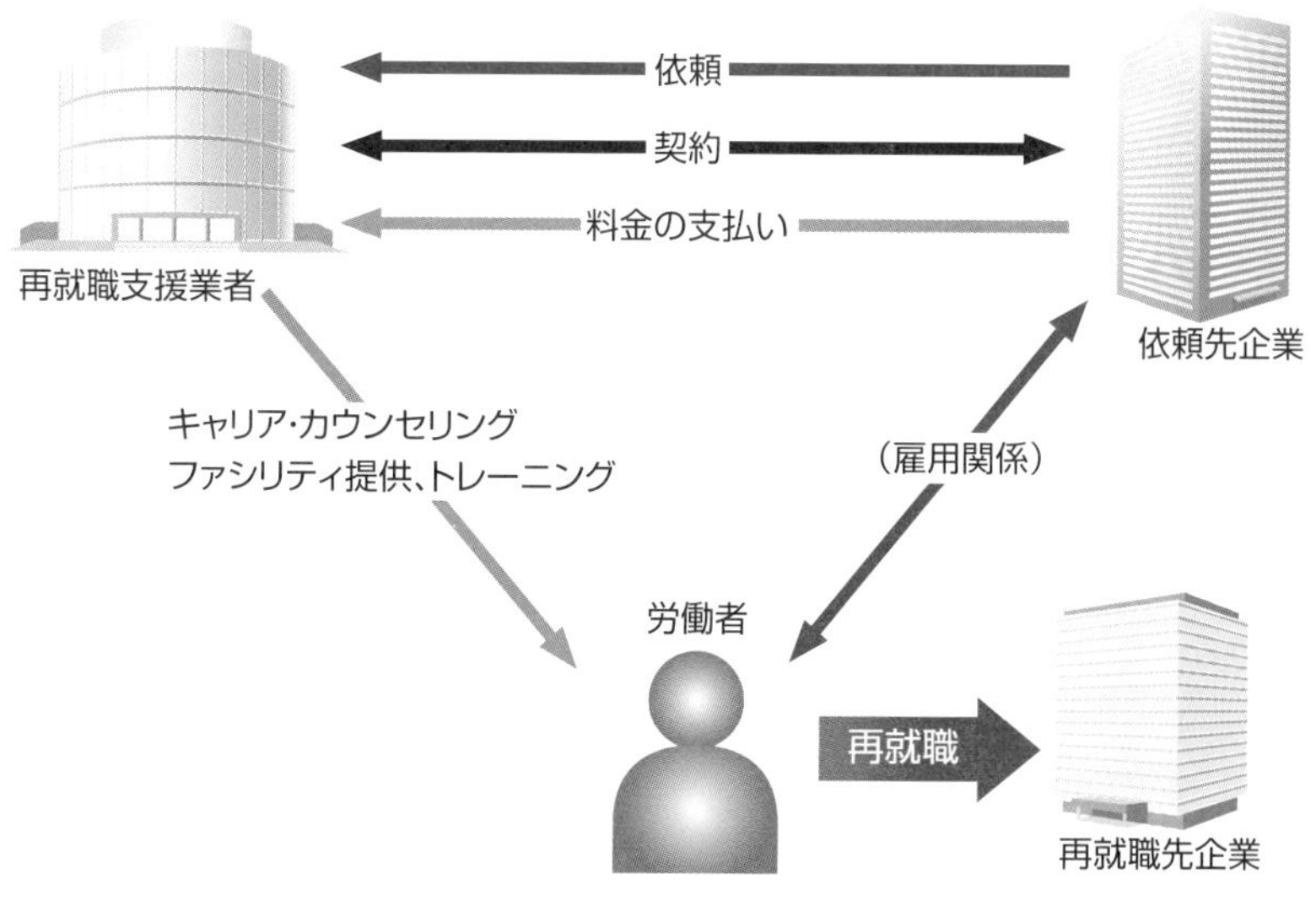

4 再就職支援サービスの概要

次に、再就職支援サービスの概要とその機能を説明します。依頼先企業の社員に対するサービスは、キャリア・カウンセリング、ファシリティ提供、トレーニングに大別されます。

対象者へのサービス概要

依頼先企業に在籍する社員、またはすでに退職して再就職活動を続けている離職者が受けるサービスは、以下のようになります。

①キャリア・カウンセリング（キャリア・コンサルティング）

まずは、カウンセリングによって精神の安定と前向きな取り組み姿勢を取戻すよう働きかけ、コンサルティングによって求職活動と再就職先での定着を支援します。

離職が非自発的であることや、雇用環境の厳しさから、特にカウンセリングは重要な要素です。必要に応じて、継続的に実施します。

求職活動支援は、自己分析、環境理解による方向設定、求人情報の収集・分析、人脈活用による応募先選択、応募書類作成、面接対策、面接トレーニングなど、助言、情報提供、指導を行うものです。個別に行う他、セミナー形式、グループワークで行うこともあります。職業紹介（人材紹介）は、本来、行いませんが、職業紹介の許可を得て行うことが増えています。キャリア・カウンセラーやコンサルタント自身が求人開拓し、求人情報を提供する場合もあります。

定着支援は再就職の心構えと定着についての助言や相談、トレーニングで、入社後までフォローすることもあります。近年は、セカンドライフプラン、ファイナンシャルプランまでカバーすることが増えました。

②ファシリティ提供

求職者は、再就職支援会社の**ファシリティ**＊を活用

用語解説

＊**ファシリティ**　1-3節参照。

できます。求職活動に欠かせない電話、FAX、パソコン、デスクなどの活用は、物理的環境だけでなく、自分の「居場所」「オフィス」を持つことの安心感、規則正しく「出勤」することでのモチベーション管理など、心理的環境の整備にもつながります。

また、同じ立場で求職活動する仲間との交流、情報交換の場も提供することで、**グループエンカウンター効果***も得られます。

③トレーニング

求職者は、再就職支援会社や提携研修機関が主催する集合研修、E-ラーニングを受講したり、独習ソフトを利用することができます。

主として、即戦力性や専門性を身に付ける、向上させる、実務研修やパソコン研修です。管理職となって実務から離れている人や、技術革新、システム化、OA化などによって即戦力性に欠ける人には不可欠といえます。求職活動法、独立開業、定着などをテーマとする研修までを含める場合もあります。

依頼先企業社員へのサービス

用語解説

＊**グループエンカウンター効果**　グループでの交流やグループワークによって自己理解、他者理解、自己受容、信頼関係ができ、前向きな変化をもたらすこと。

5

再就職支援サービスの部門

再就職支援サービスの各部門、つまり再就職支援会社の直接部門について説明します。依頼者となる企業への対応とその企業の社員への対応とに大別されます。再就職先企業の開拓を行う場合もあります。

対象者側の部門

この部門は、前節のサービスを実施する部門です。

①キャリア・カウンセリング部門

キャリア・カウンセラーやコンサルタントが、対象者にキャリア・カウンセリングを実施する部門です。

初回の個別面談（**インテーク面接**）によって、お互いの役割と対象者の権利、義務、意思を確認し、キャリア・カウンセリングプランを立てます。十分なカウンセリングが不可欠となれば、その上でのコンサルティングを実施します。

個別カウンセリングが原則ですが、集合セミナーやグループカウンセリング、グループワークを組み合わせる場合もあります。

通常、クライアントやメンバーと呼ばれる対象者ごとに担当が決まり、継続的に面接（個別面談）を行い、カルテやカウンセリングレポートによって進捗状況を管理しています。

依頼先企業が早期希望退職者制度を設けた場合、制度活用、在籍の意思決定のカウンセリングを行う場合もあります。

②トレーニング部門

対象者の方向性、能力、経験などに応じた研修の企画・運営や外部研修機関との連携にあたるため、キャリア・カウンセリング部門との連携が不可欠な部門です。キャリア・カウンセリング部門に含める場合もあります。

依頼先企業側の部門

③営業部門

依頼先企業の開拓を行う部門ですが、雇用調整に関わるため、通常の営業とは違う配慮や手法が必要です。

中小案件は、経営コンサルタントなどからの紹介や、他の人材ビジネスとの連携によって受注します。一方、大型案件の多くは、大手数社の相見積、プレゼンテーションの結果によって受注が確定します。一案件を数社が受託し、対象者が選択する場合、継続的に一社が受託する場合もあります。

再就職先企業側の部門

④求人開拓部門

求職者の再就職先企業の開拓を行う部門ですが、独立しているとは限らず、営業部門やキャリア・カウンセリング部門が担当することもあります。人材紹介と違い、通常、紹介手数料は発生しません。

再就職支援サービスの部門

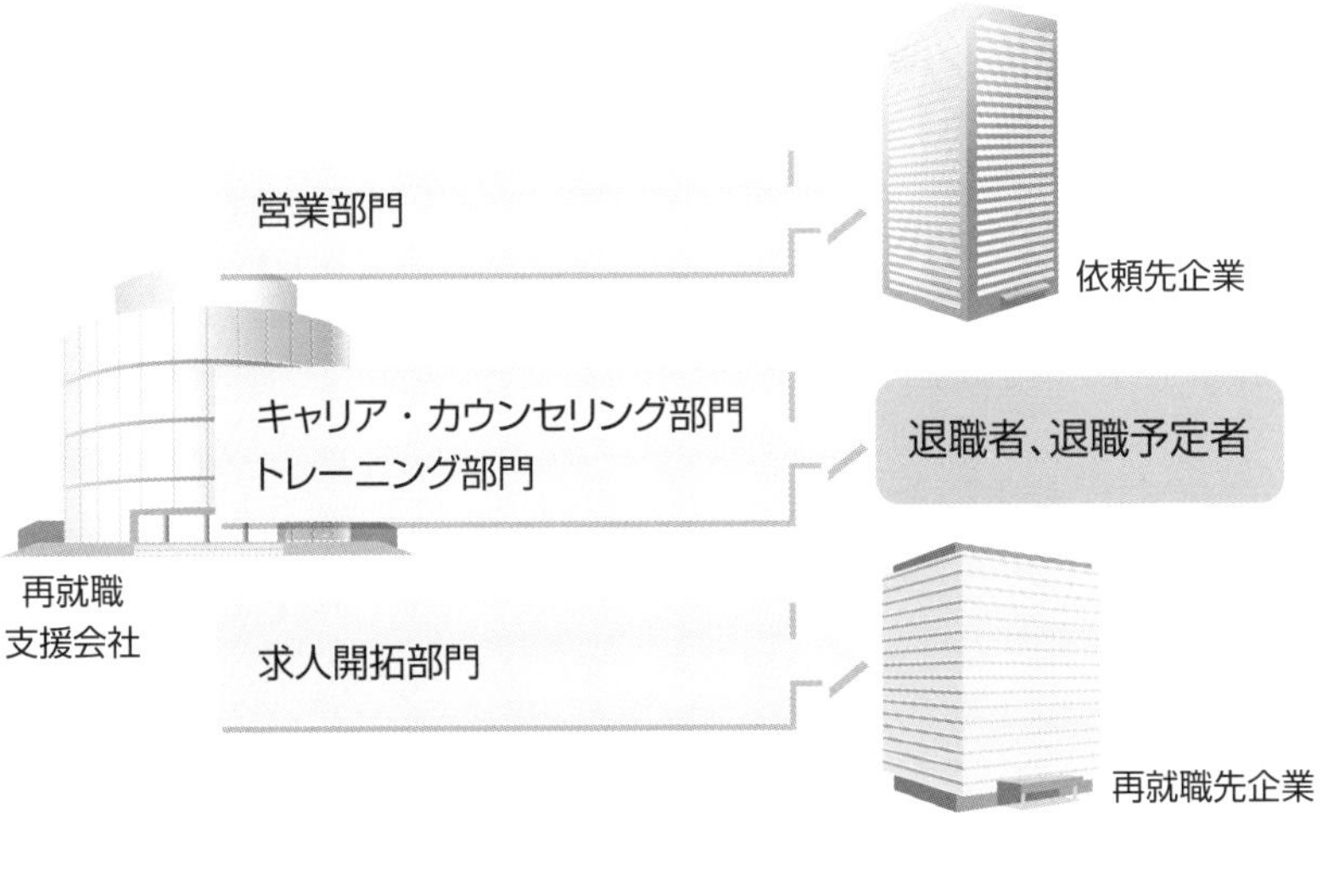

6 再就職支援会社のサービス内容別分類

前節までに挙げたサービス内容をどのくらいの割合で行うか、どの部分を重視するかは、再就職支援会社によって違います。その割合と、重視する部分をもとに、再就職支援会社を分類してみましょう。

サービス内容別の分類

①スタンダード型

前節に説明したサービス内容を原則どおり実施する会社です。

キャリア・カウンセリングによって求職者の自立的な再就職活動を支援し、再就職先企業の開拓や求人情報の提供も行うものの、再就職先の斡旋そのもの（職業紹介・人材紹介）は行わないタイプです。通常、人材紹介会社との連携をとっています。

ファシリティの提供を行いますが、トレーニングは基本的なメニューのみか、パソコンスクールなどとの提携によるところが多いです。

②人材紹介型

①と同様、キャリア・カウンセリング、ファシリティ提供、トレーニングを実施しますが、職業紹介（人材紹介）まで行います。そこまで行うことがセールスポイントでもあり、依頼を検討中の企業に対してアピール度が高いタイプです。

人材紹介を実施するため、紹介業の許可を受けています。

※人材紹介をメインとし、再就職支援も行う「アウトプレースメント型人材紹介会社」（1-13節参照）と、結果的に近くなります。ですが、②の出発点、受益者が個人なのに対し、「アウトプレースメント型人材紹介会社」は企業が出発点となります。

③コンサルティング型

雇用調整を検討中の企業に対し、雇用調整の方法、その計画立案、実施に関するコンサルティングと進捗状況管理を行います。早期希望退職制度設計、対象者選出、対象者の意志決定面談の実務を担当する場合は、依頼先企業と対象者とのトラブル解決までを行うことも少なくありません。その後のキャリア・カウンセリングまでは行わない場合もあります。

再就職支援の前段階を整備するタイプで、①や②に比べて、依頼先企業寄りともいえましょう。

サービス内容の重視分野

これら三タイプの中でも、どの部分を重視するかは、その再就職支援会社の方針や物理的状況によって違います。カウンセリングの部分を重視する、再就職率を優先する、高度で多彩なトレーニングを特徴とする、ファシリティ充実などです。

依頼先企業は、コストだけでなく、それも考慮の上、自社の社員にとって最善の選択をすると、自社にとってもプラスになるはずです。

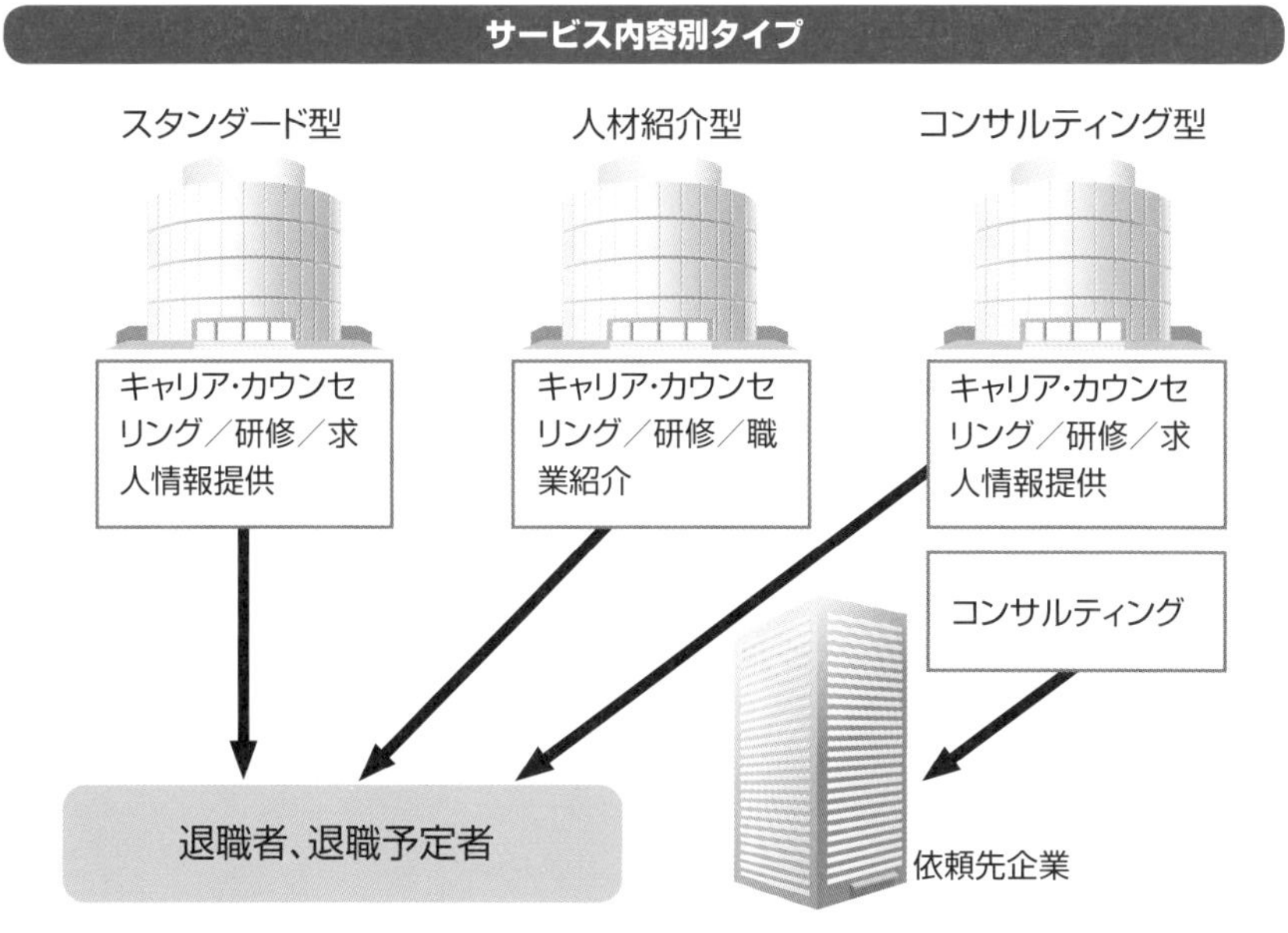

再就職支援会社の企業形態別分類　7

次に、設立経緯、母体、資本などによって、再就職支援会社を分類してみます。タイプごとにカラーが異なり、前節の分類と併せて、選択の参考になることでしょう。

独立系

①外資系

再就職支援サービス自体も、その内容であるキャリア・カウンセリングもアメリカが発祥地です。そのため、アメリカ系の再就職支援会社は理論的背景と豊富な実績を持ち、ノウハウの確立、業務の体系化に特徴があります。日本の外資系再就職支援会社の多くは、このアメリカ系です。

日本では、一九八二年のアメリカ系日本ドレーク・ビーム・モリン社設立以降、このサービスが定着しました。その後、世界初（一九六二年設立）の再就職支援会社チャレンジャー・グレイ・クリスマス社も進出、この外資系が先行していました。そのあと、日本人の特質や日本企業の風土を考慮したアプローチになりつつあります。ですが、このうち数社は③の大手人材ビジネス会社の傘下に入りました。

②ベンチャー系

他の業界のベンチャー系同様、アイデアや企画力に優れ、ＩＴの活用も盛んですが、組織運営に関しては不安材料が残る会社もあるようです。

資本系

③人材ビジネス会社系

大手の人材派遣会社や人材紹介会社の子会社、グループ会社、あるいは事業部として設立された再就職支援会社です。他の人材ビジネスとの連携や広いネットワークによる総合的なサービスは魅力的で、母体との相乗効果を生んでいます。差別化のためには、受益者が個人であるという意識が、さらに要求されます。

④大手一般企業系

大手企業を母体とする、あるいは数社の関連企業によって設立された再就職支援会社で、その業界に強みがあり、母体の知名度によって社会的信頼性が高いのが特徴です。その特徴ゆえに、再就職先企業を安定的に確保できます。その反面、保守的傾向があり、就業範囲が固定的になりがちです。

⑤コンサルタント系

経営コンサルティングや人事コンサルティングを行う会社を母体とする、あるいはその業務の一環として再就職支援サービスを行うタイプです。

豊富な企業情報とその分析に強みがありますが、対象者に対するカウンセリングには弱点も見受けられます。

企業形態別タイプ

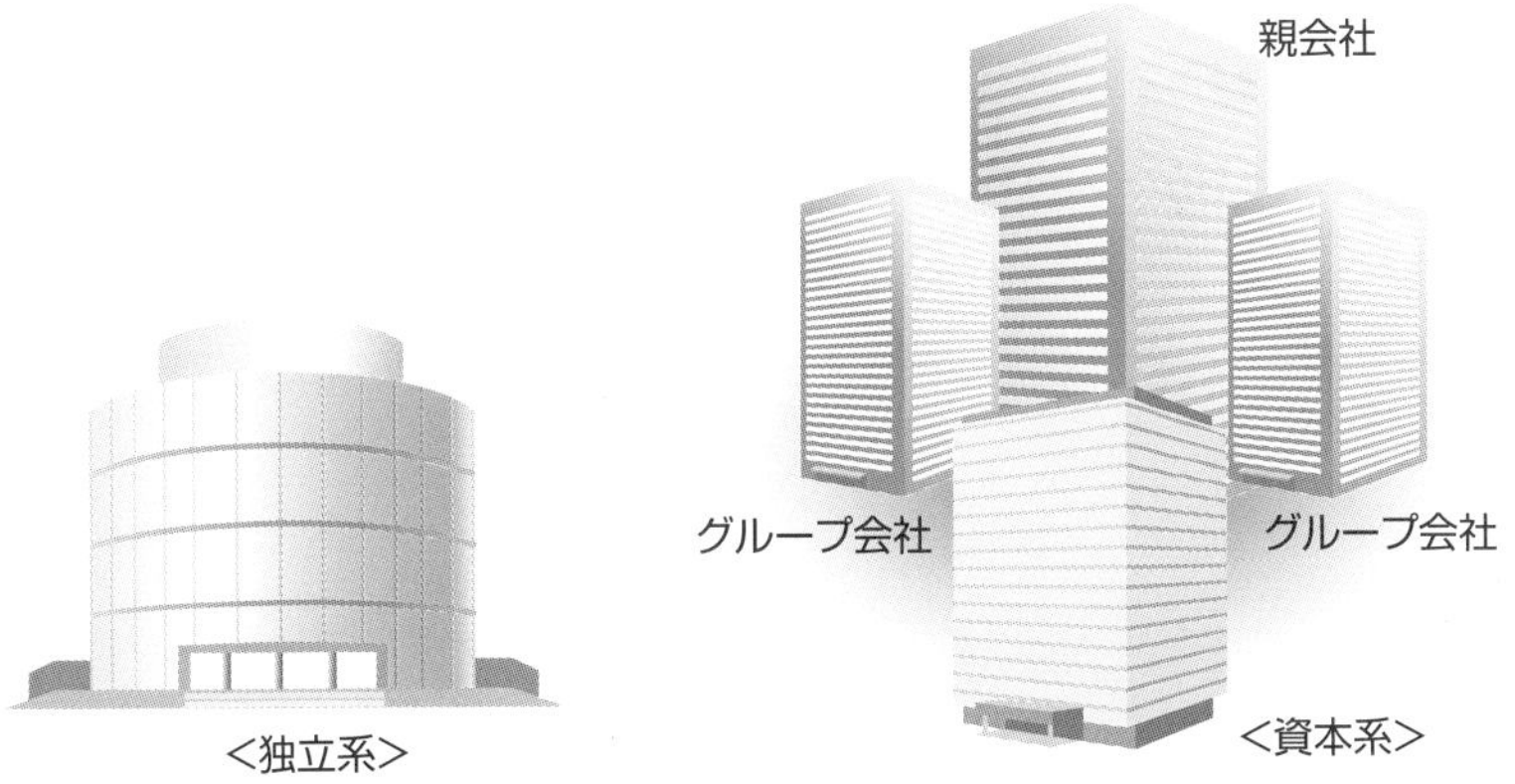

- 外資系
- ベンチャー系

- 人材ビジネス会社系
- 大手一般企業系
- コンサルタント系

8 依頼する企業側のメリット

再就職支援サービスを活用するメリットは何でしょうか。依頼する企業、対象者、対象者の再就職先企業に分けて説明します。まずは、依頼する企業側のメリットを見ていきます。

依頼企業のメリット

そもそも雇用調整は、人員削減そのものが目的ではなく、経営改善、業務の効率化、体質改善を実現するための一つの手段、もしくは最終手段として行われるものです。また、「リストラ」は企業組織・事業の「再構築」を意味するのであり、人員削減のみを指すのではありません。そして、雇用調整後の企業がその後存続できるだけでなく、業績向上を果たすことが理想的で、そのときこそ雇用調整を実施することの意義があるといえます。

再就職支援サービスをうまく活用すると、雇用調整を意義あるものにする可能性が高まります。それは、以下のメリットがあるからです。

●雇用調整の円滑な進行が可能である

ノウハウや豊富な実績、専門的知識を持つ専門家のコンサルティングやその実務によって、雇用調整の計画から実施までを円滑に進めることができます。また、その円滑な進行によって、他の対策・戦略に取り組む時間と余力をも得られるのです。

●冷静、客観的に取り組むことができる

雇用調整の担当者は、自分の同僚、上司、後輩をその対象者としなければなりません。

早期希望退職者制度によって、自ら希望して退職する社員が相当数いたとしても、その対象者全員に、冷静に、公平に対応することはなかなか困難です。その責任と痛みは量りしれません。担当者の心理的負担に

なるだけでなく、効果的な実施そのものの障害となります。ですから、外部のサービスを活用することは、立場、これまでの人間関係、利害関係とはいっさい無縁の冷静、客観的視点と効率的実務担当者を手に入れることなのです。

●対象者の痛み、怒りや不安を減らすことができる

雇用調整がやむを得ないとしても、退職金が上乗せになったとしても、対象者は企業に対する複雑な思いや将来に対する不安を抱いています。

再就職サービスの最重要要素であるキャリア・カウンセリングは、対象者が前向きに、自主的に将来を設計することを支援します。

●残った社員の精神安定とモチベーション維持

企業に残った社員もまた、企業や退職者に対して複雑な想いを抱いています。再就職支援サービスによって企業が公平な雇用調整を行い、退職者が再就職できれば、それは残った社員の安定、安心につながります。

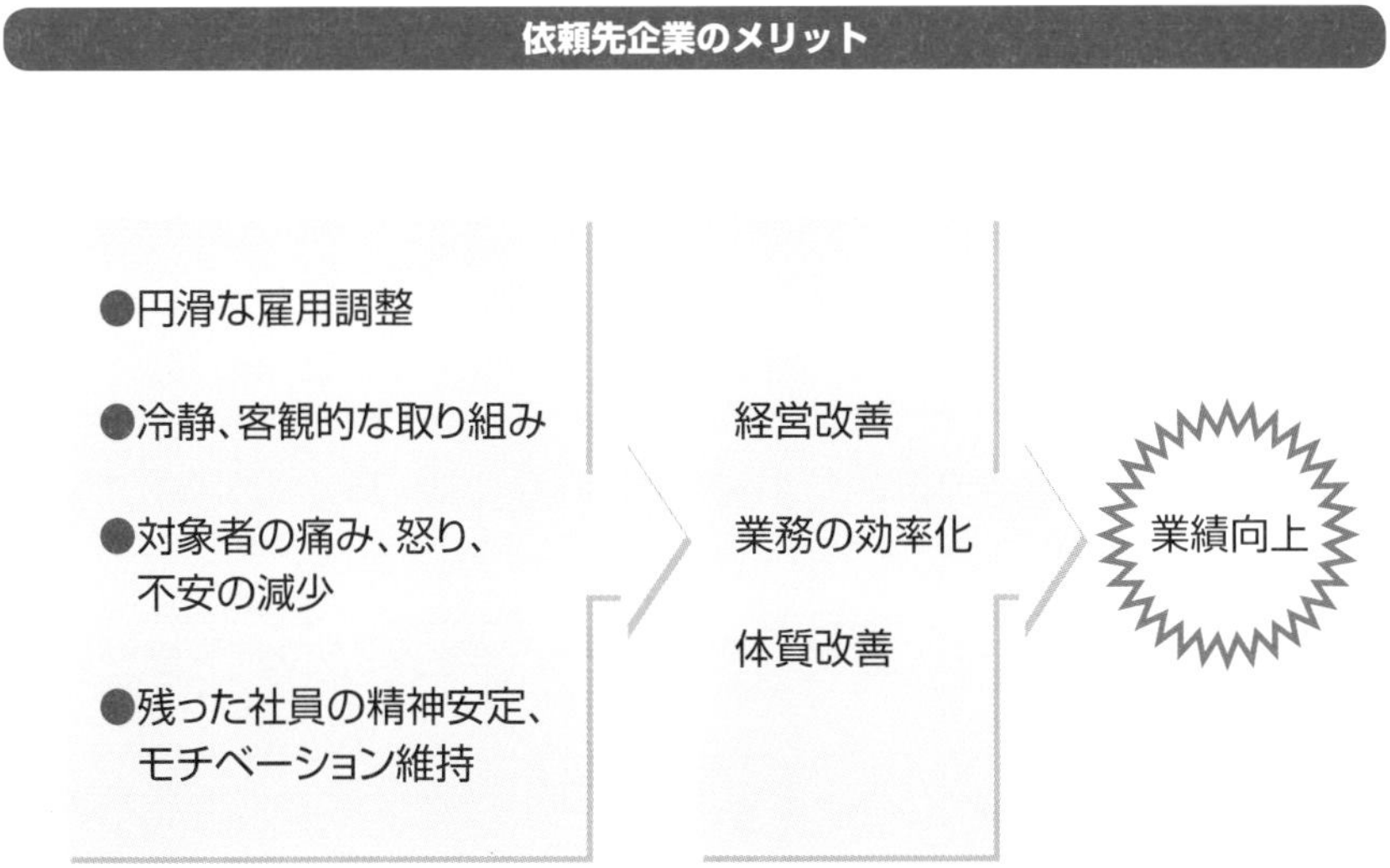

9 雇用調整対象者のメリット

次に依頼先企業の社員、つまり雇用調整の対象者のメリットを見ていきましょう。これらは、企業側のメリットとも重なり、前述した「再就職支援サービスの概要」そのものでもあります。

対象者のメリット

対象者にメリットがあって初めて、企業が再就職支援サービスを活用する意味があり、また、企業も社会的責任を果たせます。

●精神的に安定する

キャリア・カウンセラーのカウンセリングによって、喪失感、挫折感、後悔の念や企業に対する不満、怒り、将来に対する不安から解放されます。

●自信が付き、モチベーションが上がる

自己分析や適性テストなどのアセスメント*、キャリア・カウンセラーとの面談によって、長所・強みが発見でき、自信を持って活動することができます。同時に、モチベーションが向上します。

●就職活動の方法を知ることができる

キャリア・カウンセラーが、自己分析法、応募書類作成法、求人情報の収集と分析法、人脈活用法、面接対策等を助言するので、効果的な活動法を知ることができます。多くの場合、応募書類添削も受けられます。

●キャリア・プランやライフプランを立てられる

キャリア・ビジョン*の重要性やセカンドキャリアの考え方を学び、自己分析結果と併せて、プランを策定できます。

用語解説

*アセスメント　診断、評価。
*キャリア・ビジョン　仕事上の明確な方向性、最終目標。

●就職活動に関する助言が得られる

問題解決に関する助言や、客観的な適性診断、キャリア診断による助言が得られます。

●必要な研修やトレーニングが受けられる

●再就職支援会社のファシリティを活用できる

実用的で、活動管理、自己管理に有効です。

●同じ立場、同じ目的の仲間がいるので心強い

複数の対象者が同じファシリティを活用する、集合研修を受講する、グループワークを行うことで、情報交換、励まし合いができます。

●求人情報等の情報が得られる

再就職支援会社や提携人材紹介会社の非公開求人情報などを入手できます。

●再就職先での定着方法を知ることができる

定着についての助言が得られます。

対象者のメリット

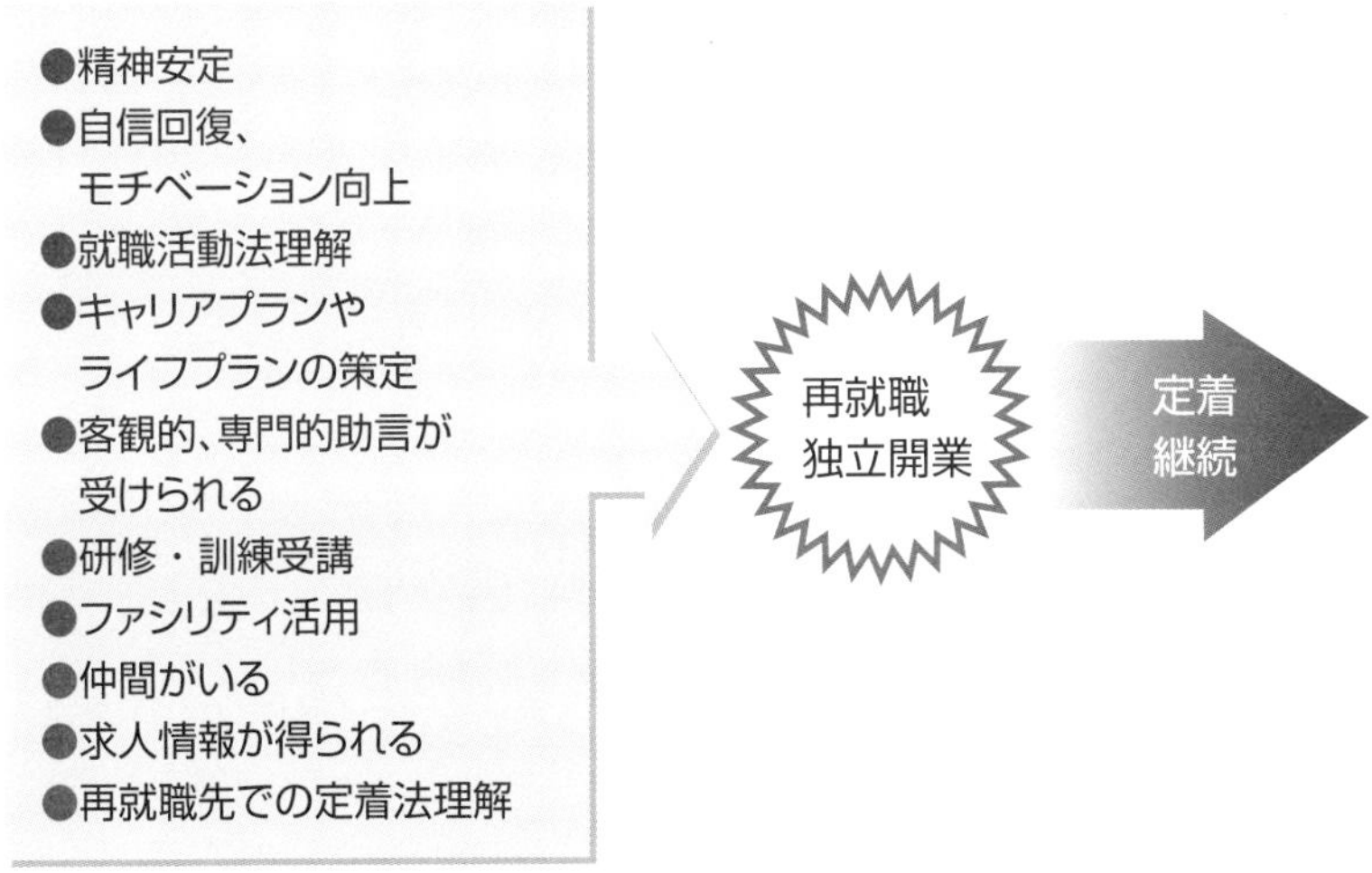

10

再就職先企業のメリット

最後に、対象者が再就職する企業のメリットについて考えてみましょう。通常の採用活動との共通点もありますが、ここでは差異に着目します。

再就職先企業のメリット

どの企業も常に、優秀な人材を採用し、業績を向上したいと考えています。また、人員削減する企業がある一方、人員が不足している、社員の定着率が悪い企業があります。

ですから、ハローワークなどの公共職業斡旋機関や人材紹介会社に依頼する、求人情報誌、新聞に広告を出す、自社ホームページを活用するなど、企業は様々な採用活動を行っているわけです。

では、再就職支援会社を通じて人材を採用するメリットは何でしょうか。

●コストをかけずに採用できる

民間企業である再就職支援会社を活用しても、通常は料金を請求されません。依頼先（雇用調整企業）から料金をすでに得ているからです。また、再就職支援会社は、対象者の再就職率が求められているため、再就職先の確保は必要かつ大歓迎なのです。

●専門性、即戦力性の高い、経験豊富な人材を採用できる

通常、雇用調整の対象者になるのは中高年です。ですから、経験が豊富で、専門知識や技術を持つ人材が多いでしょう。実務能力があるだけでなく、部下の管理・指導や事業運営、新規事業展開などに関わっている可能性もあります。また、再就職支援会社の研修や

トレーニングによってスキルアップを果たした人材も確保できます。

●採用の労力が低減できる

自社で書類選考や面接試験を実施するとしても、再就職支援会社からの情報や助言を参考に、あまり労力や時間をかけずに選考することができます。

●採用した対象者の定着率が高い

再就職支援会社は、対象者が再就職して早期離職すると、その時期や契約によっては、サービスを再開する、料金を依頼先企業に返還することになります。また、それが重なると、再就職支援会社の評価に関わります。

そのため、再就職支援会社は、対象者の職業適性、職場適性やキャリアプランに沿ったマッチングと、定着研修、意識改革を実施して、定着を図っています。

ですから、再就職支援会社を通じて採用した人材は定着率が高いのです。

再就職先企業のメリット

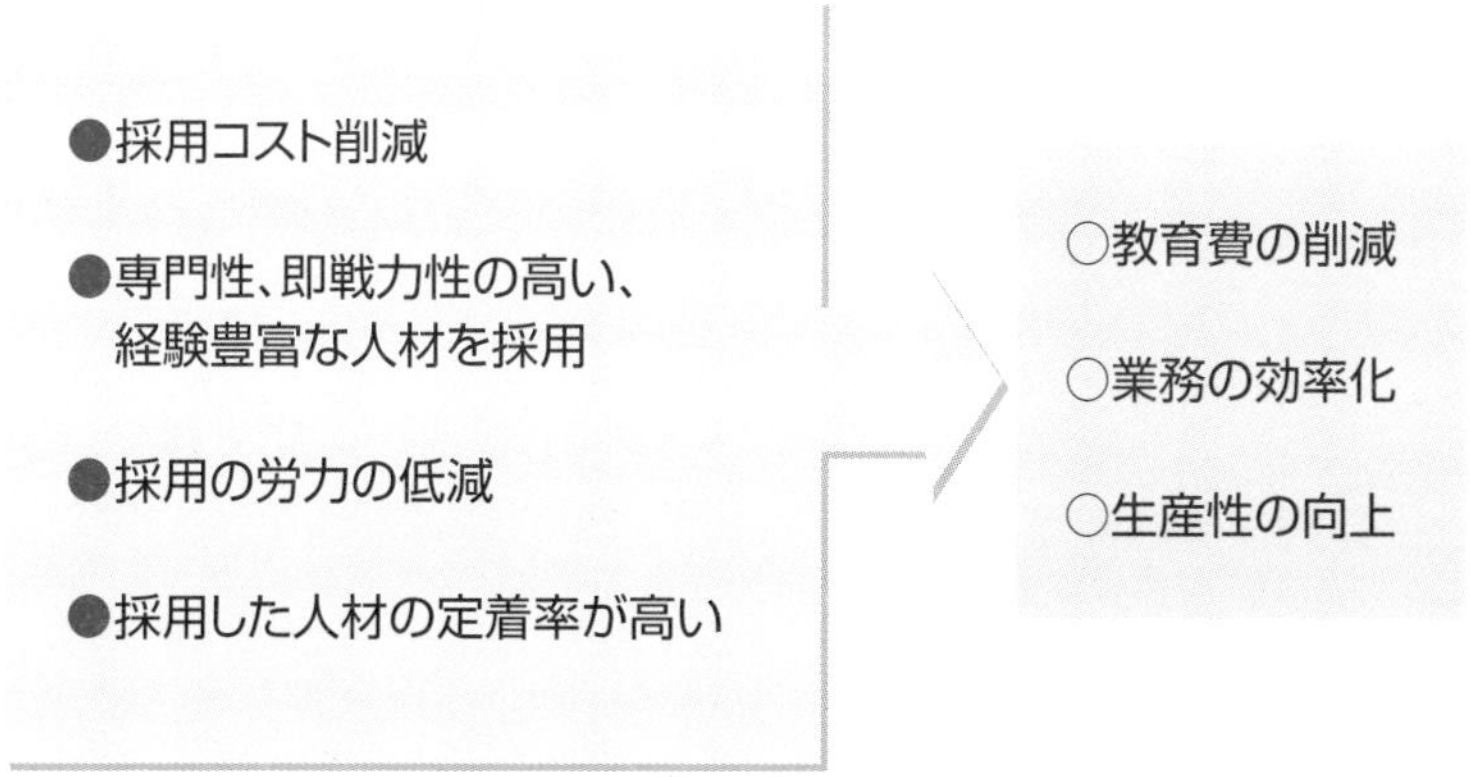

11

人材紹介のシステム

職業紹介は、求人（企業から）と求職（労働者から）の申し込みを受け、その斡旋をする事業で、無料職業紹介事業と有料職業紹介事業とがあります。その有料職業紹介を通常、人材紹介といいます。

人材紹介とは

多くの民間職業紹介機関は、いわゆる**人材紹介会社**といわれ、求人企業にそのニーズに適した求職者を有料（紹介手数料・斡旋手数料）で紹介・斡旋する**有料職業紹介事業**です。

この事業では、厚生労働大臣の許可を受けた会社が、職業安定法に基づき、紹介してはならない職業（港湾運送、建設）以外の職業・職種の紹介を行います。

登録・求職申し込みが紹介の保証をするものではなく、紹介されたあと、当人が実際に求人企業に応募し、その結果によって採否が決定します。

有料といっても、求職者にとって（一部例外はありますが）、求職申し込みや登録は無料です。

例外は、芸能家、モデル、経営管理者、科学技術者、熟練技能者の紹介で、年収要件を満たすなら紹介手数料を請求することができます。ただし、必ずしも請求するとは限りません。

人材紹介では、雇用契約が結ばれて初めて求人企業から紹介手数料が支払われるため、その売上は成功報酬といえます。一番多い登録型の人材紹介会社では、紹介した労働者の年収の平均三〇％を手数料として請求しています。

無料職業紹介事業と違い、かなりの手数料が発生しますから、本来は専門性・即戦力性の高い実務能力が求職者に要求されます。また、だからこそ転職後の年収も、人材紹介を利用する求職者の前職、在職時の年収も高額で、以前は中高年者が主流でした。より好条件の仕事を求めて、在職中から登録する転職希望者も多数います。

ですが、最近は、この事業の競争激化や社会の要請によって、要求実務能力は多様化し、要求水準枠、年収枠、年齢層が拡大されました。専門性がさほど高くない、経験の浅い求職者を、結果的に低額の手数料で紹介することにもなったのです。

人材紹介会社では、通常、マッチングを主とする実務を行う社員を**コンサルタント**と呼んでいます。会社によっては求人開拓を兼務する場合もあれば、求人開拓のみを行うコンサルタントもいます。

このコンサルタントは、職業経験や前職での立場、ネットワークが生きる職業の一つであり、定年退職後の人事経験者や大手企業ＯＢが多く採用され、年齢層も高い傾向があります。

「紹介予定派遣」（1 - 23節）を実施するために、この職業紹介の許可を取得する派遣会社は増え続け、結果的に、人材紹介会社も増加していることになります。

人材紹介のシステム

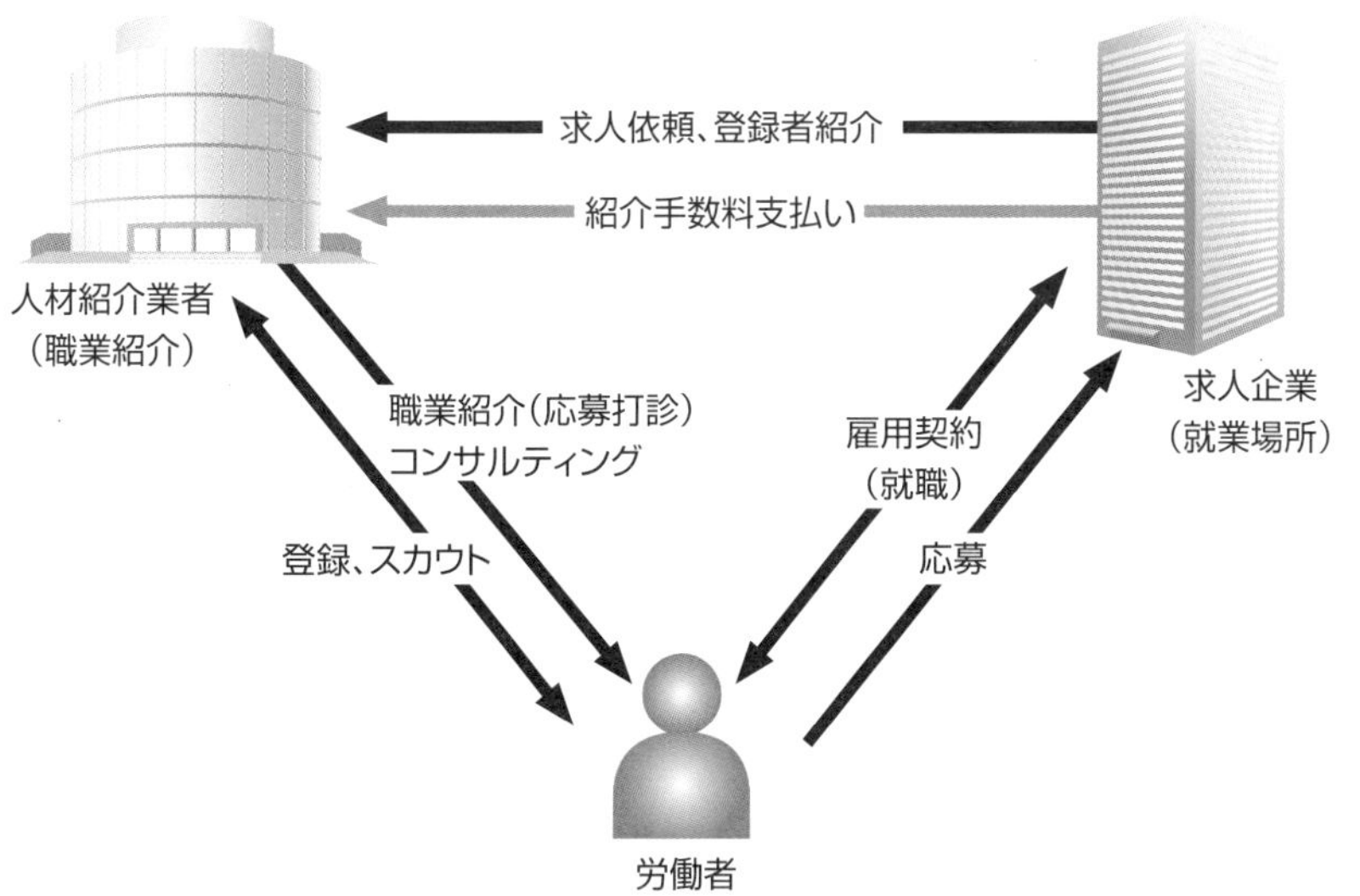

12 人材紹介の概要

人材紹介の概要、つまり人材紹介会社の直接部門について説明します。内容ごとに部門が分かれ専任者がいる場合、コンサルタントがその内容をすべて、あるいは相当部分担当している場合とがあります。

営業（求人申込受付／求人企業開拓）

求人企業と直接対応し、受注、紹介、求人開拓する部門です。

数社が競合する場合もあり、「依頼＝正式受注」ではないことはいうまでもありません。

受注の際、営業担当者は、求人企業のニーズ（担当業務内容、要求スキル、待遇条件、就業開始時期など）を正確に把握しなければなりません。適材を紹介し、入社に至らなければ、売上にならないわけですから、マッチングに不可欠な情報をもれなく収集し、マッチング担当者に伝えることが必要です。

また、登録型（1-13節参照）の場合、優秀な登録者を売り込む、あるいは多数の登録者を紹介すべく、常に企業開拓も欠かせません。この場合、豊富な人脈を持つ、あるいは特定の業界に強い、中高年の中途採用営業担当者の営業力が期待されています。

いずれの場合も、組織改変、企業体質改善や新規事業展開に伴う**非公開求人**＊や**入れ替え求人**＊の情報の取り扱いには十分な注意が必要です。

また、企業へ適材を紹介する窓口、あるいは条件交渉担当の役割も担います。その際に、候補者の面接の付き添いまで行う場合もあります。

求職者登録

再就職希望者（離職者）や転職希望者（在籍者）の、経験、知識、技術、能力と希望就業条件、希望職種を把握し、登録手続きをする部門です。

用語解説

＊**非公開求人**　公募せず、内密に求人すること。

登録担当者は、応募書類や登録シートが登録希望者の自己申告であることを踏まえ、面接やスキルチェックによって、希望職種や希望就業条件の妥当性を診断します。次に、それをマッチング担当者に伝えます。登録者の募集から担当することもあります。

マッチング

求人企業のニーズに合う人材を、登録者のニーズだけでなく職業適性、職場適性も含めて検討し、候補者として選択し、打診します。その候補者が応募を決めたとしても、書類選考や面接をクリアし、企業と候補者双方が承諾して初めて就職が確定します。そのときがマッチング完了といえましょう。

コンサルティング

登録者が適材であっても、書類選考に強い応募書類の作成や面接対策を立てることが必要になる場合があります。また、意識改革やスキルアップ、キャリアプランニングが欠かせない場合があります。その際、情報やノウハウの提供、助言、指導を行う部門です。

人材紹介サービスの部門

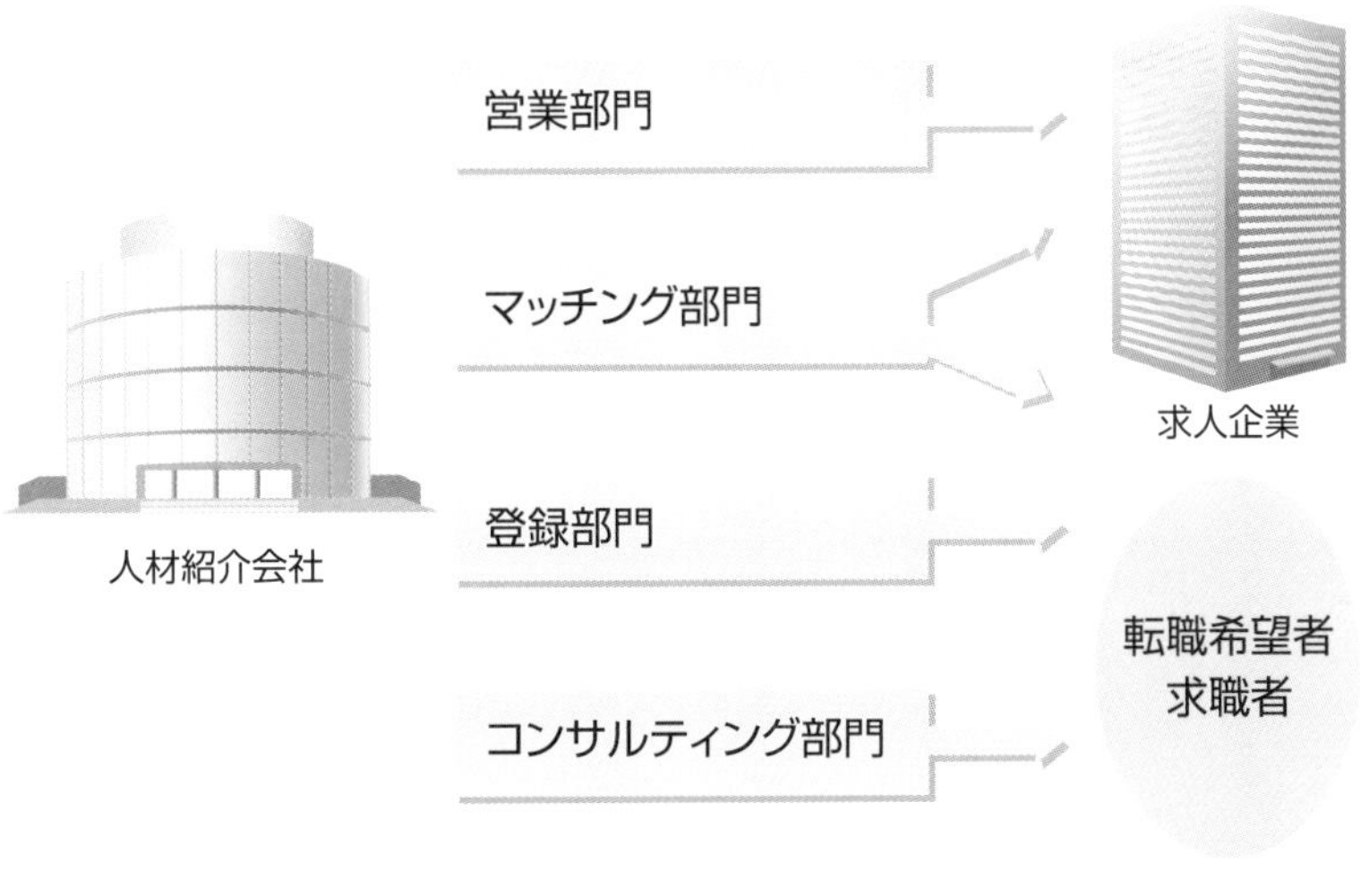

用語解説

＊**入れ替え求人**　企業は、欠員がなくても、高スキルの、採用効果がかなり期待できる人材がいれば、社員に退職を勧め、交代させたいと考えることがある。この際、現社員のスキルや成果に不満がある場合、交代を前提として、非公開で求人すること。

13

人材紹介のタイプ

人材紹介は、登録型、サーチ型、アウトプレースメント型に大別されます。人材紹介会社の多くは、登録型に該当しますが、複合型の場合もあります。

登録型（人材バンク型）

あらかじめ、キャリア、スキル、希望職種、希望就業条件を申告して登録した求職者、転職希望者の中から、求人企業のニーズに適した人を選出し、仕事を紹介します。

候補者の転職動機、退職理由や意識改革の必要性によっては、カウンセリングが必要です。

また、情報提供、応募法のアドバイスやスキルアップなどの必要性によって、コンサルティングや研修を実施します。優秀な登録者を、人材紹介会社の方から企業に売り込むことも行われます。

各社は、これら一連の流れの多くと求職活動のアドバイスを自社サイトを通じても行っています。そして、非公開求人を除き、多くの求人情報を掲載し、登録者の増大を図り、成約率を高めようとしているのです。

また、再就職支援会社と提携することも多く、双方の強みともなっています。最近は、新卒で入社したばかりの在職者が数年後の転職を目指し、登録するケースも出てきました。

サーチ型（スカウト型）

求人企業の依頼に基づき、そのニーズに合った人材を探して、その企業への転職を交渉します。多くは、未登録の在職者を対象とし、中には転職を希望していない層も含まれます。求人企業から、対象者を指名される場合もあります。

当然、その対象者は、登録型の人材より専門性が高く、その年収、待遇や職位も高い傾向があります。同時に、転職後の待遇条件はかなりアップしますし、それに伴い手数料も高額となります

この型の特質上、案件情報の秘密は厳守され、活動そのものも秘密裏に行われます。また、コンサルタントの情報収集・分析力、交渉力、ネットワークが、他の型よりさらに要求されます。

いわゆる**引き抜き**、**ヘッドハンティング**がこの型の代表的なものです。ヘッドハンターの中には、紹介会社に属さず、業務委託契約によってヘッドハンティングする人もいます。

アウトプレースメント型

再就職支援の派生ビジネス、あるいは人材紹介と再就職支援の合体型ともいえます。

後方支援だけでなく、その退職予定者、離職者の再就職先を紹介するため、再就職率は高いです。

カウンセリング、コンサルティングや研修を必要とするケースが大半で、その割合は登録型紹介より相当多いといえます。

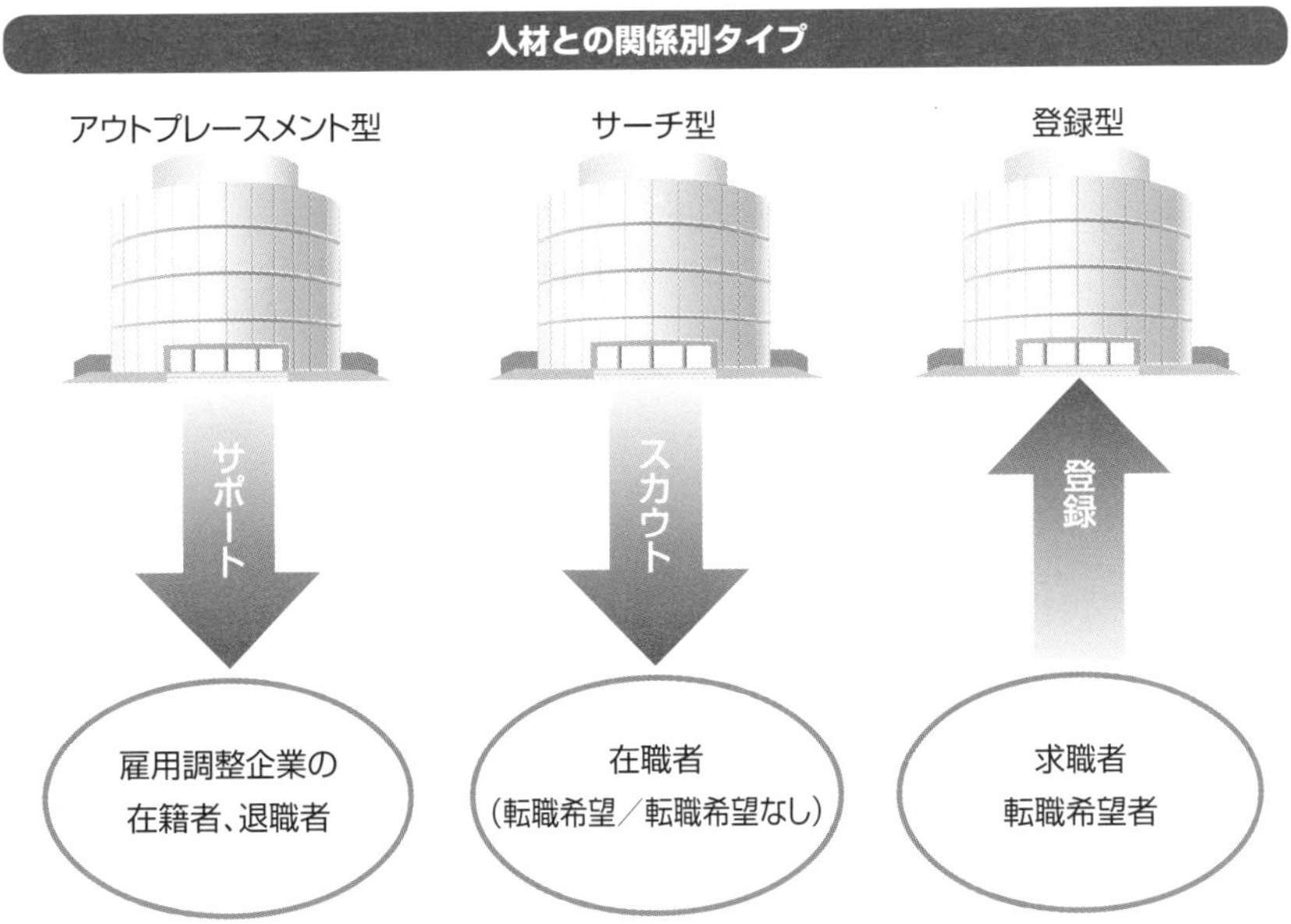

14

求人企業のメリット

人材紹介を活用するメリットについて、求人企業側と求職者側から説明します。まずは、人材紹介サービスを活用する企業（求人企業）のメリットから見ていきましょう。

求人企業のメリット

ハローワークなど無料で利用できる公共職業紹介機関や、人材紹介より低料金の募集媒体を活用しない、あるいはそれらと人材紹介とを併用するのはなぜでしょうか。以下のようなメリットがあるからです。

●ニーズに適合した人材を効率的に確保できる

どんな人材が必要で、どんな条件待遇で採用するかを人材紹介会社に依頼すれば、それに適合した候補者だけから選考できます。

人材紹介会社は、採用確定して初めて売上になるため、求人企業のニーズに応えることが最優先です。一方、公共職業紹介機関は、就職率は評価されるもののの求人企業の個々のニーズに応えることを優先していません。また、募集媒体は、適材の応募を保証するわけではなく、求人情報を掲載するのみです。成功報酬型の人材紹介を活用すると、確実に適材を採用することができるのです。

●募集のコストと手間が不要である

●迅速、柔軟な採用が実現できる

急な欠員や急な人員確保の必要性があるとき、通常の募集段階を踏むと必要時期に間に合わない、あるいは適材が確保できない場合があります。

また、企業の体質改善、不採算人材の入れ替えや新規事業展開、新商品開発のため、非公開で求人しなければならない場合があります。

人材紹介なら、必要なときにそのニーズを伝えさえすれば、迅速、柔軟に対応してくれるのです。

●採用確定時のみ料金が発生する

有料の募集媒体を利用すれば、採否に関係なく、募集した時点で料金が発生します。また、適材が応募しなければ、追加募集することもあり、その都度料金が発生します。適材を採用するまで料金が発生しないのは、リーズナブルといえるでしょう。

●採用した人材の定着率が高い

人材紹介会社は、職場適性も含めて適材であるかどうかを判断し、紹介します。また、意識改革が必要な人材には、その研修や助言も行います。さらに、紹介した人材が採用され、人材紹介の責務が終了しても、早期離職となれば、手数料を返還することもあり得ます。それが何度か続けば、人材紹介会社の評価が下がり、その後の受注が期待できません。定着率を高めること自体も、人材紹介会社の責務、営業戦略なのです。

求人企業のメリット

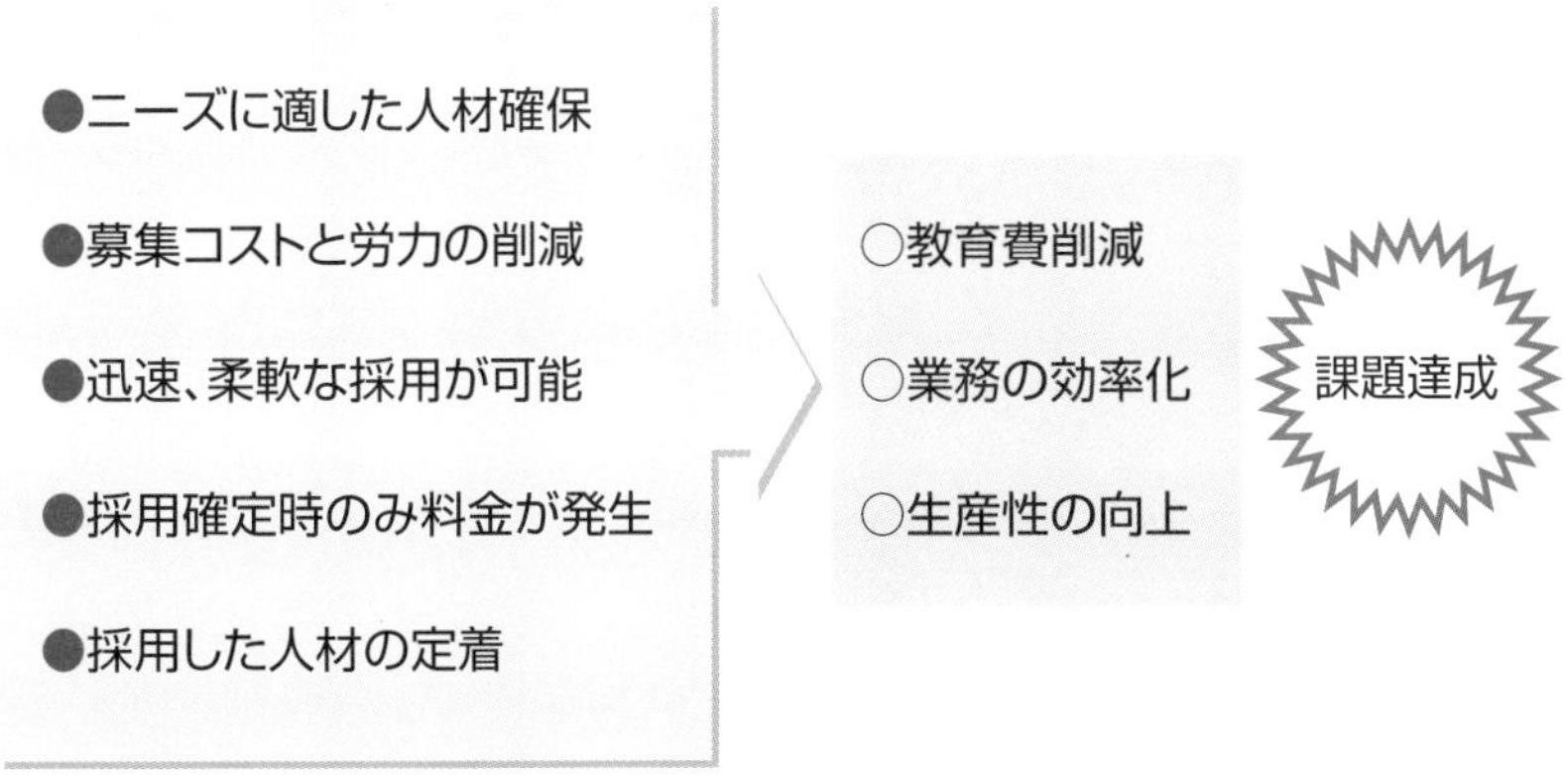

15

求職者のメリット

次に、求職者（離職者、転職希望者）のメリットを見ていきましょう。求人企業側のメリットや再就職支援サービスを活用する求職者のメリットと重なる点が多いことに気付くことでしょう。

求職者のメリット

再就職、転職を希望する求職者が、無料で相談や職業紹介を受けるところは多数あります。それでも、彼らがそのすべてを活用しているかというと、そうではありません。特に、人材紹介のシステム自体を知らない、あるいは誤解している求職者も多く、人材紹介の活用度は以前より少し高くなった程度です。

人材紹介を活用する求職者には、但し書き付きで以下のようなメリットがあります。

●無料で活用できる

前述したように、一部例外はあるものの、登録料や紹介手数料はかかりません。人材紹介会社は民間企業であり、正式には「有料職業紹介」と呼ばれるので、有料と誤解する人も多いようです。

●自分で求人情報の収集・分析をする必要がない

求職者は、人材紹介会社が紹介する案件を検討し、応募するか否かを判断すればいいのです。また、非公開求人など、個人では収集できない求人情報も入手できます。

●自分のニーズに沿った仕事や企業を紹介してくれる

希望職種、希望就業条件を人材紹介会社に伝えれば、それに沿った仕事を紹介してくれます。

●応募書類の作成や面接に関する助言、指導がある

●希望職種、希望就業条件の妥当性や自分のスキル、適性を客観的に診断してくれる
●意識改革やスキルアップに関する助言がある
●企業との連絡、調整（内定辞退含む）の代行や、就職先決定に関する助言がある
●複数の人材紹介会社に登録でき、機会を多く得る

しかし、これらのメリットは、求人企業のメリットと違い、すべての登録者が享受できるとは限りません。

まず、登録した求職者に紹介・採用の一〇〇％の保証がありません。企業のニーズに合うことが必要で、紹介後は応募になるからです。

また、コンサルティングやトレーニングを受け、対策を立てても、採用の可能性が極めて低い場合、採用まで、高レベルの支援を受けることは難しいでしょう。ビジネスである以上、すべての登録者にコストと労力をかけることはできないからです。

求職者のメリット

●無料で活用できる
●求人情報収集不要
●自分のニーズに合った仕事や企業の紹介
●希望職種、希望条件の妥当性診断、適性診断、スキルチェックが受けられる
●応募書類作成指導や助言がある
面接トレーニング、助言がある
●意識改革、スキルアップの助言がある
●求人企業との連絡調整を代行してくれる
●勤務先選択の助言がある
●複数の会社に登録でき、機会が多い

16 人材派遣のシステム

人材派遣事業は、正式には労働者派遣と呼ばれ、労働者派遣法に則って開設、運営しなければなりません。まずは、そのシステムを見ていきましょう。

人材派遣とは

「必要なときに、必要な人材を、必要な期間だけ」というフレーズは耳慣れたものかもしれませんが、人材派遣のシステムを端的に表しています。

人材派遣会社（派遣元）は、自社の常用社員、または登録者（登録スタッフ）の中から、派遣先企業のニーズ（業務内容、レベル、就業条件）に適した人材を選出の上、必要な時期に、必要な期間、派遣します。

人材派遣会社は、派遣労働者（以下、派遣スタッフ）の選出を一任されており、派遣スタッフは派遣先企業に応募する必要はなく、派遣先企業は派遣スタッフを**特定**（選択、指名）することはできません。派遣先企業にとって、応募書類や面接での選考ができないことは、選考しなくてもよいことを意味しています。それが人材派遣活用のメリットでもありますが、選択権を持つものと誤解している企業もまだあります。

マッチング後、派遣先企業と人材派遣会社の間に「労働者派遣契約」が、人材派遣会社と派遣スタッフの間には「雇用契約」が結ばれます。その間、派遣スタッフは派遣先企業の**指揮命令**の下、働きます。

つまり、派遣スタッフは人材派遣会社と雇用関係にありながら、実際の職場は派遣先企業であり、派遣先企業にとっては**間接雇用**ということになります。

派遣スタッフの賃金は人材派遣会社から支払われ、勤怠管理を含む労務管理も人材派遣会社が行います。加入要件を満たす場合は、人材派遣会社の社員として、狭義の社会保険（健康保険、厚生年金）や雇用保険に加入します。これらは、雇用契約状況によって、継続、または喪失となります。通勤途中、就業中の災害による傷病を取り扱う労災保険は、一日の雇用契約でも加入することになります。同様に、有給休暇、産休、育児休暇、介護休暇取得や定期健康診断などの福利厚生も、人材派遣会社の取り扱いです。

派遣先企業に請求する派遣料金と派遣スタッフに支払う賃金は、派遣先企業での業務内容、レベルによって定められた時間単価と、実働時間をベースに計算されます。

期間は一日から長期まで様々ですが、「日雇派遣の原則禁止」や事業所単位と個人単位の「期間制限」があり、必ずしも企業と派遣スタッフのニーズに合致するとは限りません。また、派遣できる業務（派遣対象業務）も限られています。

このように、度々の労働者派遣法改定によって、「派遣可能期間」などが変更され、派遣労働と派遣活用にはまだ課題があります。真の労働者派遣法「改正」に向け、働きかけたいものです。

人材派遣のシステム

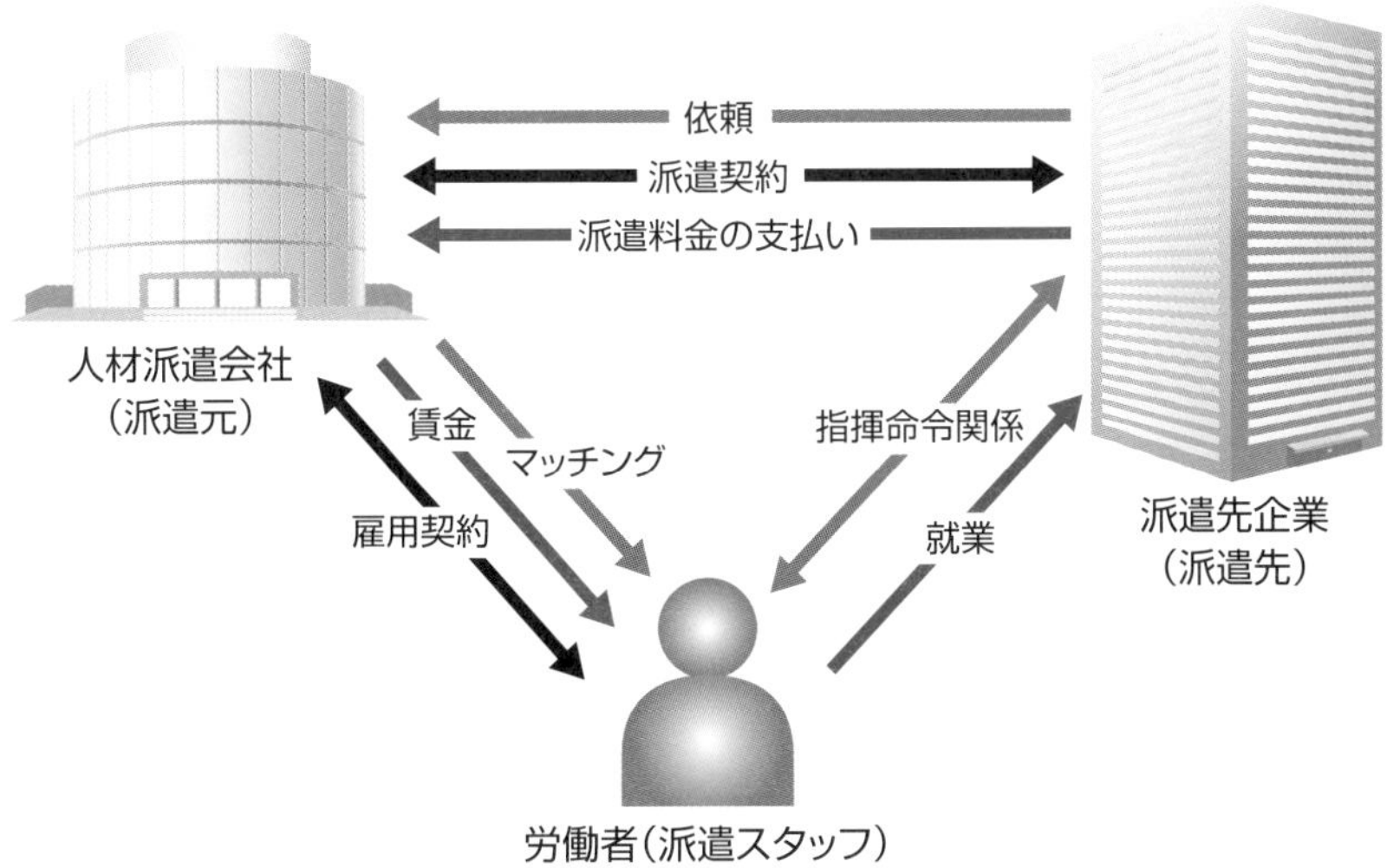

17

人材派遣のスタイル

二〇一五年の労働者派遣法改正によって特定労働者派遣が廃止され、許可制に一本化されましたが、二つのスタイルがあります。

労働者派遣（旧一般労働者派遣）

経験、スキル、希望就業条件を伝え、人材派遣会社に登録した求職者が、派遣先企業のニーズに合致して、本人が了解した場合、雇用契約を結び、派遣されます。その契約期間のみ人材派遣会社と雇用関係にあります。「**登録型派遣**」とも呼ばれます。

登録しても、派遣される保証はありませんが、業務内容や就業条件を選択できるという自由度は高く、契約期間外は拘束されません。複数の派遣会社に登録し、就業機会を増やすこともできます。

また、派遣スタッフは即戦力性と専門性を要求される場合が多く、要求水準がより高まっています。

賃金は、通常「時間給×実働時間」のみで、手当、賞与、退職金はありません。派遣会社や案件によっては交通費、通勤費が支給されますが、ほとんどの場合、派遣スタッフの自己負担となります。労働時間、労働日数などが社会保険加入要件を満たす場合は、派遣会社の社員として社会保険に加入します。

厚生労働大臣の**許可**を受けて事業を行います。

（旧）特定労働者派遣

労働者が人材派遣会社に正社員、または契約社員として入社し、派遣先企業に派遣されます。

常用社員＊のみを派遣することから、通常「**常用型派遣**」といわれています。派遣会社との雇用関係は退職まで無期限で、中断することはありません。安定していますが、自由度は低いといえるでしょう。賃金は月

用語解説

＊**常用社員**　常用雇用者。期間の定めなく雇用されている者。一定期間を定めて、あるいは日々雇用されている者で、雇用契約の反復継続や日々の更新によって、事実上期間の定めなく雇用されている者（過去１年を超えて引き続き雇用されている者。採用時から1年超の雇用契約が見込まれている者）。

給のことが多く、手当、賞与があり、当初から社会保険に加入することになります。

厚労省の監督を強化するため、以前は届出制だった、このスタイルも許可制となりました（二〇一五年）。

「許可制への一本化」にあたり、新たな**許可基準**（キャリア形成支援制度、教育訓練等資料の三年間保存、契約終了時の解雇規定がないこと、休業時手当規定、安全教育実施などの追加、小規模事業主への暫定的措置）が設けられました。移行経過措置による届出制事業所が認められたのは二〇一八年九月三〇日までです。

一本化となってから日が浅いため、厚生労働省や人材派遣協会のデータは「旧一般」「旧特定」と表示されるか、労働者派遣事業の「無期雇用派遣労働者」「有期雇用派遣労働者」として集計されるようになりました。

新たな許可基準による許可制が悪質な事業者を減らし、派遣労働者の保護、キャリア形成支援につながったかは検証の必要があります。

登録型と常用型との違い

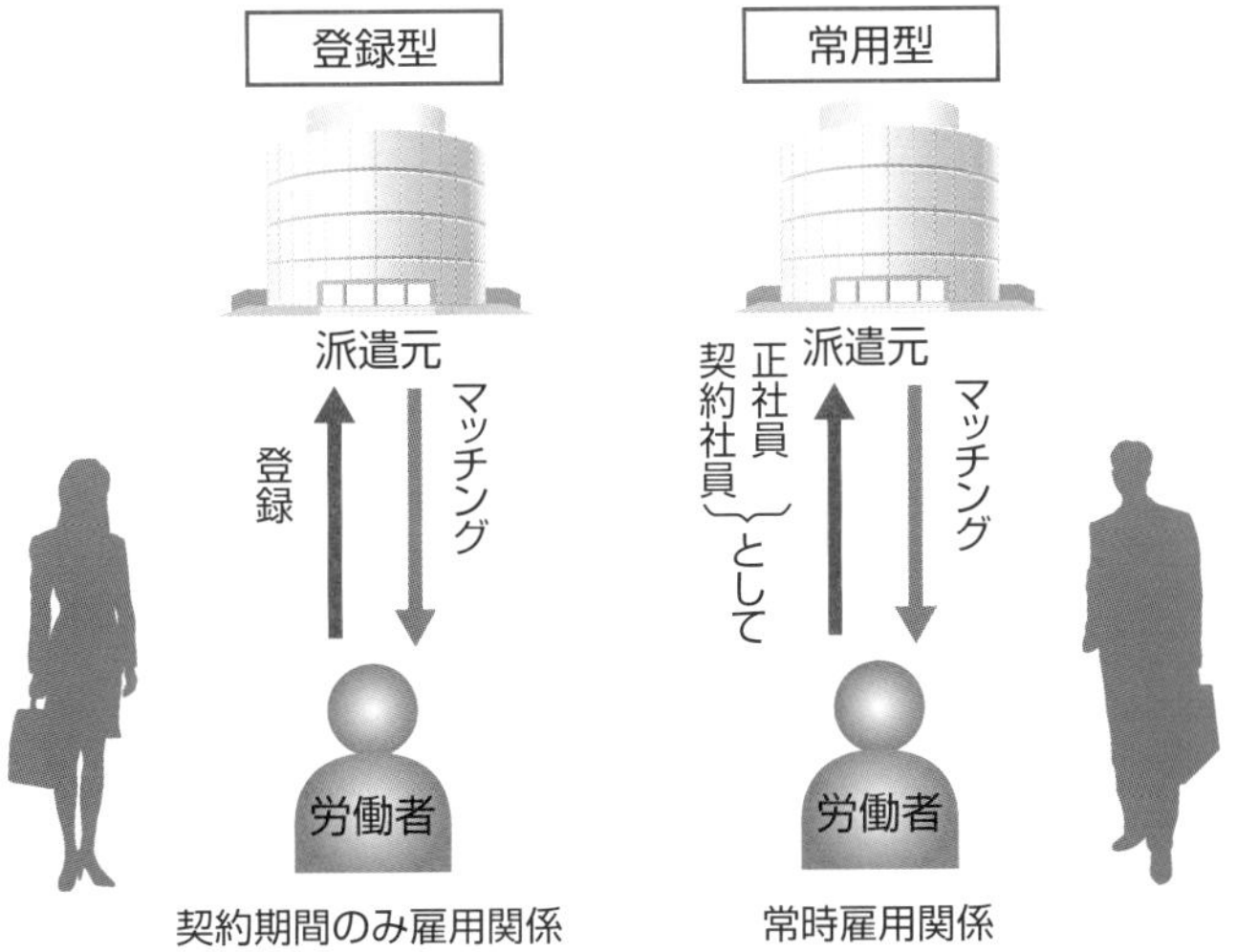

18 禁じられている派遣形態

労働者の雇用機会や雇用環境を守るために労働者派遣法などによって禁じられている形態「専ら派遣」と「二重派遣」について説明します。

専ら派遣

専ら《もっぱ》派遣は、特定の派遣先のみに派遣することです。

つまり、派遣先企業との契約確保のための努力が客観的に認められない場合、正式文書に事業の目的が「専ら派遣」と記載されている場合、特定の企業からの依頼のみ受け付ける場合は、「専ら派遣」とされます。

ただし、不特定の派遣先を確保するために、随時、広告、宣伝、営業、マッチングの努力をしているにもかかわらず、結果的に特定したことになった場合は「専ら派遣」ではなく、違法となりません。

また、人材派遣会社が雇用する派遣スタッフのうち、他の事業主の事業所を六〇歳以上で定年退職したスタッフが三割以上であるときは、問題ありません。

そもそも、労働者派遣事業は、「専ら派遣」を行わないことで許可されるもので、違反した場合、厚生労働大臣の勧告に従わないときには、許可の取り消し、事業停止命令となり得ます。

二重派遣

二重派遣とは、派遣スタッフを受け入れている派遣先企業が、他の企業にそのスタッフを派遣することで、職業安定法違反となります。

次ページ図の場合、派遣先企業B社と二重派遣先企業C社の両方が罰せられます。ただし、B社とC社との請負契約の下、その派遣スタッフがC社の業務を行う場合と、A社とB社・B社とC社の間とも請負契約である場合は、「二重派遣」とはなりません。

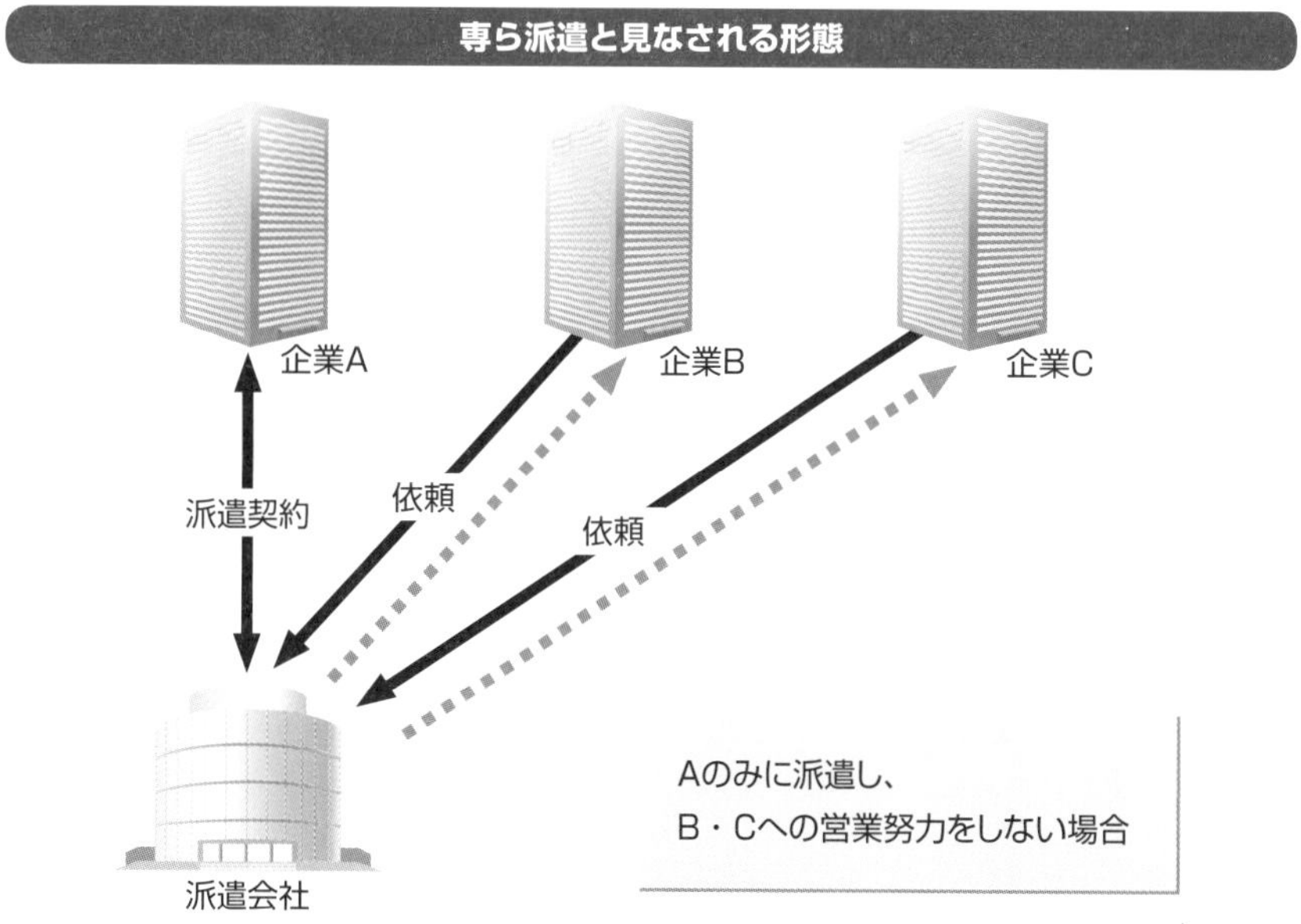
専ら派遣と見なされる形態
企業A
企業B
企業C
派遣契約
依頼
依頼
派遣会社
Aのみに派遣し、
B・Cへの営業努力をしない場合

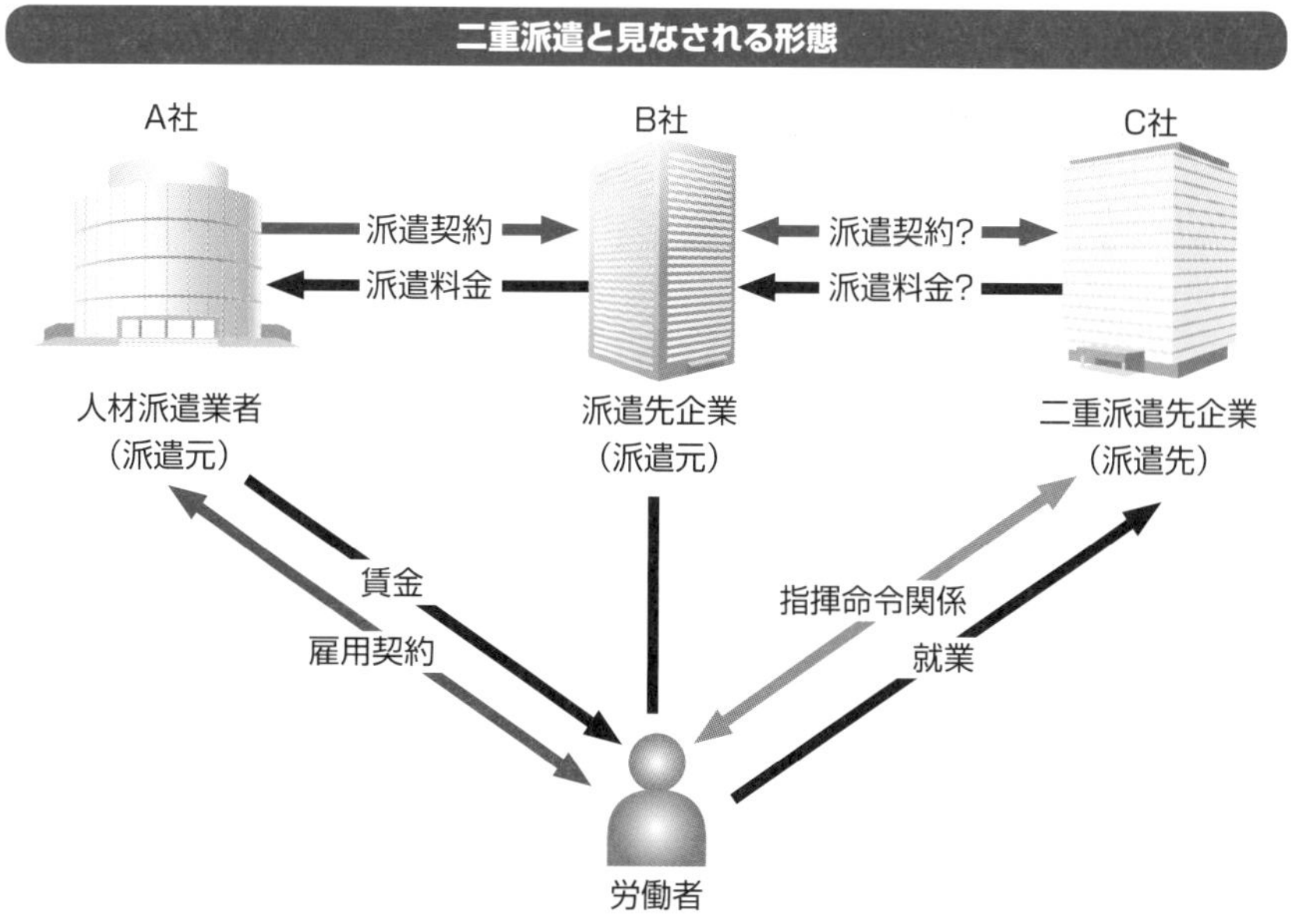
二重派遣と見なされる形態
A社
B社
C社
派遣契約
派遣料金
派遣契約?
派遣料金?
人材派遣業者
（派遣元）
派遣先企業
（派遣元）
二重派遣先企業
（派遣先）
賃金
雇用契約
指揮命令関係
就業
労働者

19 人材派遣会社の部門

いちばん多いスタイルである登録型（旧一般労働者派遣）の人材派遣会社の基本的な部門を、各部門の機能を中心に説明します。各部門の機能は、人材派遣の概要でもあります。

登録部門

登録スタッフの募集から、登録面接、登録スタッフの基本データベース作成までを行う部門です。

派遣先企業の多様なニーズや、緊急、大量の受注に備えて、人材派遣会社は多様な登録スタッフを多数抱えていなければなりません。登録スタッフを拘束できず、登録スタッフの状況は変化するので、「登録スタッフ数＝稼動可の人数」ではないからです。そのため、常時、新規登録者を募る必要があります。求める層によって募集媒体を選び、効果的な募集広告を出すことで、多数の優秀なスタッフを確保しようとするのです。

登録時は面接やスキルチェックによって、登録希望者の経験、スキル、適性や希望職種、希望就業条件を把握し、登録スタッフデータを作成します。通常、パソコン上のデータベースに入力しますが、マッチングやその後のフォローに必要なデータを漏れなく収集、分析し、的確な表現で作成しなければなりません。多様なニーズに迅速、的確に対応するためには、登録スタッフの実務能力、職場適性や現状などの明確なデータが必要なのです。

マッチング部門

営業担当が受注した案件、つまり派遣先企業のニーズに適した人材を、多数の登録スタッフの中から選択し、雇用契約を了承してもらう部門です。

そのためには派遣先のニーズと登録スタッフの実像、ニーズを正確に把握することが不可欠です。その後、正確に就業条件と業務内容を伝え、依頼、交渉しますが、ときに譲歩をお願いすることもあります。現行の派遣の交代要員、ピンチヒッターのマッチングや、緊急、大量の案件対応、契約更新交渉も行います。

管理部門

登録後の未稼働スタッフ、派遣中の稼動スタッフの管理と派遣先企業への請求管理を行う部門です。

稼動スタッフの勤怠管理やそれに基づく請求処理、支払い処理をメインとします。スキルアップ研修、登録スタッフの現状把握、派遣先企業での問題解決や悩みの相談、社会保険加入喪失手続き、年末調整、健康診断、福利厚生サービスなども実施します。

営業部門

派遣先企業の新規開拓、旧派遣先企業のメンテナンス、依頼企業のニーズのヒアリング、労働者派遣契約締結・管理、現派遣先企業へのフォローを行います。トラブルやクレームが起きた場合、主として派遣先企業側への対応を行う部門でもあります。

スタッフ募集から契約締結まで

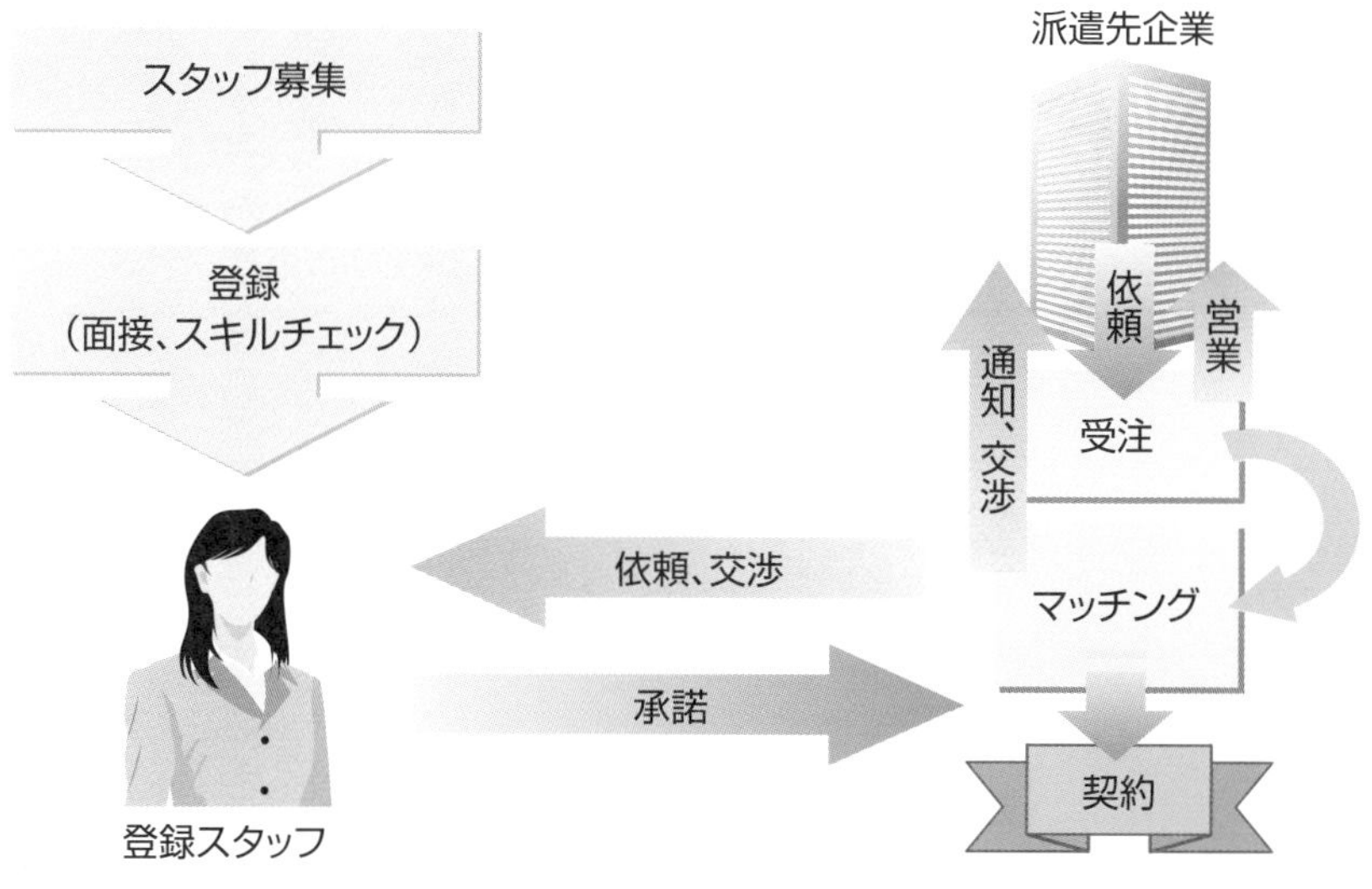

20

人材派遣会社のタイプ

人材派遣会社をその母体、設立者で分類すると「独立系」と「資本系」とに分かれます。カラーや姿勢に大きな差異がありますので、派遣会社に依頼する、就職する、登録する上でも参考になるでしょう。

独立系人材派遣会社

独立系は、パソナ(パソナグループ)やテンプスタッフ(パーソルグループ)など最初から労働者派遣事業として立ち上げられた人材派遣会社であり、その大手は総合人材サービスとしてワンストップサービスを全国や海外に展開しています。売上高とシェアのランキング上位は、これらの大手が占めています。

大手のトップは、日本における人材派遣業創成期の、いわばカリスマ的存在が多く、そのトップの方針や考え方によって、カラーがはっきりしています。創業期は、業務の特質上、中途採用者を多用しましたが、組織の巨大化によって分業化、システム化が進み、新卒者を大量に採用するようになりました。

若年者が活躍しやすい職場ではありますが、経験値や責任感の不足、機械的処理に陥りやすい弊害も、中には見受けられます。

資本系人材派遣会社

資本系は、銀行系、メーカー系など様々な業種の親会社のもとに立ち上げられた人材派遣会社です。グループ系、系列系ともいえましょう。

派遣先企業のほとんどがグループ会社という場合や、派遣スタッフのほとんどがグループ会社出身という場合もあります。親会社、グループ会社のネットワークや信頼性を生かし、親会社の業種を得意分野として、安定的成長を遂げています。

しかし、ときとして、その安定度がグループ会社間の馴れ合いや危機意識の欠如を生むこともあります。また、派遣スタッフが不本意な直接雇用的拘束を受けたり、派遣先企業が派遣活用効果を得られない場合もあります。

資本系人材派遣会社の上層部は、親会社、グループ会社からの転籍、出向であることが多く、そのために実務を把握していない、営業力をさほど必要としない場合もあります。余裕があり、ゆったりとした雰囲気は魅力的ですが、人材派遣会社の競争力が育ち難く、他社への切替も見受けられます。「グループ企業派遣の八割規制*」もありますが、設立目的や結果がグループ会社の雇用の調節弁である人材派遣会社も存在します。

このように、それぞれ特色がありますから、「独立系」はそのトップを、「資本系」はその親会社を、特に調べるといいでしょう。再就職・転職、登録、いずれの場合も、その人材派遣会社がどのタイプか、自分に適しているかを検証する必要があります。合併吸収が加速しているため、両タイプの混在にも注意してください。

独立系か？　資本系か？

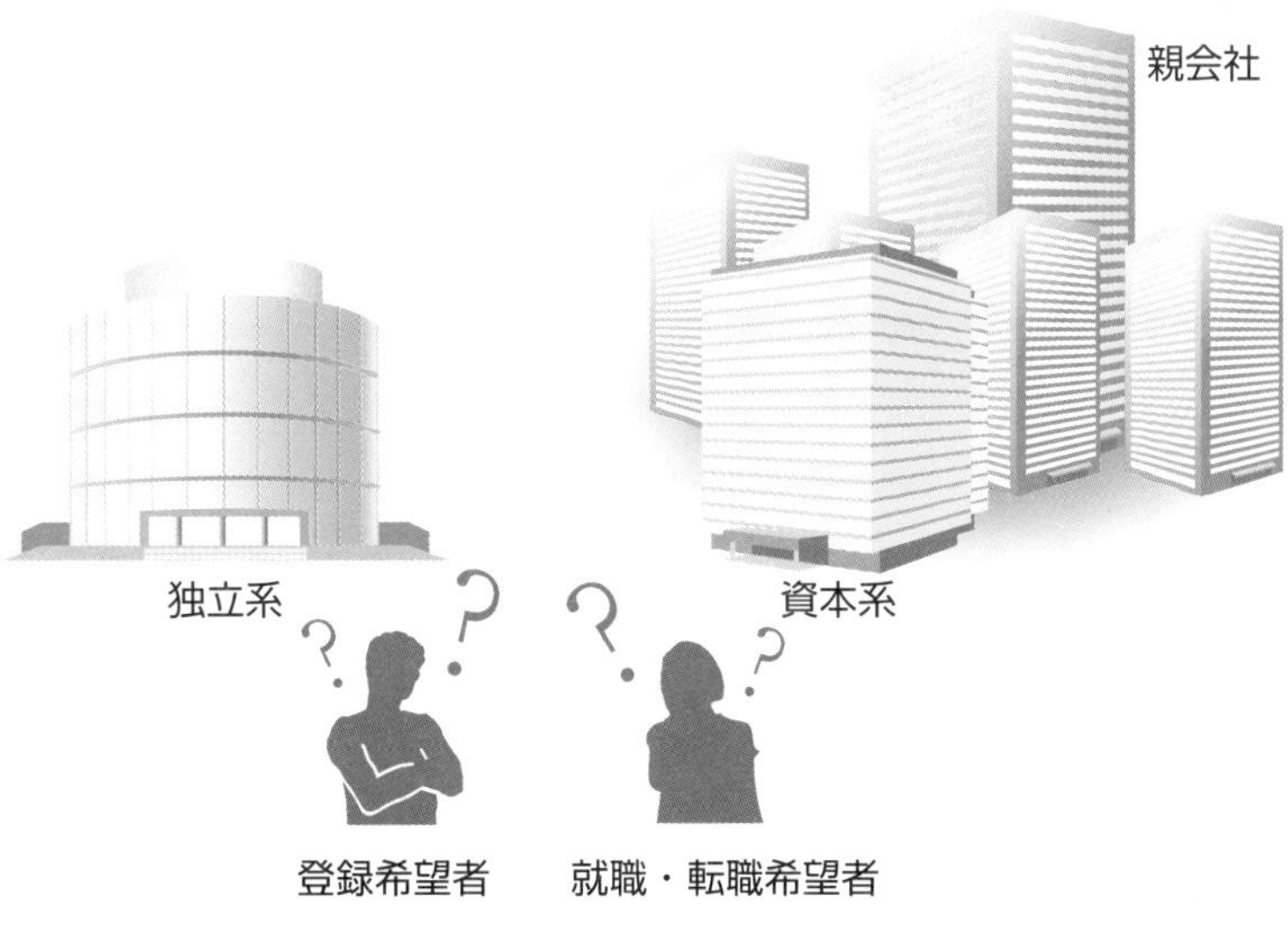

用語解説

＊**グループ企業派遣の八割規制**　派遣会社と同一グループの企業に派遣する割合は8割以下と制限されている。

21

派遣先企業のメリット

「人材派遣」を活用する派遣先企業には、どんなメリットがあるのでしょうか。それは、正社員、パート、アルバイトを採用するのではなく、「人材派遣」を選択した理由とも重なってきます。

派遣先企業のメリット

人材派遣のシステムそのものが、メリットであり、企業が人材派遣を活用する理由でもあります。

●「①必要なとき」に「②必要な人材」を「③必要な期間」のみ利用できる

①「必要なとき」とは、急な欠員時、社員休業時、当該業務を行う人材が自社にいないとき、業務量が一定でないときなどです。

②「必要な人材」とは、当該業務の遂行能力があり、派遣先企業の希望条件、要求レベルに合う人材のことです。即戦力性が求められます。

③「必要な期間」とは、その業務遂行、目的達成、納期厳守に必要な期間、時間を指します。開始や終了の時期、時刻や一日の就業時間もその必要性に応じて柔軟に設定できます。「派遣可能期間」の限度内であれば、一日から長期まで、一日数時間からフルタイムまで可能なのです。また、一ヵ月に数日を反復継続（曜日や締め日などにより）することもできます。

●コスト（人件費）の削減

給与、募集・採用費用、教育費用、社会保険料などの総人件費を考えたとき、正社員を雇用するよりも人材派遣を利用した方がリーズナブルです。

賞与、手当、退職金、**有給休暇取得時給料***、社会保険料、定期健診料、募集採用費がゼロで、教育費、福利厚生費はゼロ、または少額なためです。

ワンポイントコラム

【有給休暇取得時給料】要件を満たせば、派遣スタッフも有給休暇を取得できる。その場合の給料は派遣先企業の負担ではなく、派遣会社が支払う。

【…確認作業のみ】勤怠管理は雇用関係にある派遣会社の責任で、出勤状況を派遣スタッフが記入したタイムシートなどで把握。タイムシート上の始業時間、就業時間、終業時間などは、実際の職場である派遣先企業の確認が必要。

●人事部、総務部、教育部門の業務軽減

募集・採用業務、給与計算・支払い、社会保険の加入喪失・給付手続き、労災保険手続き、退職手続き業務は不要です。しかし、事前に必要性や契約内容について検討するため、調査・分析、派遣会社との交渉・相談は多少発生します。派遣スタッフは即戦力性、専門性があるため、教育の必要は些少です。

●雇用管理面での効率化

勤怠管理は不要で、確認作業のみ*です。ただし、派遣スタッフとは指揮命令関係にありますから、派遣先企業としての責務から、指示、確認、苦情処理*の業務は発生します。「派遣可能期間の制限」や派遣労働者の「直接雇用の依頼」に注意する必要はあります。

●社内の活性化、当該業務の効率化、業績拡大

時間単価で働き、短期間での成果が期待される派遣スタッフは、実務能力の他、意識や意欲が高いため、業務遂行以外の効果も大きく、職場の活性化や模範として活用するケースもあります。

企業が人材派遣を活用する理由*（事業所数を100とした場合）

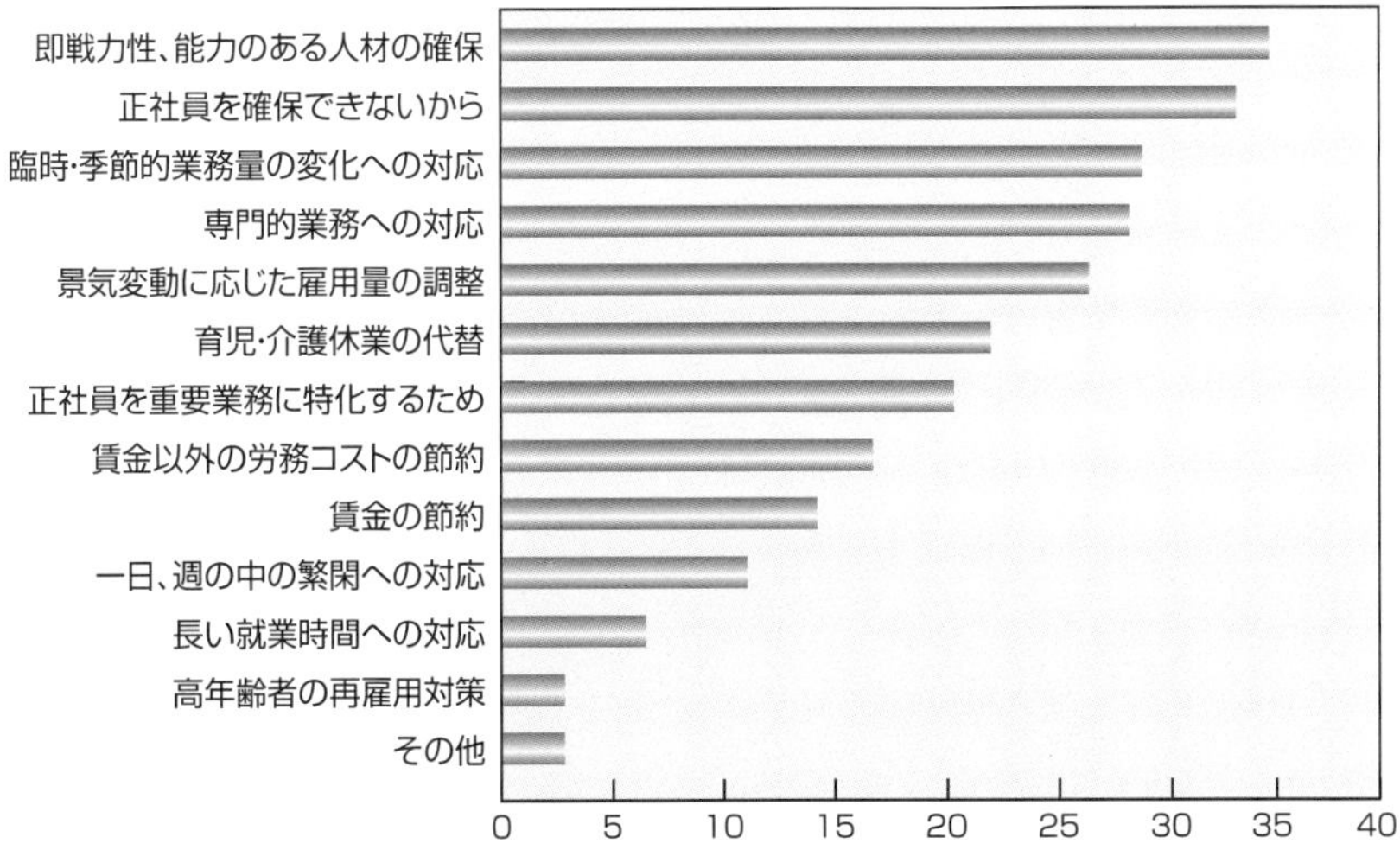

用語解説

＊**苦情処理**　労働者派遣法では、派遣スタッフからの苦情・クレームへの対応、トラブルの相談をいう。派遣先企業と派遣会社との連携により、迅速に処理し、それに関して、派遣先管理台帳、派遣元管理台帳を記載することになっている。

＊**…を活用する理由**　出典：厚生労働省「平成26年就業形態の多様化に関する総合実態調査」より作成。

派遣スタッフのメリット

次に、派遣という働き方のメリットを考えてみましょう。これは、労働者がその働き方を選んだ理由でもあります。主として、登録型派遣の場合について説明します。

派遣スタッフのメリット

派遣会社に登録する労働者は、正社員になれないから仕方なくという理由だけでなく、前向きに「派遣」という働き方を選んでいます。それは以下に挙げるメリットに重なります。**間接雇用、有期限、選択権**がキーワードです。

●自分の希望、価値観、ライフスタイル、状況、計画に適した業務内容、就業条件、職場を選択できる

登録しても仕事の保証はありませんが、案内された仕事、就業条件を自由意志で決定できます。短時間、短期間の仕事も選択でき、一時的に就業することもできます。在職中の場合、勤務先によっては副業としても可能です。家事、育児、介護、社会活動、自己啓発、趣味との両立や、自営業との兼業、正社員や独立までの一段階としても適しています。

●会社組織に従属しなくてもいい

仕事内容を重視している人、組織に埋没することには抵抗がある人、オンとオフは分けたいと考える人に適した働き方です。

●専門性、能力、適性を活かせる

直接雇用の常用社員となれば、中長期的な計画の下、組織内での役割が生じ、実務から離れることもあり得ます。専門性などを活かせるとは限らないわけです。

ワンポイントコラム

【休日出勤、残業の可能性が低い】余分なコストをかけたくないため、そもそも残業が多い業務や緊急時を除き、時間外勤務は発生し難い。また、雇用関係はないため、サービス残業はあり得ない。終業時間になると、派遣スタッフに帰宅を促す企業も多い。

●仕事の範囲、指揮命令系統、責任が明確である

そもそも担当業務内容・範囲・責任を定め、指揮命令関係を明らかにして契約するわけです。

●求職活動をせずに済む

●今後の変化に柔軟に対応できる

結婚、出産、育児、介護、転居、配偶者の転勤、Uターン、Iターンなどの環境や価値観の変化、能力向上、追加経験に合わせることができます。

●年齢が不利になり難い

派遣料金は派遣スタッフの年齢や経験年数に正比例せず、今回の契約の担当業務内容・レベルによるものです。また、職場の潤滑材、指導者的役割や活性化のニーズに応えられる場合、経験豊富なことが有利にもなります。

●休日出勤、残業の可能性が低い*

時間外手当の発生がコスト高*となるからです。

派遣という働き方を選んだ理由*

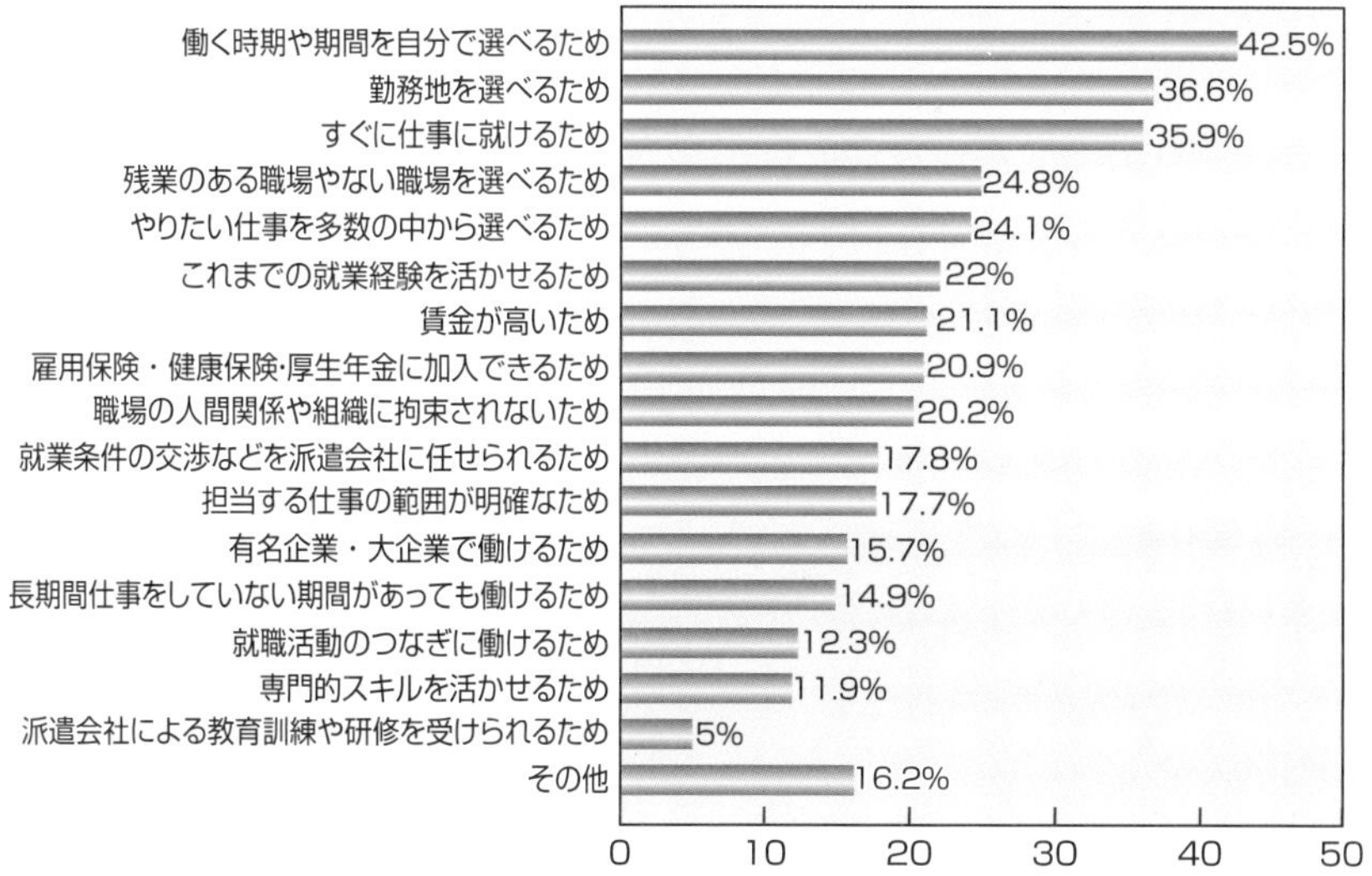

ワンポイントコラム

【時間外手当の発生がコスト高】時間外勤務、つまり残業は、派遣会社が労働基準監督署に「三六協定」を提出していれば、その必要に応じて発生し得る。多くの場合、派遣契約に時間外労働の割り増し分も派遣先企業に請求する旨が記載されており、派遣先企業が割り増し分を支払うことになる。

＊…**を選んだ理由**　出典：派遣スタッフWebアンケート（調査結果）2014年度（人材派遣協会）。

23 紹介予定派遣

人材派遣の一つのかたちで、同時に、就職、採用の手段でもある紹介予定派遣について説明します。近年、派遣会社のほとんどが紹介予定派遣を取り扱っています。

紹介予定派遣とは

二〇〇〇年一二月から認められた、派遣スタッフと派遣先企業に対して、職業紹介を行うことができる制度です。具体的には、派遣契約満了時、またはその前に、その派遣スタッフのその派遣先企業での直接雇用*を両者が了承すれば入社することを予定してスタートする派遣契約のことです。

つまり、**人材派遣**から**人材紹介**へ、**間接雇用**から**直接雇用**へ変化する可能性がある派遣形態で、採用と就職、再就職の手段ともいえましょう。企業と求職者（派遣スタッフ）共、派遣期間中に定着が可能かどうか試せる、お互いにとってのトライアルなわけですから、ミスマッチや不安の解消につながるのです。

紹介予定派遣を行うためには、労働者派遣事業と有料職業紹介事業の両方の許可が必要です。

紹介予定派遣を行う場合は、あらかじめ、紹介予定派遣であることを派遣スタッフに明示してスタートしますが、同じ派遣スタッフの派遣期間は六ヵ月以内とします。あくまで、派遣先企業と派遣スタッフの両者の意思によって決定されるもので、直接雇用に至らない場合があることも両者に明示しなければなりません。

紹介予定派遣の留意点

結果的に、派遣先企業が直接雇用をしない場合は、その派遣スタッフの求めに応じ、派遣会社はその理由

ワンポイントコラム

【派遣先企業での直接雇用】 直接雇用であれば、必ずしも正社員でなくともよく、契約社員としての雇用を希望する企業も多い。一方、求職者は、契約社員の安定度の低さから、正社員を希望する傾向がある。

を派遣先企業に確認して、派遣スタッフに書面などで明示しなければなりません。

一方、直接雇用に至る場合に、派遣スタッフ、派遣先企業、派遣会社の三者が合意すれば、当初の派遣期間を短縮し、派遣スタッフと派遣先企業とが雇用契約を結ぶことができます。その際、短縮した期間に応じた紹介手数料について定めてあれば、派遣会社はその手数料を徴収してもかまいません。

また、求人・求職の意思確認の時期と人材紹介の時期は、三者が合意すれば、早めることができます。

なお、紹介予定派遣では、その特質上、通常の人材派遣と違い、面接、試験、履歴書の提出などによって派遣スタッフを**特定**することができます。

そして、当初から紹介予定派遣としてスタートした場合でなくとも、その派遣期間中に、派遣スタッフ、または派遣先企業の求めに応じて、求人条件の明示、求人・求職の意思確認をすることができ、採用内定もできます。つまり、両者が人材紹介に切り替えることを希望すれば、紹介予定派遣として契約を変更し、対応するわけです。

紹介予定派遣の流れ

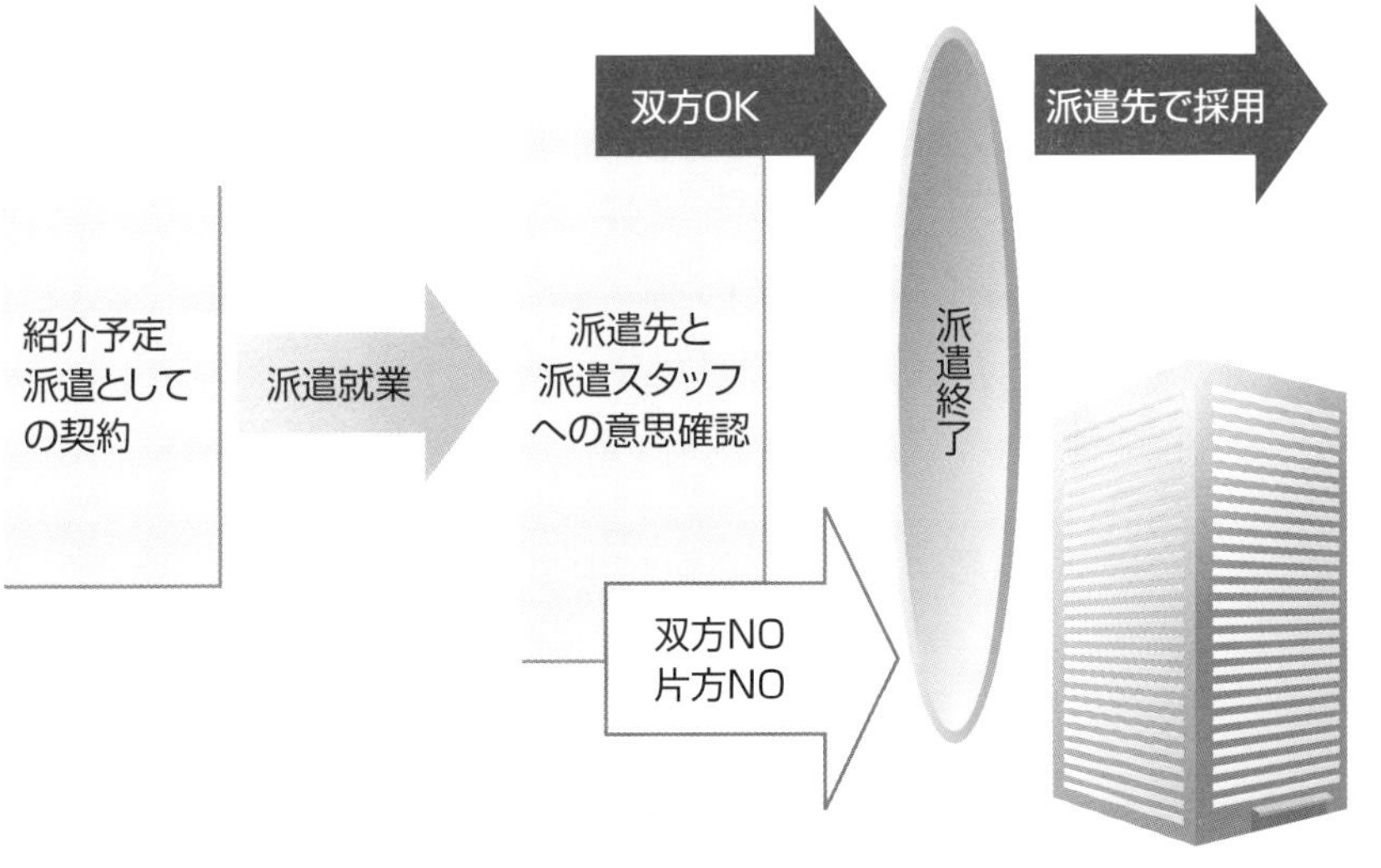

ワンポイントコラム

【事前の面接】契約を結ぶ前に派遣先企業が候補スタッフの面接を行い、選択することを事前面接といい、通常の人材派遣では禁じられている。派遣会社が選択を一任されており、派遣先企業は、派遣スタッフを特定できないからである。

24

請負のシステム

企業の事業、業務の一部や一連の業務を受託するサービスで、「アウトソーシング」「外注」「業務代行」「業務請負」ともいわれます。

請負とは

注文先企業と請負事業者との間に「請負契約」が、請負事業者と労働者との間に「雇用契約」が結ばれる形態を**請負**といいます。実際の就業場所が注文先企業である場合でも、人材派遣と違い、指揮命令関係は請負事業者と労働者との間にあります。

単独や少人数で行う専門的業務から、大量の労働力が必要である、それほど専門性が要求されない業務まで、様々な業務を請け負います。「物の製造の業務」、つまり、製造業務に多く活用されています。

しかし、建設業務など法律上派遣できない業務（3-7節参照）には、請負を装って派遣する、いわゆる**偽装請負**も見られます。この場合、当然違法となり、注文先企業（実際には、派遣先）と受託企業（実際には派遣元）とも、責任を問われます。

この偽装請負を排除するために、厚生労働省では、**派遣と請負の区分基準**を告示しています。次の項目すべてを満たしたものが「請負」となります。

①雇用関係にある労働者の労働力を自ら直接利用することを前提として、次のことを労働者に対して指示し、管理を自ら行うこと。

・業務遂行方法、業務遂行の評価について

・労働時間や時間外、休日労働について

・服務規律や配置の決定、変更など、企業における秩序維持、確保のために行うこと。

②次のことにより、請け負った業務を自己の業務とし

て契約相手とは独立して処理する。
・資金は、自らの責任の下、調達し、支払うこと。
・業務の処理に関する、事業主としての法律上の責任をすべて負うこと。
・単に肉体的労働力を提供するのではなく、必要な機械、設備、材料などは、自ら調達して業務を行う、あるいは自らの企画、または自己の専門的な技術や経験に基づき、業務を処理すること。

二〇〇四年の労働者派遣法改正によって「物の製造の業務」への派遣が解禁され、「派遣切り」問題などからの一時的な「製造業務派遣原則禁止」を経て、現時点では製造業務請負と製造業務への派遣の両方が混在しています。

請負事業者も人材派遣事業者も、業績は同業他社、他の人材ビジネスとの競合ばかりか、労働者派遣法の行方に大きく左右されているのです。

近年は個人にクラウドワークや配送、宅配ワークを仲介する請負業者が注目されています。

請負のシステム

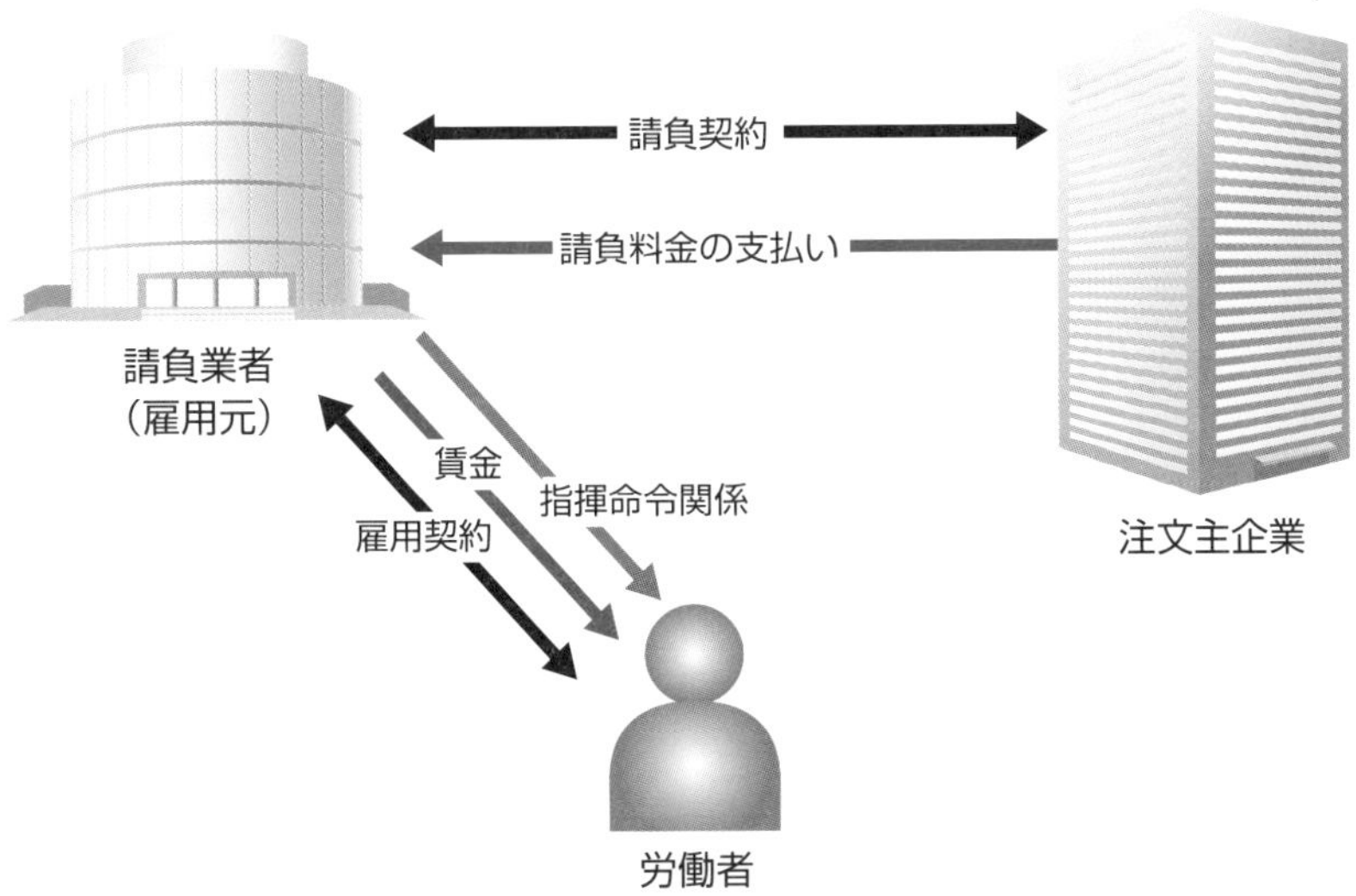

25 受託範囲別請負事業者のタイプ

請負はアウトソーシング（企業が自社ではなく外部の業者に業務を委託すること）ともいわれます。ですが、それでは人材派遣を含んでしまうことが多いため、本書では「請負」とします。

本来の請負事業とは

本来、**請負**は単なるコストダウンの手法ではなく、外部の企業に副次的分野を委託することで、本業分野に注力し、総合的に業績向上を図る、戦略的手法です。現に、多くの企業の事業再構築に、この「請負」が貢献しています。つまり、請負事業者は、いわゆる「下請け」「孫請け」ではなく、注文先企業と対等な立場で契約を締結し、理想的には、その戦略提案をするコンサルタントなのです。

とはいえ、力関係によって「下請け」から脱却できない事業者が多いのが現実ですが、戦略コンサルタント的役割を担う事業者も増加しています。

まずは、受託する業務範囲で分類してみましょう。

受託範囲別分類

A、一括受託型

部署、部門の業務すべてや一連の業務、特定の業務をまとめて受託するタイプです。

経理部、総務部、営業部、製造部、システム部、物流センターなどの業務全体や採用業務、販売促進業務、広告宣伝業務、システム開発・メンテナンス業務、コールセンター業務などです。これらのうち、製造部門の一括受託を狭義の「請負」と呼ぶことがあります。

また、会社設立や拠点新設など、マーケティングから、事業所用地・施設の確保、各種手続き、オープニングスタッフ確保、事業基盤構築に至るまでの一連の業務や、拠点の統廃合、廃業など整理的業務を請け負うこともあります。多くは、コンサルティングと併せて、または、コンサルティングの上、実施します。

B、一部代行型

　ある業務の一部のみを代行するタイプで、Aの一括受託内容を細分化して受託するものともいえましょう。各種コンサルティング、会社設立代行、採用面接代行、給与計算、請求業務、債権回収、電話秘書、会計伝票処理、棚卸、社員研修など、多種多様です。近年は、ネットショップの出荷業務など、ネットを介した業務が増えています。

C、便利型

　Bの一部代行型をさらに細分化し特化した、あるいは発展させたともいえるタイプです。**ニッチ**＊を探る嗅覚とアイデア次第で成り立ち、小規模の請負事業者に適したかたちともいえます。

　インセンティブ＊企画サービス、各種パーティの二次会幹事代行、海外の就労ビザ取得代行、出張手配サービスなど、続々と新しいサービスが生まれています。

受託範囲別タイプ

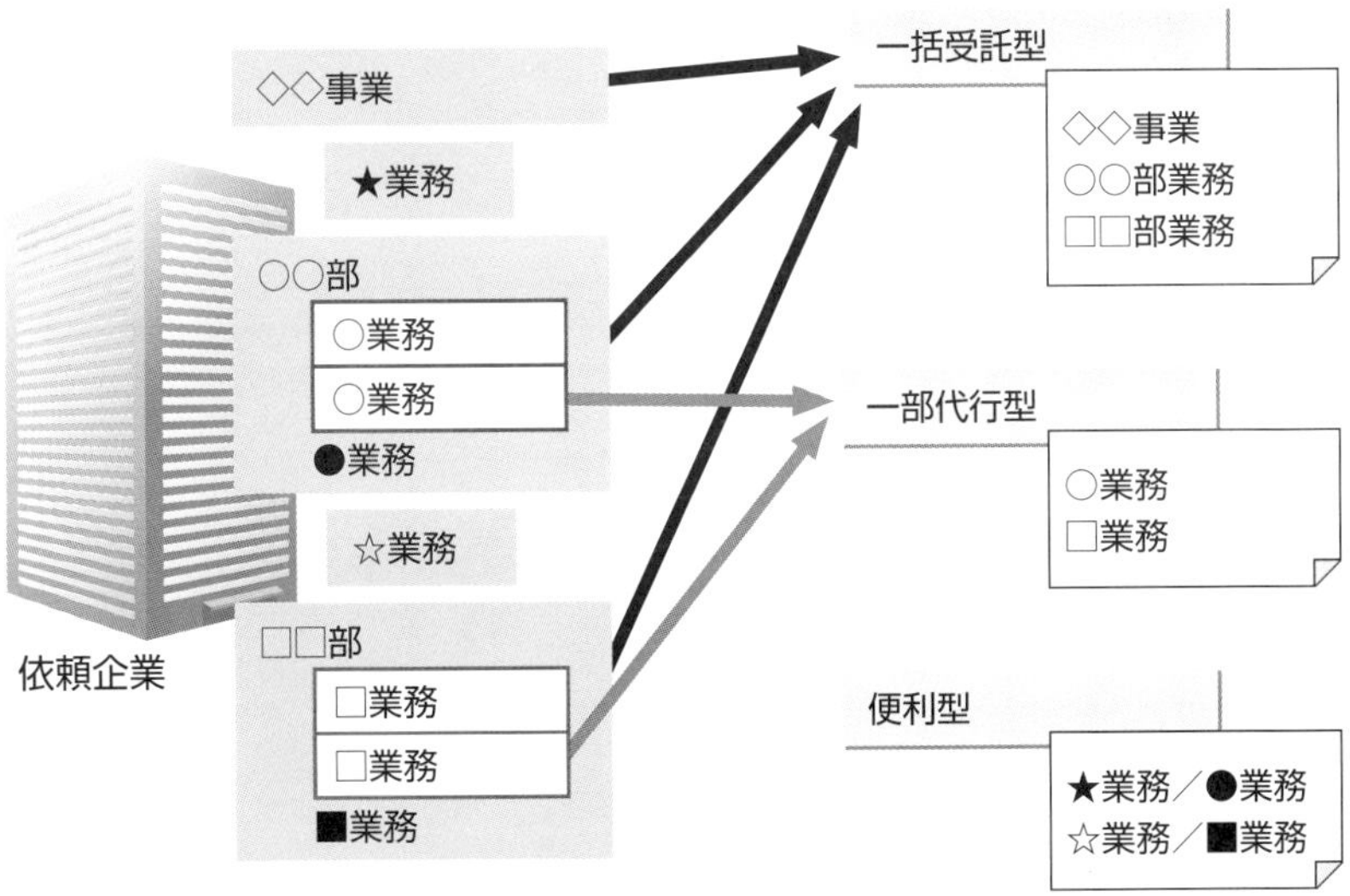

用語解説
＊ニッチ　他の業者が進出していないマーケットのすき間。
＊インセンティブ　誘因、刺激、動機。販売促進のための報奨金。

26 事業者形態別請負事業者のタイプ

請負事業者は、多数の労働者を抱える大企業から、単独で請け負う事業者まで様々です。その事業者と実際に就業する個人との関係で分類してみましょう。

事業者形態別分類

①登録型

大手に多いタイプで、緊急、大量のオーダーに迅速に対応できるよう、相当数の人材を登録スタッフとして確保し、就業したぶんの料金を支払うものです。登録後の人材は拘束できず、必ずしも就業できるとは限らないため、常時登録スタッフを募集し、現状を確認して登録データを更新、連絡体制を整えます。受託した業務によっては、研修やトレーニングも実施します。

期間は一日から長期まで様々で、契約形態も多様です。就業の都度、雇用契約を結んでの直接雇用（アルバイト、パート、契約社員）の場合と、**業務委託契約**を結ぶ個人事業者とがあります。業務委託契約の場合は、登録スタッフ自体が請負事業者ともいえます。

引越作業、イベント運営管理など一時的に発生する業務や、軽作業など専門的技術をさほど必要としない業務に多いタイプです。一方、専門技術保有者や有資格者を登録スタッフとして確保し、専門的な業務に就かせる場合もあります。その際、請負事業者は、専門学校や資格取得講座の運営、それらとの提携が有利です。

②常時雇用型

請負事業者が、正社員、契約社員、アルバイトとしてすでに雇用契約を結んでいる人を受託業務に就業させるタイプです。給料や社会保険料は固定されるため、安定度が高く、人材育成、定着、モチベーションアップは期待できますが、請負事業者にとっては、長期的、安

用語解説

＊**ヘルプデスク**　パソコンなどのハードウェア、業務システム・ワープロソフトなどのソフトウェアの不具合や操作法に関する質問や苦情に対応する職種、人、部門。

定的請負契約の確保が大前提でしょう。

コールセンター、**ヘルプデスク**＊、システム運用・管理、ネットワーク管理、製造業務の受託が多いです。

③単独型

個人の請負事業者が、一人で受託し、当人がその業務を行います。**業務委託契約社員**、**独立請負**ともいわれ、**一人親方**＊や後述する**IC**（4-7節参照）もその一種です。

まったく一人で行う以外に、他の請負事業者とチームを組む場合、分担する場合、必要に応じてアルバイトなどを雇用する場合があります。また、登録型の請負事業者に登録して、そこから受託する場合もあります。

かつては専門的業務が多く、個人のコンサルタント、カウンセラーや独立系資格＊の取得者が主流でした。近年は、マッチングサイトを通じて、専門性の低い業務も請け負うようになりました。クラウドソーシングやインフルエンサー、ネット出前サービスなど、取り組みやすい業務、スタイルが新たに生まれています。

事業形態別タイプ

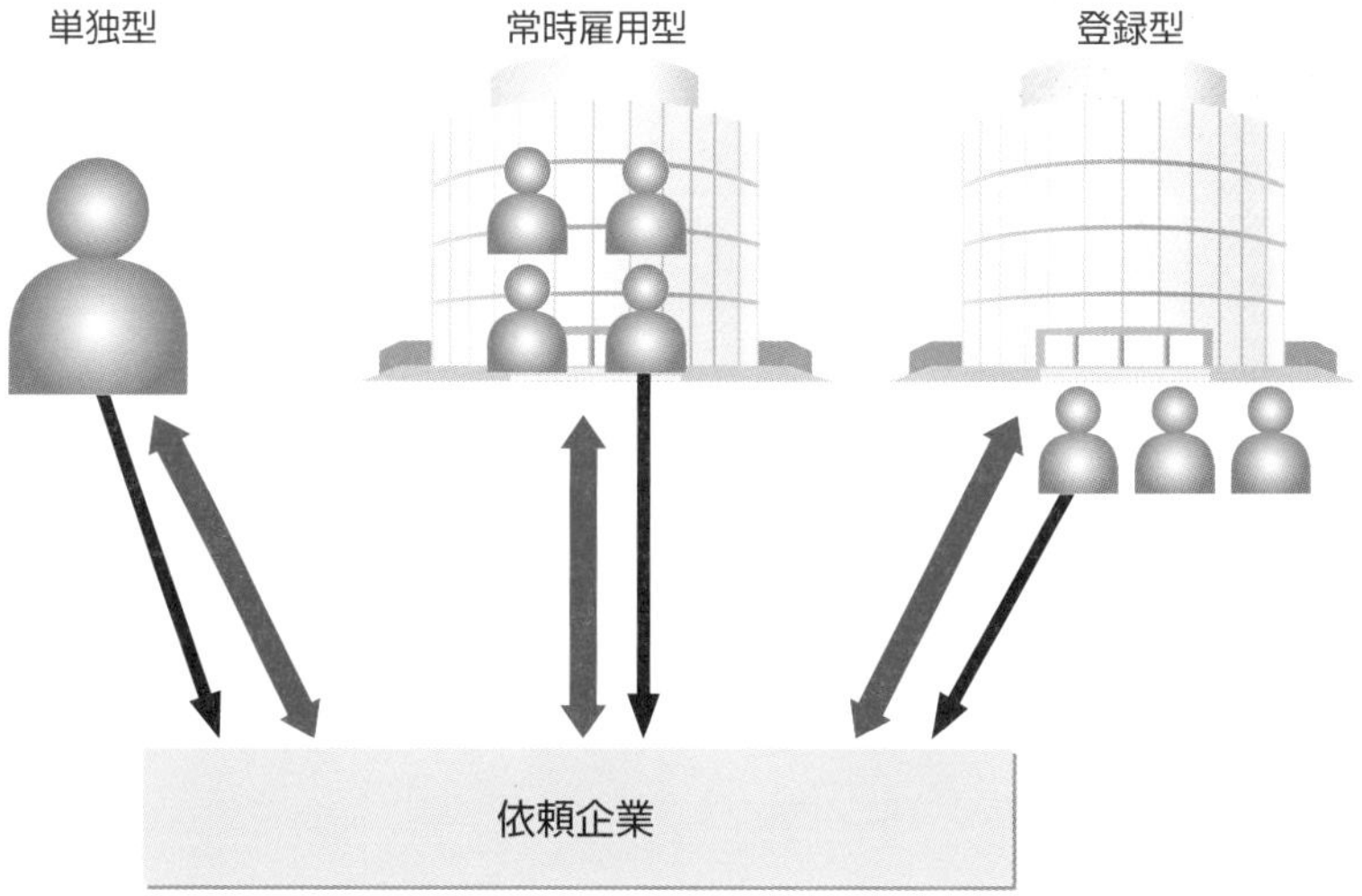

用語解説

＊**一人親方**　請け負う内容が建設業や林業の場合、一人親方といわれることが多い。
＊**独立系資格**　弁護士、税理士、社会保険労務士、司法書士など、独立した事務所を構えることが多い資格の総称。

27 就業状態別請負事業者のタイプ

請負事業者は、受託した業務を、どこで、どのように行うのでしょうか。就業場所や就業管理などによって分類してみましょう。

就業状態別分類

①注文先企業内就業型

注文先企業に出向いて、そこで就業するタイプです。前に述べた一括型、常時雇用型に多く、通常は、かなりの人数が長期間就業します。その場合、指揮命令、管理監督専任者として、請負事業者の正社員も常駐することがほとんどです。

工場での生産ラインが最も多く、次いで、注文先企業内の物流センター、コールセンター、システム部、福利厚生施設の業務や大病院の医療事務（窓口受付から会計までの一連の業務）などです。

また、棚卸や決算、年末調整、社会保険算定事務など一時的な業務を、少人数で受託することもあります。コンサルティングサービスも出向くことが多く、社員研修やカウンセリングも注文先企業の研修室、カウンセリングルームで行うことが多いでしょう。

②自社就業型

請負事業者のオフィス、作業場、コンピュータルームなど、自社で受託業務を行うタイプです。

自社内に大規模な作業場、コールセンター、倉庫や大量処理の可能なコンピュータを持ち、ネットワーク、通信環境が整備されている場合は、数社からの大量の受託業務を、同時に自社で処理できます。コールセンター、ヘルプデスク、**カスタマーセンター***、物流センター、**ASPサービス***などの業務です。

また、納期に間に合えば、あるいは目的を達成すれ

用語解説

***カスタマーセンター**　顧客の問い合わせ、苦情に対応する部門。

ば、注文先企業には打ち合わせや納品のみで済む場合、自社で就業することが効率的です。資料持ち出しが可能であれば、①に挙げた、決算、年末調整、社会保険算定事務も自社で可能でしょう。その他、システム開発、税務、法務などが代表的です。

研修施設、カウンセリングルームやパソコン、倉庫などファシリティが注文先企業にない場合、合同研修のように他社からの参加者もいる場合、むしろ注文先企業で実施しない方が有効な場合も、請負事業者の社内で実施します。当然、請負事業者は、それをセールスポイントとしてアピールできるでしょう。

小規模ながらSOHOもこのタイプです。中でも、クラウドソーシングが急速に伸びています。

③就業場所移動型

注文先企業や請負事業者の社内ではなく、別の場所に出向いて就業するタイプです。

建設工事、引越しやイベント、アンケート調査などが代表的ですが、研修やカウンセリングもこのタイプで行うこともあります。

就業状態別タイプ

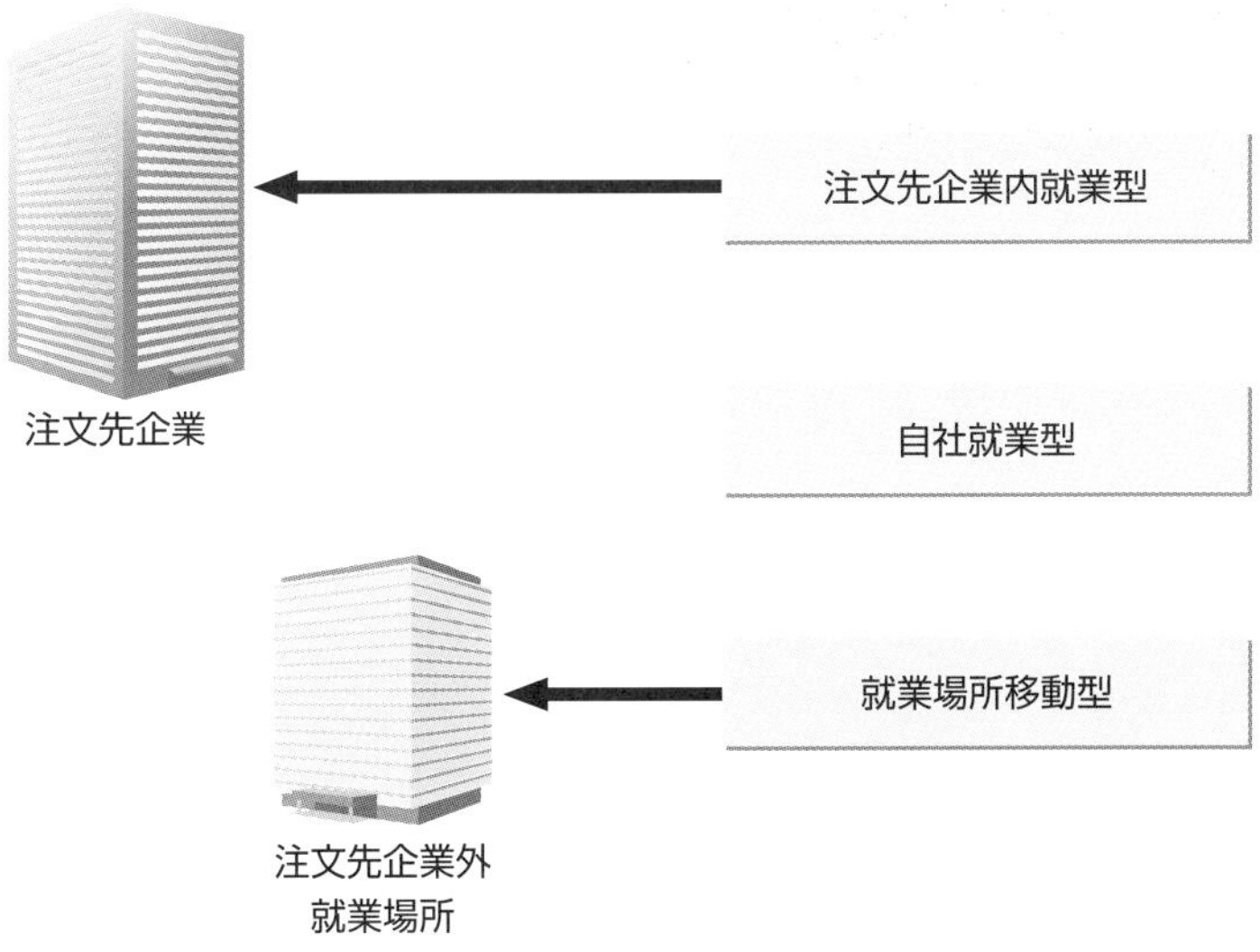

用語解説

＊ **ASPサービス**　Application Service Providerの略で、ソフトウェアを貸与し、その運用支援、ハードウェアの保守を行うサービス。

28

請負活用のメリット

請負を活用するメリットについて説明します。他の人材ビジネスサービスの活用との共通点や差異がありますので、整理しましょう。

活用のメリット

注文先企業にとって、請負を活用するメリットは何でしょうか。「必要なとき、必要な人材を、必要な期間のみ」活用できるメリットは、人材派遣と共通する部分ですが、異なる部分もあります。

●コスト削減

どの部分を委託するかによって、どのコストが削減されるかが変わってきます。自社社員の作業を委託するなら、その就業する人材の募集採用費、給与、各種手当、法定福利費、教育費が削減されます。

設備投資が必要な作業なら、そのコストも低減できます。人材派遣と違い、指揮命令関係にないため、管理監督者に関するコストも削減できます。

また、一時的に発生する業務や繁閑の差が激しい業務に自社の人材を常時貼り付けておくことは、そもそもコストパフォーマンスが良くありません。

●専門的知識、専門的技術、ノウハウの活用

急速な技術革新、法律・制度の新設・改正、マーケットの変化、情報量の急増などによって、企業が抱える人材やノウハウでは対処できない問題や課題があります。その解決のため、請負事業者が持つ専門性を、必要なときのみ活用できるのです。

●ファシリティの活用

企業に、機械設備、通信環境、パソコン、研修室などの、ある業務を遂行するために必要なファシリティが

不足している場合に有効です。

●第三者が行うことの効果

自社の社員が行うと、限られた情報と環境によっての情報不足、固定観念、先入観や社内の立場、人間関係などの影響で、業務が成り立たないことがあります。アンケート、**CS調査***、意識改革研修、カウンセリングなど、外部の第三者の冷静、客観的な判断や評価、指導、相談が有効な場合です。

●本業分野への注力

外部に委託することで、自社で行うべき分野や業務のみに集中することができます。

企業が、請負を有効活用できれば、これらのメリットが得られるだけでなく、経営改善、業績向上につながるでしょう。そのためには、自社での業務を洗い出し、どの部分をどのようなかたちで委託するかを十分検討しなければなりません。

請負活用のメリット

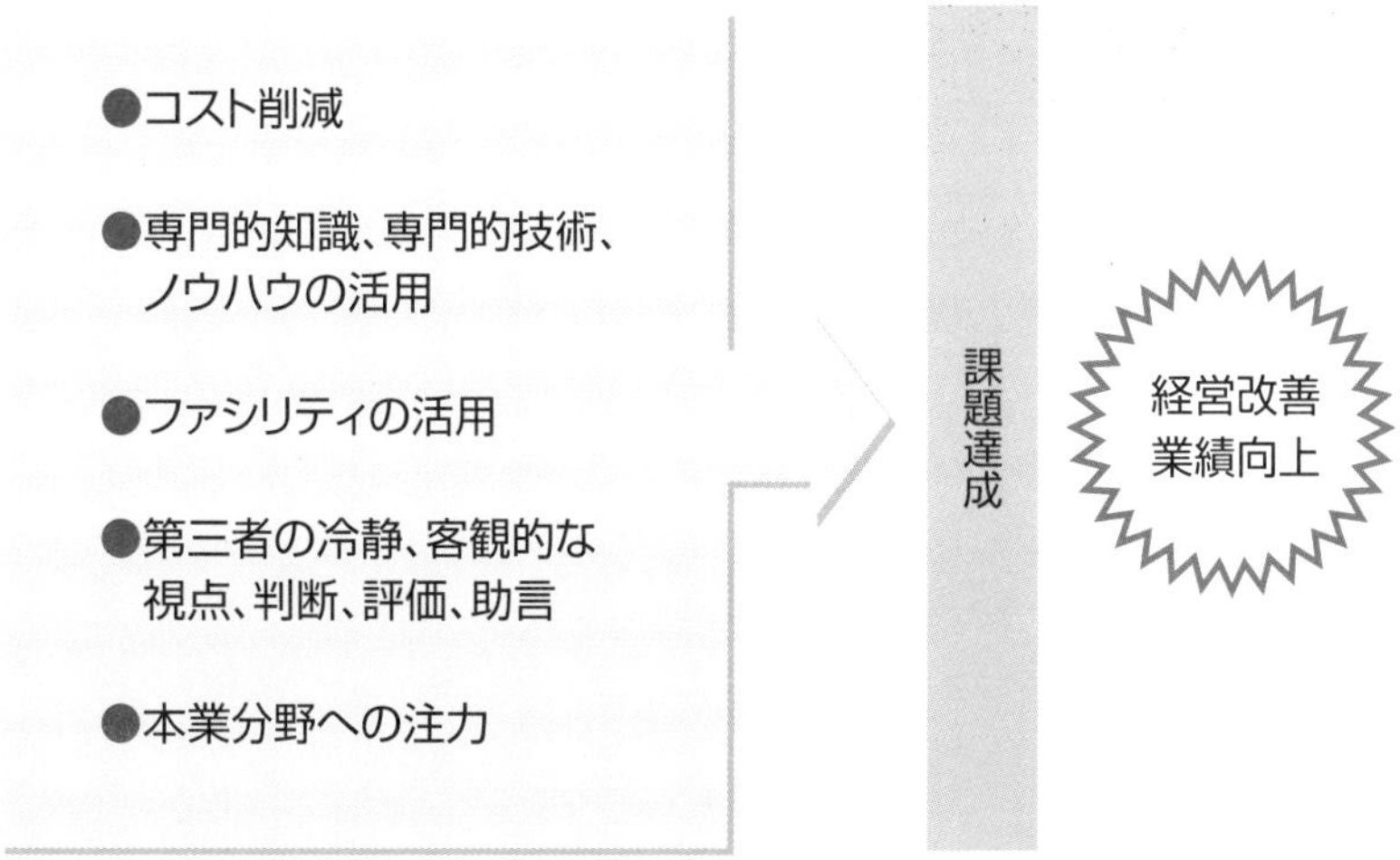

用語解説

＊CS調査　Customer Satisfaction（顧客の満足）を測定する調査。

29 労働者供給事業の原則禁止

「人材派遣」や「請負」は、労働組合などが厚生労働大臣の許可を受けて無料で行う以外は原則禁止されている「労働者供給事業」と誤解されやすいものです。

労働者供給事業

労働者供給事業とは、**供給契約***に基づいて労働者を他人の指揮命令を受けて労働に従事させること、つまり、自ら雇用しているのではない労働者を他人に供給して、その指揮命令により仕事させ、利益を得ることです。

ピンハネ業者ともいえますが、受入側にも罰則があります。禁止されている派遣形態の「二重派遣」も、この労働者供給事業に該当します。

労働者供給事業を行う者による強制労働、労働者との支配従属関係、中間搾取の弊害が生じやすいため、職業安定法第四四条によって原則禁じられているのです。労働者の基本的権利を守るための禁止といえます。

しかし、**労働組合**は、そもそも労働者が主体となり自主的に労働条件の維持改善、社会的・経済的地位の向上を図る組織なので、それらの弊害がほとんど生じません。そのため、例外的に認められています。

また、労働組合などが自ら労働者供給事業を行うことで、それらの弊害の発生しやすい環境、慣習を削減し、違法かつ悪質な労働者供給事業者を排除する効果も期待されています。

職業安定法違反を免れるべく、「人材派遣」や「請負」を偽装する業者も存在しますが、すべて実態をもって判断されます。

正しい理解が、それぞれの権利を守ることにつながるはずです。次に挙げる二種類の形態とも、労働者供給事業に該当します。

用語解説

***供給契約**　供給元が供給先に労働者を供給し、供給先と労働者が雇用関係、または指揮命令関係になることを約束する契約の総称。決まった形式はなく、文書でも口頭でも契約は成立する。

労働者供給事業と見なされる形態

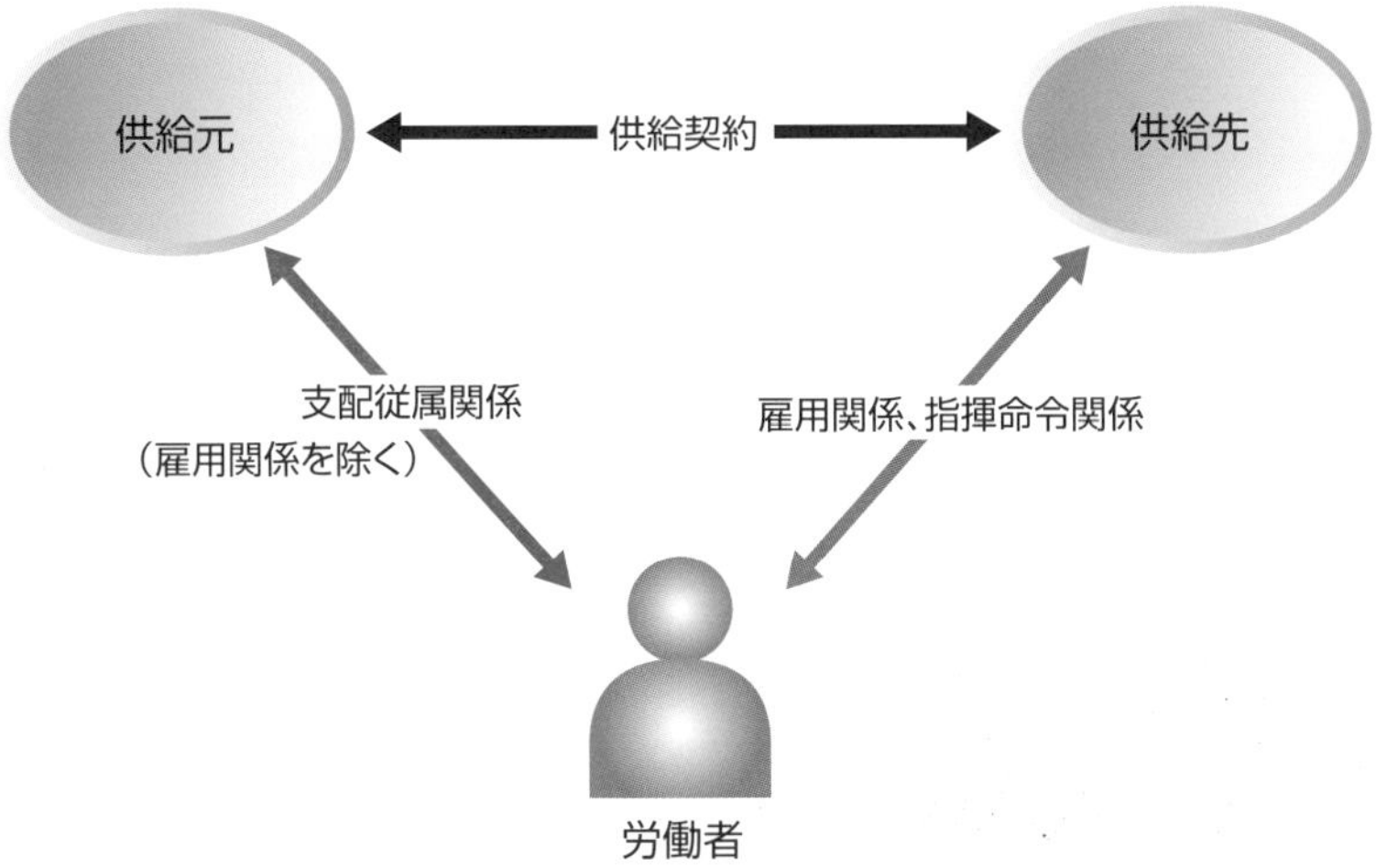

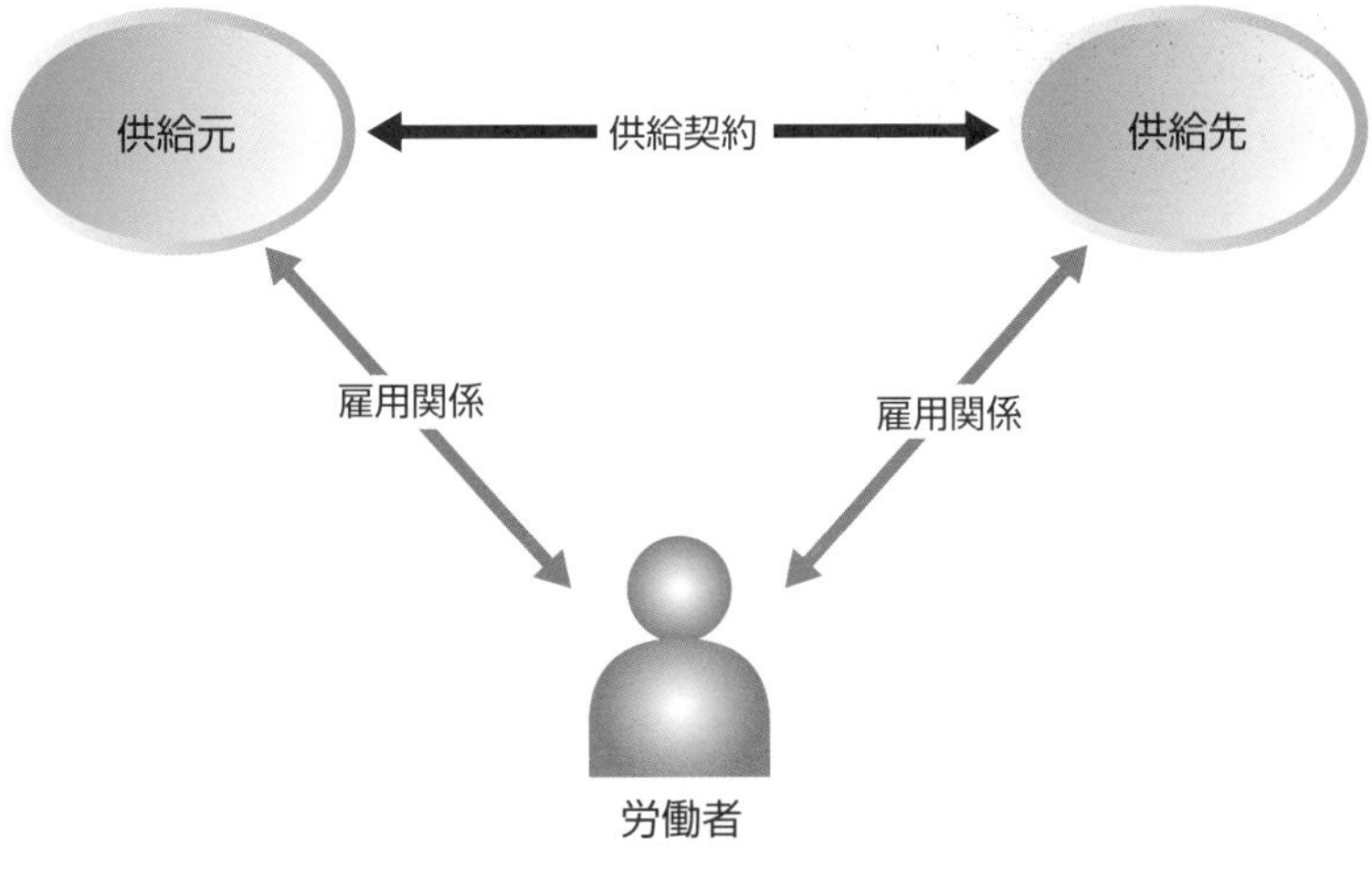

30 人材育成・キャリア形成支援サービス

最近は、専門学校、パソコンスクールの範疇を超えて、職業に就くため、あるいはスキルアップのための専門的な知識や技術を習得する、社内外の人材育成やキャリア形成支援を実施する事業が増加しています。

人材育成ビジネスとは

人材育成ビジネスと聞くと、誰もが社員研修、就職支援セミナーをメイン業務とする研修会社をイメージするでしょう。

ですが、専門知識、専門技術や職業能力を修得する民間の学校(パソコンスクール、各種学校など)も、すべて人材育成ビジネスということができます。

専修学校＊のように、ほぼ高校と同義、**専門学校**＊、資格取得校のように、大学と並ぶ高卒者の進学先となる学校もその範疇です。また、少子化の折、入学者、受験者確保のため、学部新設や高い就職率をセールスポイントとする大学もまた、教育機関であると同時に、広い意味では人材育成ビジネスといえましょう。

キャリア形成支援ビジネスとは

これまで挙げた研修・教育機関は、本来、学校卒業後のキャリアプランを踏まえ、そのために必要な能力開発をするキャリア形成支援機関でもあります。

また、就職後の社員研修は、いまや社内でのステップアップや単なるスキルアップの枠を超えて、個人のキャリアプランニング支援につながることが求められつつあります。キャリア・ビジョンを明確に持ち、その達成に向けて自主的に自己啓発、行動できる自律型人材こそが、高いモチベーションとそれゆえの成果、つまり、業績向上に貢献する人材だからです。

とすれば、キャリア・ビジョン策定、その達成のための戦力向上の助言も業務範囲であるキャリア・カウン

用語解説

＊**専修学校**　通常は、高等専修学校(中学卒業生対象)を指す。修業年限1年以上、年間授業時間800時間以上、生徒40人以上。

＊**専門学校**　高校卒業程度の人が進学する専門課程を持つ専修学校。一般社会人対象の一般過程を併設する学校もある。修業年限2年以上、年間授業時間1700時間以上などの要件を満たし、認可を受けた専門学校を修了すると専門士となる。

セリング、キャリア・コンサルティングも、この範疇といえましょう。個人のさらなる高い目標達成を図るコーチングも同様です。

さらに、社員研修は、就職後の新入社員研修、中堅社員研修、管理職研修だけでなく、内定者の定着を図る内定者研修、定年退職予定者対象のセカンドキャリアプランニング研修にまで範囲を広げています。

一方、就職支援、採用支援に関する研修は、就職活動のノウハウの研修、ビジネスマナー研修、面接トレーニングだけでなく、**インターンシップ***事前準備研修、就職基礎能力研修、新卒派遣のためのビジネススキル研修、採用担当者、人事考課者、雇用調整担当者育成研修にまで広がっています。

いまや、研修の企画、運営、講師にも、研修機関、学校だけでなく、人材派遣会社、再就職支援会社、人事コンサルタントが携わるようになっています。

これは、研修機関、学校もまた、他の人材ビジネスとの連携が必要であること、あるいは互いに顧客であることをも意味しているのです。

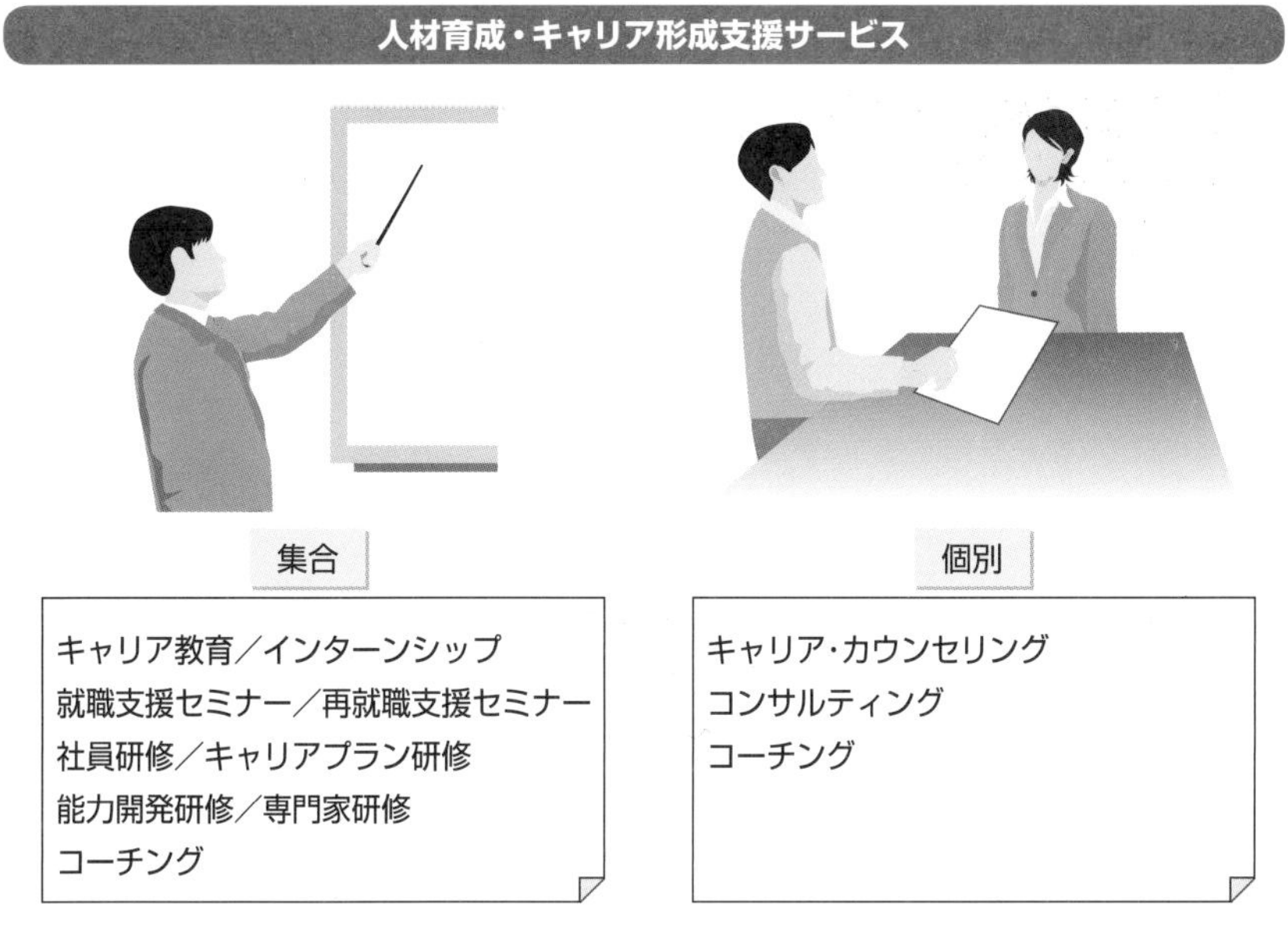

用語解説

＊**インターンシップ**　企業での職場体験。通常は、高校生、大学生などが学校主催で在学中に行うものを指す。インターンシップ先に就職するケースもある。大学生の場合、インターンシップ参加を単位取得とすることが多い。

31 コンサルティングサービスとは

企業や個人を対象とするコンサルティングは多岐にわたりますが、人材に関するものを取り上げます。コンサルティングは、その他の人材ビジネスの一環として行われることも多く、重要な要素でもあります。

人事コンサルティング

企業の人事に関するコンサルティングの範囲を見ていきましょう。

採用から就業、退職までのすべてに関して、コンサルティングのニーズがあります。優秀な人材の確保と育成、雇用計画、各種人事制度設計とその運用、アセスメント、労務管理・就業管理、定着率向上、目標管理、モチベーション向上、雇用調整に至るまで、専門家によるコンサルティングの活用は今後ますます伸びていくことでしょう。

これらは、人事コンサルタントと名乗る業者だけが行うのではありません。他の人材ビジネスが、そのサービスの一環として、付加価値として、あるいは本来のサービスへの営業活動としても実施するものです。また、人事コンサルティングまで可能であることは、その人材ビジネス会社の成熟度を表してもいます。

人事に関する問題解決、課題達成は、結果的に社員のモチベーションアップ、企業の体質改善、社員の満足度向上につながります。それは、経営改善、業績向上をもたらすことでもあり、経営コンサルティングの一側面でもありましょう。

また、企業全体のマネジメント、部下のマネジメントに関わる、経営者、管理職へのコーチングもコンサルティングビジネスといえます。

個人対象のコンサルティング

個人のライフプラン、キャリアプラン、ファイナンシャルプランに関わるコンサルティングは、これまでは他のビジネスの一環として実施されることがほとんどでした。生命保険会社、証券会社、銀行、住宅販売会社の商品販売促進策やオプションサービス、再就職支援、人材紹介、人材派遣のサービス内容、他社との差別化策としてなどです。

ですが、個人の意識、価値観、ライフスタイルの多様化・変化と、終身雇用制度、年功序列型賃金制度の崩壊、年金制度をはじめとする社会保障に対する不安、少子高齢化は、コンサルティングそのものの需要を生み始めました。キャリア・カウンセラー、キャリア・コンサルタント、ファイナンシャルプランナー、ライフプランナーの活躍範囲です。

また、結婚、離婚、育児、介護、留学、海外移住に関するコンサルティングも必要とされています。それらの名称の付いたコンサルタント、アドバイザー、カウンセラーが対応できるでしょう。

個人を対象とするコンサルティングに、個人が費用を払う時代となったのです。

コンサルティングサービス

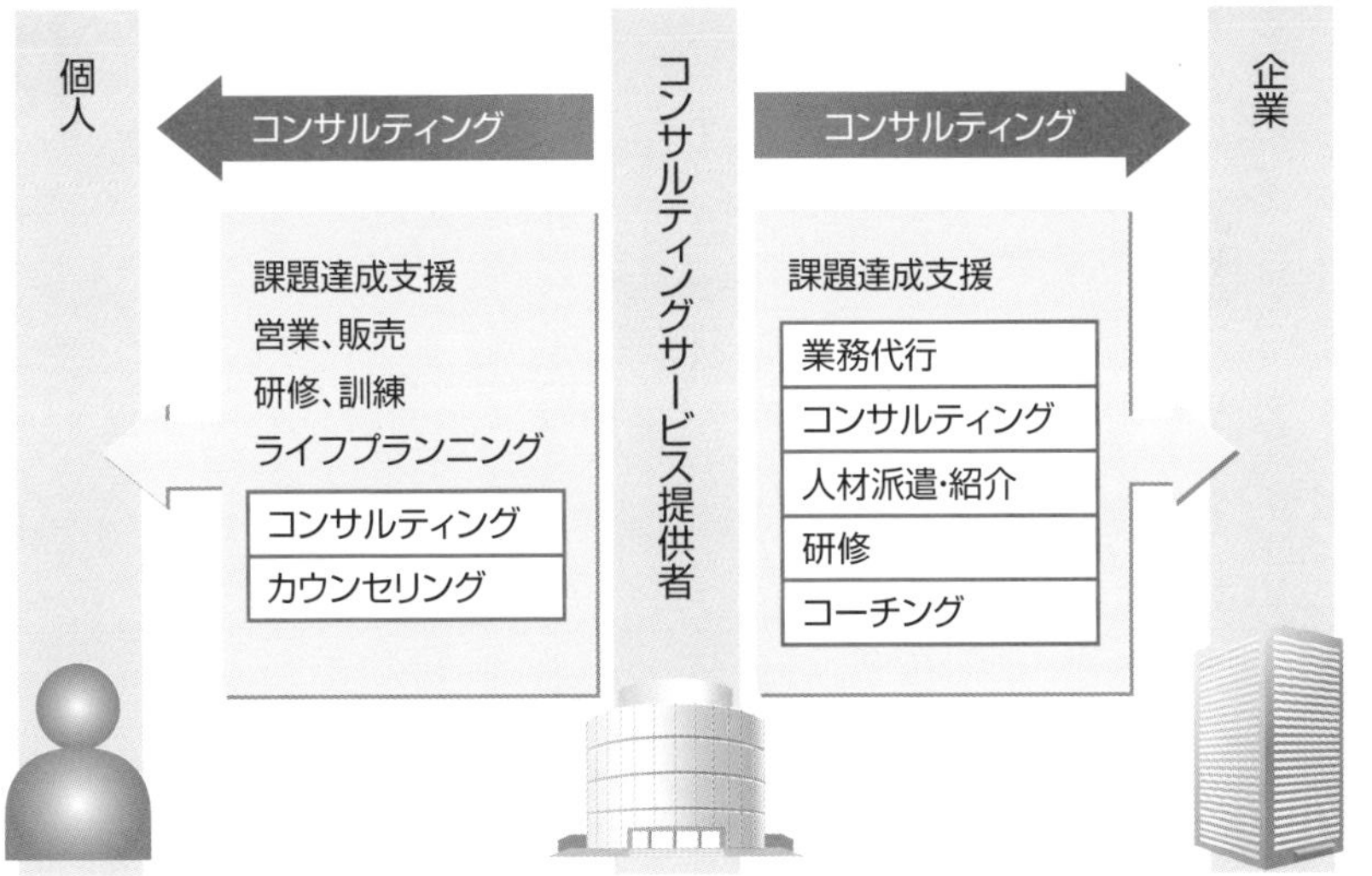

32

人材情報サービスとは

求人情報だけでなく、就職・転職、独立起業、能力開発、雇用など、様々な人材関連情報を様々な媒体によって提供するビジネスは、ＩＴの発達と共にさらに発展するでしょう。

提供する情報の種類

かつては、人材に関する情報といえば、求人情報を指しました。それには、直接雇用（正社員、アルバイト、パート）の求人情報だけでなく、間接雇用（派遣スタッフ、請負スタッフ）の求人情報や、人材派遣会社、人材紹介会社の登録者募集情報なども含まれます。

ですが、現在は、就職・転職のノウハウ、応募書類のテンプレート、給与体系・税金・社会保険の知識、採用基準、現職者のコメント、ビジネスマナー、業界・職業・職種・資格の情報など、求職活動に関する様々な情報が提供されています。また、人材紹介会社の概要など、人材ビジネスの情報も有益です。

他に、独立起業、副業、在宅ワーク、クラウドワークに関する情報、それらを支援する団体や自己啓発、コンサルティング、カウンセリング、コーチングの情報や人材ビジネス会社に対する評価情報も急増しています。

さらに、単なる情報提供に留まらず、情報・意見交換、登録応募窓口、相談受付など、双方向のコミュニケーションが行われています。「情報提供サービス」ではなく、「情報サービス」と名付けたゆえんです。

媒体の種類

これまで挙げた情報は、どのような媒体を通じて発信・提供、受信・受付されているのでしょうか。

まずインターネット、つまりパソコンとスマートフォンの活用から見ていきましょう。

用語解説

＊ブログ　weblog（ウェブログ）の略で、日記型の個人ホームページ。

インターネットの活用は、人材ビジネス各社や他の業界各社のホームページによるもの、個人のホームページ、**ブログ***やフェイスブック、インスタグラム、ツイッターなどのSNSによるものと、情報提供とその対応・反応がサービス内容である人材関連情報**サイト***とそのアプリとがあります。

また、人材ビジネス各社が共同で開発、運営するサイトやネットワークシステムも、情報サービスです。

次に、求人情報誌、ビジネス誌、タウン情報誌など週刊・月刊の情報誌、新聞、書籍などの紙媒体が挙げられますが、無料（**フリーペーパー***）のものもあります。

主な媒体の提供情報と、そのシステムについては後ほど説明しますが、インターネットを媒体とし、スマートフォンを活用することが主流になっています。そのため、ますます手軽に多様な職種、働き方を選択できるようになりました。そして、その情報サイト自体が就業希望者と求人企業、注文先を直接つなぐ仲介者となることが増えました。結果的に、新たな人材ビジネスをも生み出しているのです。

人材情報サービス

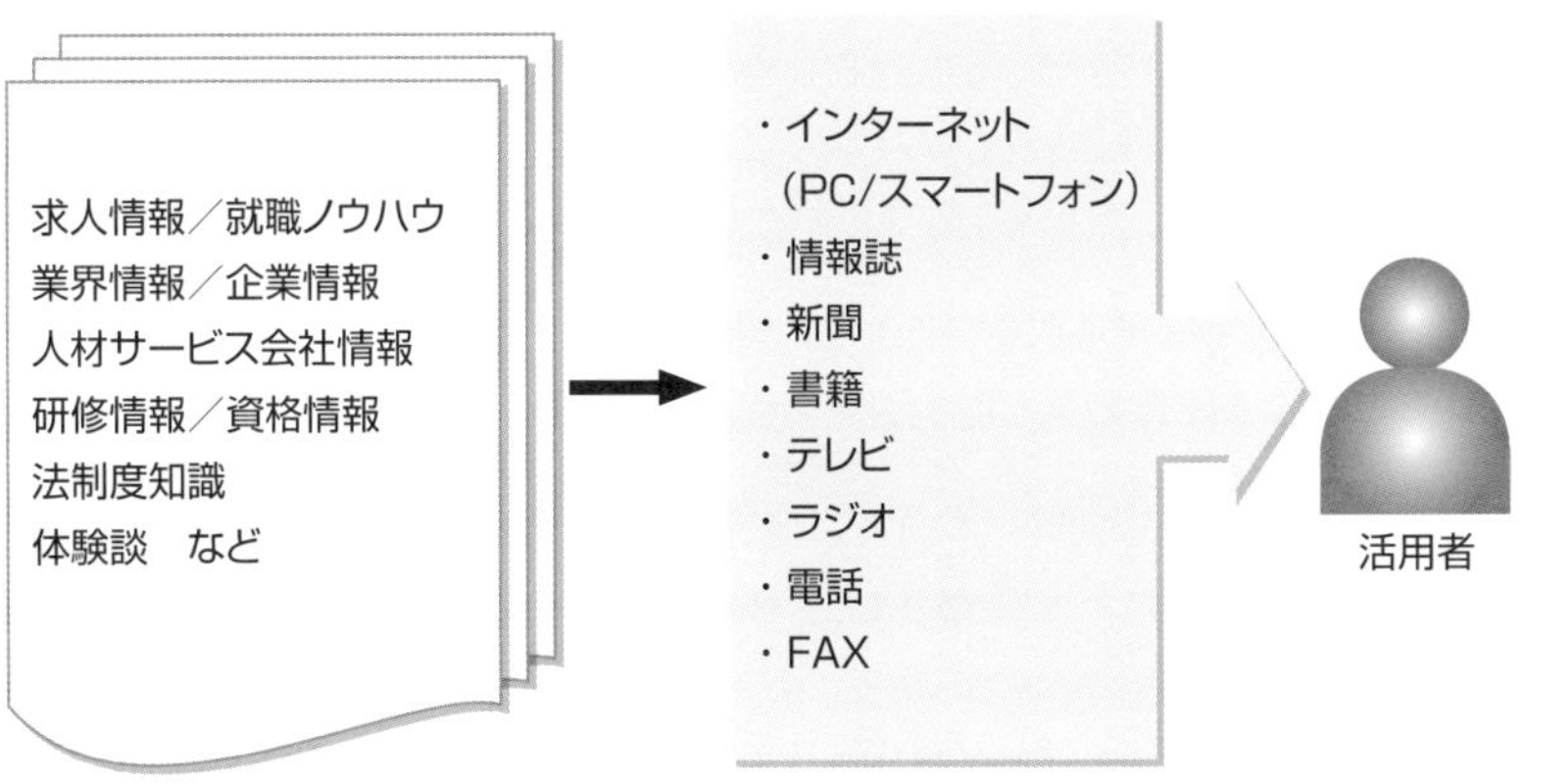

用語解説
* **サイト**　Web site（ウェブサイト）の略で、ホームページなどが置かれ、情報提供が行われるインターネット上の場所。
* **フリーペーパー**　無料の情報誌。

3-3 人材ビジネスとキャリア・カウンセリング

あらゆる人材ビジネスにキャリア・カウンセリングの要素があります。キャリア・カウンセリングは、キャリア・コンサルティングともいわれ、再就職支援サービスの主たるサービス内容でもあります。

キャリアとは

キャリアの定義は人、学説によって様々ですが、本書では「これまでの職業経験と、これから選択する職業経験すべて」とします。ですから、「生涯における職業経験すべて」であり、企業勤務経験、自営経験だけでなく、ボランティア、**NGO**＊、**NPO**＊などでの経験も含みます。企業や組織に所属する場合、直接雇用、間接雇用での経験、いずれもキャリアです。自営する場合、法人または個人事業者、そして店舗・社屋を持つ、**SOHO**＊で活動する、どんな形態であれ、キャリアといえます。また、フルタイムからパートタイム、集中して働く時期と休む時期とを選択する働き方まで、費やす時間とその密度に違いがあっても同様です。

とすれば、人材ビジネスは個人のキャリアと密接な関係があることがわかるでしょう。

キャリア・カウンセリング

個人がファーストキャリアやセカンドキャリアを選択するとき、自立的にその方向性を定め、目標を設定し、達成することを支援するのが**キャリア・カウンセリング**です。

解雇、自信喪失などによって一時的に悩みや不安を抱えている場合は、カウンセリングによって、前向きに、自主的に活動できる状態まで支援します。

カウンセリングが不要な場合か、カウンセリングを経た後は、個人の課題や目標に沿い、経験や能力の棚卸、価値観や興味、適性の分析による方向性設定、目

用語解説

＊ **NGO**　Non-Governmental Organization の略で、貧困、飢餓、難民、環境など地球的規模の問題に、非政府、非営利の立場で取り組む市民レベルの国際協力組織。
＊ **NPO**　4-6 節参照。
＊ **SOHO**　4-5 節参照。

標達成のノウハウや情報の提供、助言、トレーニングなどを実施します。その目標や課題は、就職、転職、再就職、社内でのステップアップやスキルアップ、収入アップ、独立起業、就職先での定着まで様々です。

つまり、個人のキャリアに関する、その個人に合わせたカウンセリングとコンサルティング(場合によってはコーチングも含む)といえましょう。

ですから、キャリア・カウンセリングは、非自発的離職者を主対象とする「再就職支援サービス」の業務内容そのものであり、主要素なのです。

一方、「人材派遣」「人材紹介」も、キャリア・カウンセリングをすることで、マッチング率や派遣先、紹介先での評価が高まり、登録者の増大、定着につながります。

また、「人材育成・キャリア形成支援サービス」「コンサルティングサービス」は、キャリア・カウンセリングからスタートするサービスといってもいいでしょう。

そして、「人材情報サービス」は、キャリア・カウンセリングの窓口にもなってきています。

キャリア・カウンセリングを主業務としている請負事業者なら、他の人材ビジネスを支えてもいます。

キャリア・カウンセリングと人材ビジネスの関係

キャリア・カウンセリングが業務内容に含まれる	再就職支援サービス 人材紹介 人材派遣
キャリア・カウンセリングが業務内容に含まれることがある	人材育成・キャリア形成支援サービス 請負 コンサルティングサービス
キャリア・カウンセリングが業務そのものである(場合により)	再就職支援サービス 請負 コンサルティングサービス
キャリア・カウンセリングの情報提供、申し込み窓口	人材情報サービス

34

人材ビジネスとカウンセリング

対象者が人である以上、人材ビジネスには割合の差こそあれ、カウンセリングの要素があります。カウンセリングとその必要性について、考えてみましょう。

カウンセリングとは

カウンセリングの定義もまた、多数の理論や研究者、カウンセラーによって様々です。最大公約数的に述べれば、「一時的に悩みや不安を抱えている健常者を、言葉と言葉以外のコミュニケーションをとることによって、前向きに自主的に道を選択し、自分の力で立ち上がることができるよう支援すること」でしょうか。

そのコミュニケーションは、各種心理療法、技法を修得し、応用、実践することで効果を上げ、結果として治療的効果を持つことがありますが、医療そのものではありません。対象者が精神的疾病の場合は、心療内科、精神科、臨床心理士による治療を受けることが必要になります。

プロのカウンセラー

職業としてのカウンセラーは、カウンセリンググループを常設し個人を対象としてカウンセリングを行う人のみを指すのではありません。

主として**産業カウンセラー資格***取得者が従事する企業の社員対象のカウンセラー（職場での**メンタルヘルス***に関わる業務）、学校の生徒・学生を対象とするスクール・カウンセラー、前節で説明したキャリア・カウンセラーも、プロのカウンセラーです。

人材ビジネス会社にカウンセラーが常駐し、登録者（人材派遣、人材紹介）にカウンセリングを行うこともあります。登録者の問題解決やモチベーションアップにつながり、定着率や登録者増大に貢献しています。

用語解説

＊**産業カウンセラー資格**　労働者を主対象とするカウンセラーの資格で、（社）日本産業カウンセラー協会が認定する民間資格。産業カウンセラーは、企業内での相談に携わることが多い。

＊**メンタルヘルス**　3-25節参照。

また、人材ビジネスの内容そのものにカウンセリングが含まれることもあり、人材ビジネス会社の職種の一つにもなっています。

さらに、プロのカウンセラーを派遣、紹介する、カウンセリングを請け負うビジネスも増加しています。

パラ・カウンセラー

本業がカウンセラーではなく、カウンセリングの要素が業務内容に含まれる職業、あるいは役割の人を**パラ・カウンセラー**といいます。

教師、医師、看護師、ヘルパー、コンサルタントやあらゆる企業の経営者、管理職が該当します。理想として、パラ・カウンセラーであるべきというところでしょうか。

また、経営コンサルタントの多くが、**中小企業診断士***の資格を取得しています。その試験内容に助言理論（カウンセリングとコーチング）があることからも、その必要性がわかるでしょう。

「コンサルティング」を実施する人事コンサルタントもまた、パラ・カウンセラーそのものです。

カウンセラーの基本的態度条件（ロジャース*）

❶自己一致*

カウンセラー自身がありのままの自分であること。

❷無条件の受容

相手の感情や考えを、混乱や矛盾も含めて、あるがまま受け入れること。

❸共感的理解

相手の内的世界を、冷静さを失わずに、自分自身のものであるかのように感じとること。

用語解説

＊**中小企業診断士**　中小企業の経営診断、コンサルティングに携わる専門家。国家資格。

＊**ロジャース**　カウンセラーの基本姿勢を示すものでもあり、日本のカウンセリングに大きな影響を与えた来談者中心療法の提唱者。

＊**自己一致**　自己概念と現実の経験とが一致していること（ありのままの自分を認めることで現実を受け入れられること）。

35 人材ビジネスとコーチング

マネジメントスキル、コミュニケーションスキルとして定着しつつあるコーチングは、単独でも人材ビジネスということもできますが、あらゆる人材ビジネスの要素でもあります。

コーチングとは

　人は誰しも向上心を持ち、問題を解決する、課題を達成する力やその回答を持っています。それらをコミュニケーションによって引き出すのが**コーチング**です。

　対象者がすでにある程度のパフォーマンスを挙げ、精神が安定しており、さらなる高い目標を掲げ、パフォーマンス向上を目指している点でカウンセリングと違い、潜在能力の存在を信じ、自主性、自立性を重んじている点でカウンセリングと共通します。

　前節では、経営コンサルタントがカウンセリングとコーチングについて学び、活用していることも多いと述べました。対象者や状況によって、カウンセリングかコーチングを、自然に、または意図的に実施していることでしょう。

プロのコーチ

　職業としてのコーチは、個人や企業と契約し、コーチングを実施します。

　個人対象のコーチングでは、キャリア上の目標、課題だけでなく、人間関係の改善やマネジメントスキル向上、パフォーマンス向上に貢献します。

　企業の経営者や管理職に対するコーチングでは、企業の体質が改善され、経営者、管理職のマネジメントスキルやコミュニケーションスキルが向上し、社員のモチベーションアップ、スキルアップにつながります。結果、経営改善、業績向上、社員定着という効果も得られるでしょう。この場合、このコーチは経営コンサルタントであり、人事コンサルタントともいえます。

カウンセラーと同様、コーチを派遣、紹介する、コーチングを請け負う人材ビジネスもあります。

パラ・コーチ

プロのコーチによるコーチングを受けた人やコーチングを修得した人が、必要に応じて他者に対してコーチングを実施するなら、その人は**パラ・コーチ**＊といえるでしょう（修得しなくても、コーチングができる天性のコーチ「ネイティブ・コーチ」もいますが）。

また、指示命令型の従来のマネジメントスタイルが効果的でなくなった現在、経営者、管理職はパラ・コーチであることが求められています。

商品が「人」である人材ビジネスなら、役割としてだけでなく、業務内容としても求められているのがコーチングといえましょう。それが登録者、対象者のモチベーションアップやスキルアップ、パフォーマンスアップにつながる、つまりの質の向上、評価向上になるのですから。

コーチングとカウンセリングの得意領域

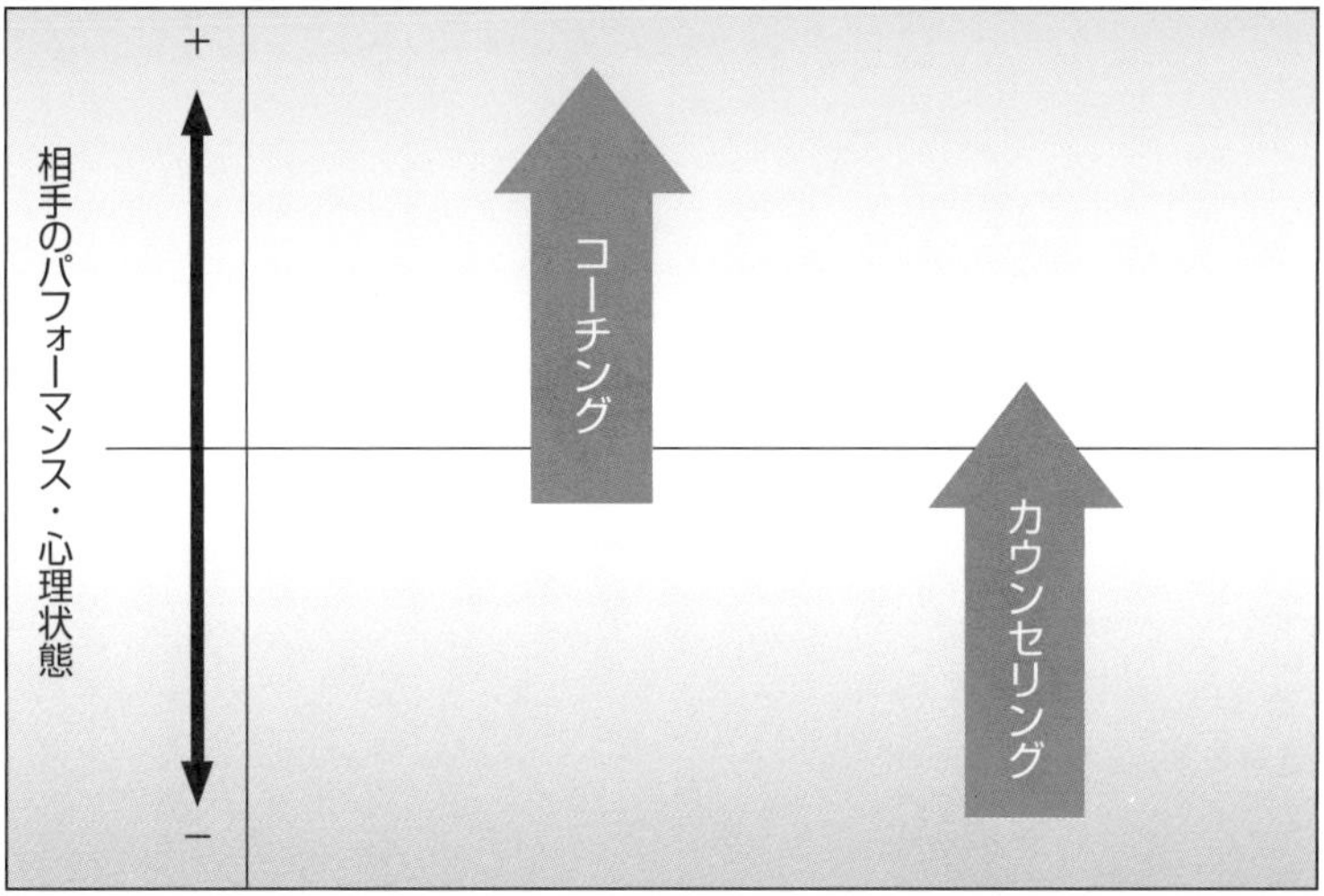

用語解説

＊**パラ・コーチ**　通常、パラ・コーチという表現はしないが、前項の「パラ・カウンセラー」と同様、職業としてのコーチではないが、役割や業務内容がコーチであるものを便宜上名付けた。

36 行政や公立機関から受注する人材ビジネス

厚生労働省、文部科学省、経済産業省や地方自治体、商工会議所などから、民間の人材ビジネス会社は様々な事業を受託しています。それを整理していきましょう。

雇用対策と就職・再就職支援

経済状況や産業構造の変化によって増減はあるものの、雇用調整を主とする企業再生のニーズは絶えず、再就職支援サービスの有効性は認知されました。

ただし、コスト負担や再就職支援サービス活用への抵抗などもあり、企業が必ずしも再就職支援会社に依頼するとは限りません。また、支援が必要な自発的離職者も増大しました。国の雇用対策は不可欠なのです。

それに伴い、地方自治体や労働局は、離職者を対象とする再就職支援セミナーやキャリア・カウンセリングを民間の人材ビジネス業者に入札形式で委託するようになりました。仕様書に基づき、企画書・見積書を作成、四～五社競合のプレゼンテーションによって、決定するのです。

やがて、労働力不足、新卒者の早期離職の問題が表面化し、様々な層への就業支援や、両立支援を含む就業継続支援が必要となりました。多様な人材ビジネス会社が、新卒者・未就職卒業者・早期離職者を含む、若年者・職場復帰者や高齢者の支援事業を受託するようになったのです。

また、高校の進路指導の教員・就職支援員、公的機関の相談員などを対象とするキャリア・カウンセリング講座の受託も定着しました。

その他、常設型の公立就職支援機関の事業を一括で受託しています。ファシリティーやキャリア・カウンセラー、求人開拓の営業担当の配置、就職支援セミナー・適性テストの企画・運営、機関の広報も含めて、支援業務のいっさいを実施するのです。

同時に、生活保護受給者、母子家庭・寡婦、専業主婦、フリーター・ニートなどと対象層を分け、多様な形態の就職・再就職支援、キャリア形成支援の事業が計画され、受託するようになりました。

受託上の留意点

常に多様な公的事業が発生し、人材ビジネスに対するニーズは増大しています。しかし、政権による変動や事業年度ごとの見直しなど、受託は流動的です。

また、公的事業を受託することは、直接的な利益を必ずしも期待できません。入札形式で受託するため、低料金になりがちなのです。その上、大規模な事業であれば、組織力・資本力・ネットワークのある大企業でないと、実施そのものが困難です。

しかし、小規模事業で、地域性や専門性を活かすなら小規模企業でも受託できます。また、社会的信用度や認知度のアップ、本業への窓口などの副次的効果や他の企業との連携による利益を狙うのも一案です。

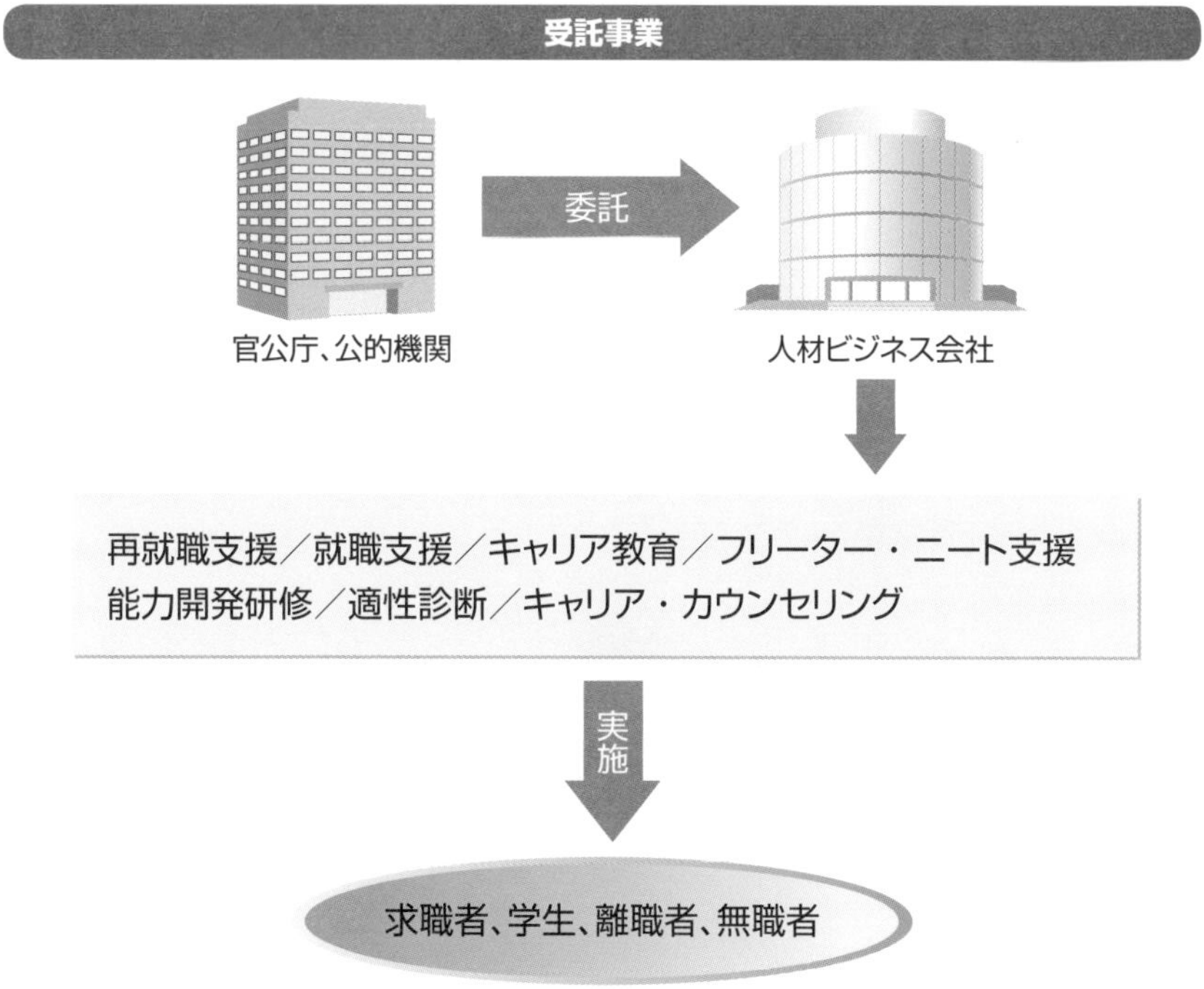

column

人材紹介（業界人に聞く！）

Q. 人材紹介業ならではのエピソード、忘れられないできごとはありますか？

まだ、人材紹介会社Xに転職してまもないころのことです。クライアント（外資系中小企業：サービス系）から、営業事務職１名の依頼がありました。「同業他社の同業務経験者がベストだが、英語ができて、気が利き、人柄の良い人ならよい。」とのこと。私は以前、人材派遣会社の営業担当で、依頼先のニーズのヒアリングはもちろんのこと、コーディネーターと連携して、マッチングにも関わっていましたから、何の迷いもなく、とても人柄がよく、柔軟性のある、営業事務経験者（大手メーカー他）Aさんを候補として応募書類を送ったんです。ところが、書類選考でだめになりまして。その後、数人の候補者を挙げましたが、クライアントからはことごとく「ピントはずれ」といわれてしまい、契約できませんでした。実は、営業事務といっても、営業担当者とペアを組み、営業担当者が不在のときは主体的に判断、行動しなければならず、大手での補助的業務や細分化された業務の経験では即戦力にならないレベルを言外に要求されていたのです。MBAホルダー、海外の大学院卒者が多い外資系会社という職場も考慮すべきでした。人材派遣で依頼される営業事務は、営業アシスタント的業務が多かったもので･･･。以来、クライアントのことばに表れない、本当のニーズ、背景を推し量るようにしています。人材派遣と人材紹介の違いを痛感しました！

人材派遣は労働者主体のチームワークで行う継続的マージンビジネス、
人材紹介は依頼先企業主体の個人ベースで行う単発的マージンビジネス。
（人材紹介会社　コンサルタントM）

第**2**章

就業までの人材ビジネス（キャリア教育と進路選択支援）

雇用環境、新卒者の質、就業意識、価値観などの変化により、学校でのキャリア教育と進路選択支援は、いまや人材ビジネスのマーケットになりました。

1 新卒者と人材ビジネス

学校卒業後の就職は、その後数十年にわたる職業生活の、つまりキャリア形成の出発点です。ですから、在学中の生徒、学生を支援する人材ビジネスには、重要な責任があり、だからこそ可能性があります。

在学中にキャリアについて考える

キャリアは、「人生における職業経験すべて」と前に述べました。とすれば、学生・生徒の卒業後のキャリアを考えるとき、単に出口指導であってはなりません。その後、数十年にわたるキャリアの出発点にあたるのですから。

しかも、そのキャリアの第一歩、就職は景気のみに左右されるわけではありません。

終身雇用制・年功序列型賃金制度の崩壊、産業構造の変化、企業の組織改革、技術革新の加速化、雇用構造の変化、社員教育の変化、企業の要求水準の高度化など雇用環境は日々、変化しています。そして、学生の資質や価値観も変化しています。その上、募集人数はあくまで予定であり、採用基準に達しなければ予定人数に満たなくても採用を中止する、採用基準を満たす人材が応募するまで待つなど、若くても就職できないことも多いのです。反対に、応募者がなく人材不足の企業もあります。さらに、内定数を誇る学生がいる一方、内定ゼロどころか、全然活動していない学生も存在します。

就職活動にあたり、小学校からの縦断的・総合的キャリア教育と家庭教育によって、職業観、勤労観、社会人意識が育成され、的確な自己理解、職業理解のもと、方向性を決定することが望ましいわけです。

ですが、それらがなされないまま就職活動に突入する学生も少なくありません。しかも、中には、それに立ち向かう意欲・気力や希望・自己肯定感を持たず、諦念や挫折感、焦燥感にとらわれている人もいます。

あるいは、自分の思い込みで作り上げた「企業の求める人材」像に無理やり当てはめ、無個性の画一化した人物を演じて、就職活動に失敗しています。これまで、「働く」ということを考えず、世の中にどんな仕事があり、それは何をすることなのかを知らずに、就職活動のノウハウだけを詰め込んでいるのです。

しかし、企業はどんな仕事でも必要な基本的な能力「コミュニケーション能力」や「意欲」、これから伸びていく可能性を求めているのです。また、第三者の助言を参考にしても、自分の納得のいく前向きな選択がなければ、可能性に満ちた人材であることを示せません。つまり、在学中にキャリアについて考え、前向きに、自主的に活動できるよう支援することが、真の就職支援です。

また、採用法、採用基準は多様化し、新たな職種、雇用の創出が相次いでいます。可能性は増えてもいるのです。

ですから、求人企業の実際を把握し、キャリアに関する専門家を抱えた、民間企業である人材ビジネス会社の可能性とその果たす役割は大きいといえます。

新卒採用の際に重視する点＊（5つ選択）

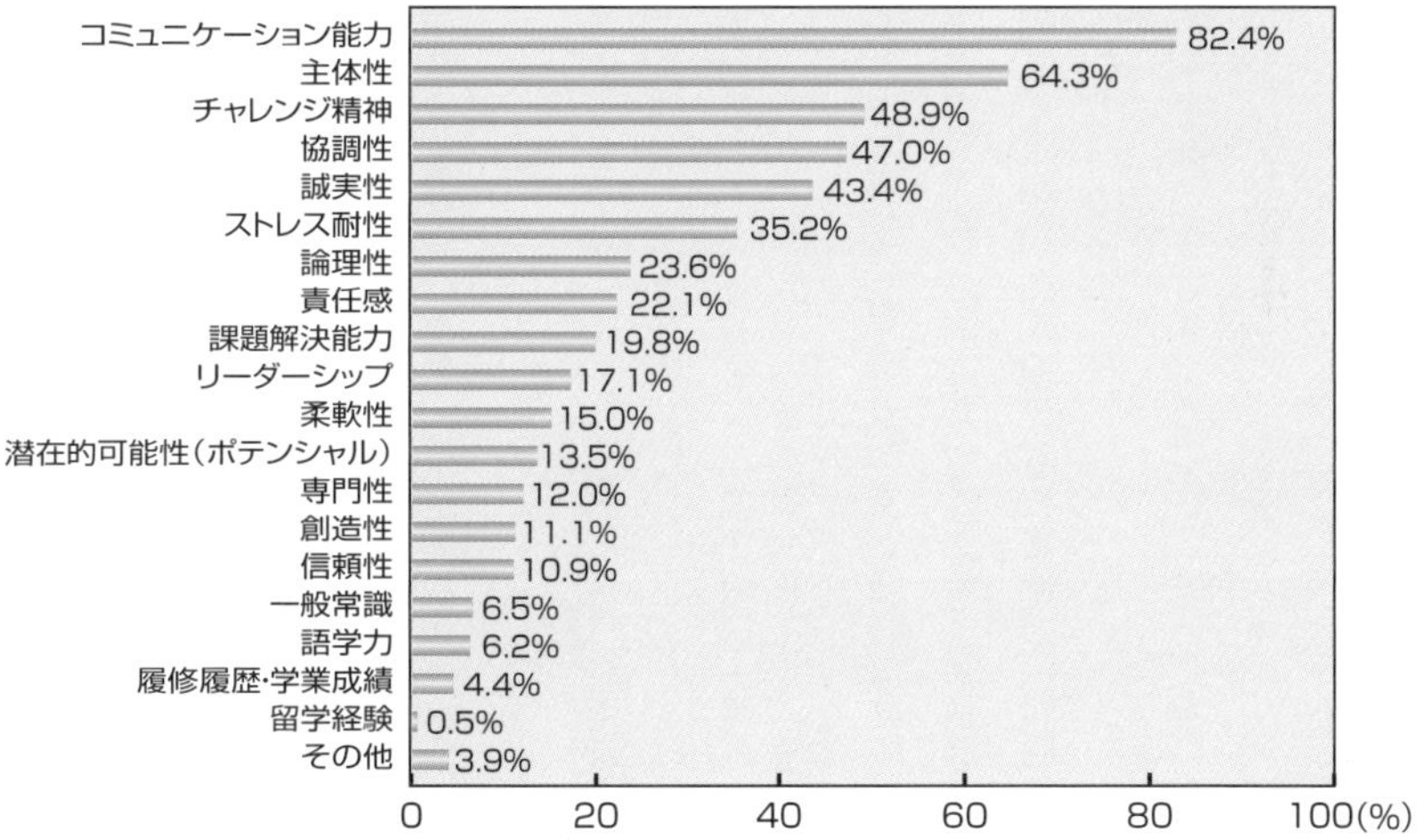

＊…**に重視する点** 出典：（社）日本経済団体連合会 2018年度 新卒採用に関するアンケート調査より作成。

2 キャリア教育とキャリアセンター（進路指導部）

就労観や職業観が育成されず、働くことの意味を問わないまま、つまりキャリア教育が不十分なまま、就職活動を開始することで問題が生じています。それを解決するために人材ビジネスが貢献できます。

キャリア教育

前節では、小学校からの縦断的・総合的キャリア教育が必要であり、単なる出口指導ではならないことを述べました。キャリア教育が必要なゆえんです。

その必要性から、大学の中には、キャリア・デザイン学部を設けたり、キャリア・デザインを必修科目にしているところもあります。

高校は、「総合的な学習の時間」を活用して、キャリア教育を試みています。小学校・中学校から、キャリア教育に取り組み始めたところもあります。そもそも進学するとしても、どこに進学するかは将来のキャリアによるはずです。どの学校でも、入学直後からキャリアについて考えることが、職業や職場を選択する、進学先を選択する準備になり、進路決定をスムーズにします。

専門学校、資格取得校は、卒業後の就職率が学校運営に直接的影響を与えるため、キャリアに関する講座やコミュニケーションスキル・マナー研修をカリキュラムに挿入しています。それらの学校の多くは、通常の講座、つまり受講者が費用負担する講座以外に、国から**職業訓練***を受託し、実施しています。受講者はテキスト代程度で職業訓練を受けられますが、雇用保険から費用が支払われる、就職のための訓練ですから、学校は就職率を問われます。受講後の追跡調査結果次第では、委託を取り消されることもあり、キャリアに関する科目も必要です。この場合、キャリア教育というよりは「就職支援セミナー」といえましょう。これらの学

用語解説
＊**職業訓練**　国が行う、求職者のための職業能力開発訓練。

校は、「人材開発・キャリア形成支援サービス」そのものでもあります。また、同時に他の学校のキャリアデザインの科目を請け負うこともあります。

キャリアセンター

授業の中でのキャリア教育と学校の進路指導部の支援は、連携してこそ効果を上げることができます。

最近では、多くの学校の**進路指導部・就職指導部**が、卒業後のキャリアを入学時から総合的に支援する意味から、**キャリアセンター**と名称変更しています。

さて、高校のキャリアセンターは教員が、大学のキャリアセンターは、その大学の卒業生が職員として活動することが多いです。つまり、教員という職業以外、学校という職場以外を知らないまま、支援していることになります。最近は、民間企業出身の教員、大学職員も増え、高校を三校程度担当する民間企業出身の就職支援員も配置されていますが、まだ少数です。

だからこそ、あらゆる人材ビジネス会社が、このキャリアセンター要員の育成、派遣に関わることができます。関わることの意味があります。

学校の進路支援

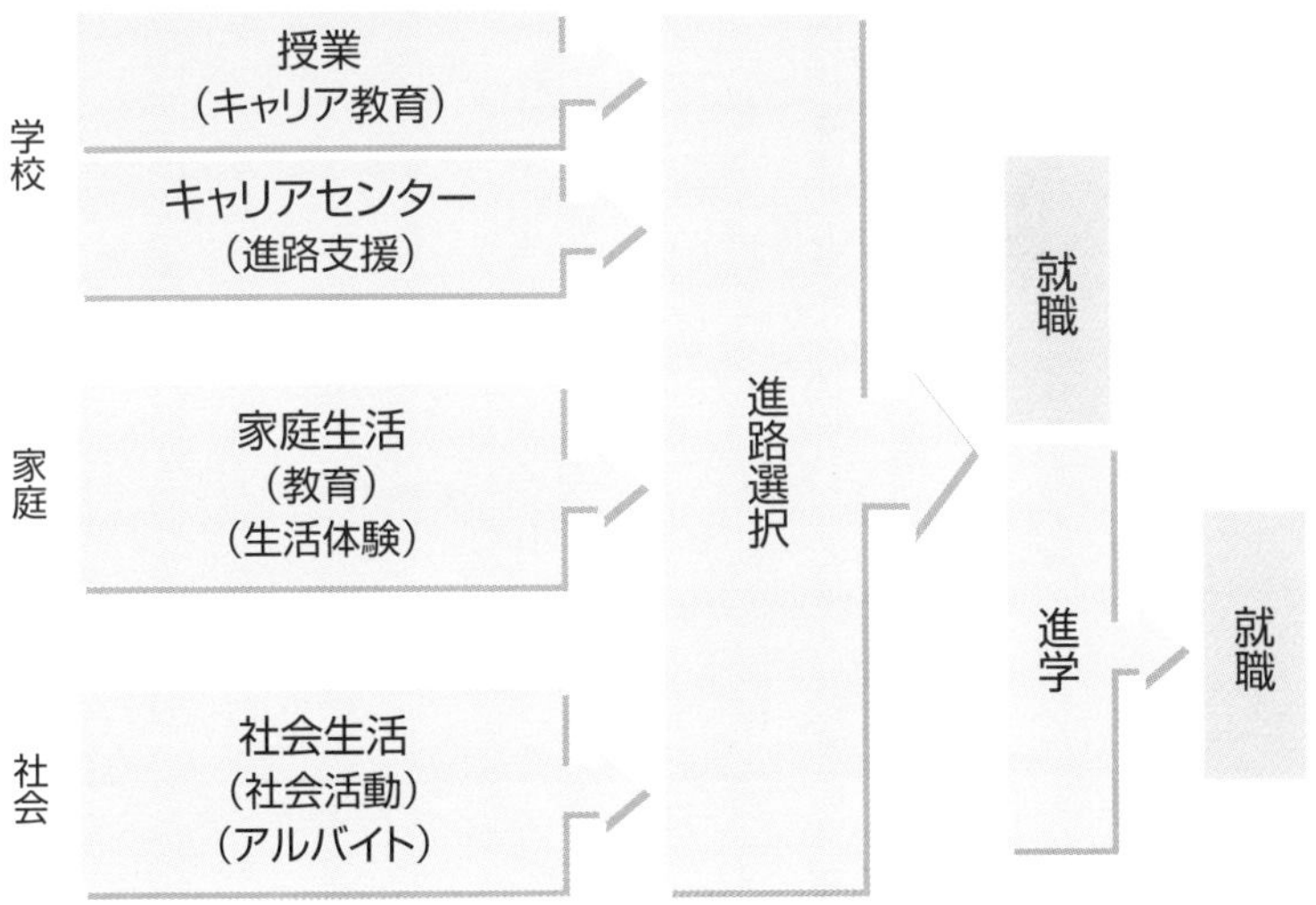

3 自己理解と人材ビジネス

キャリアについて考えるとき、自己理解は欠かせません。その方法、活用と人材ビジネスについて説明します。

自己分析の方法

自己分析・自己理解には、ワークシートを記入する、アセスメントツールを活用する、キャリア・カウンセラーが面談することによって診断するという三つの方法があります。

この三種を併用することがベストですが、無理な場合は、少なくとも自分だけの解釈は避けたいものです。人は自分の強み・弱みや興味、要望を正確に把握しているとは限りません。しかし、それらが明らかでなければ方向性が定まらず、キャリアプランも立てられません。つまり、個人が一人で文字どおり自己分析することはなかなかに困難だからです。

ワークシートの活用

ワークシートは人材ビジネス会社、キャリア・カウンセラーによって独自のフォーマット、分析法を採っています。それだけを販売することはまれで、多くはキャリア教育、キャリア・カウンセリング、就職支援セミナーの際にツールとして使用しています。経験の棚卸、スキルチェックなど数種の内容のシートを活用します。スキルは、テクニカルスキルだけでなく、ヒューマンスキル、コンセプチュアルスキルもチェックした方がいいでしょう。**自己分析シート**、**キャリア・シート**ともいわれ、自分で分析できるように構成されていますが、キャリア・カウンセラーのアドバイスが有効です。

アセスメントツール

アセスメントツールは、職業適性テスト、知能検査、性格検査など多種多様です。

キャリア教育、キャリア・カウンセリング、就職支援セミナーに活用する以外に、就職サイト閲覧、就職情報誌購読や人材派遣会社・人材紹介会社登録への集客効果を目的に無料で実施したり、テストのみを分析結果提供までの単体で販売することもあります。パソコンのアプリケーションソフト形式、インターネット上で実施できるもの、回答用紙形式とに大別されます。

いずれにしても、アセスメントツールのみで判断するのは危険です。テスト実施時の精神状態、健康状態によって結果は変わり得ること、結果を冷静、客観的に受け止め難いこと、個人の事情や地域環境、雇用環境を合わせて考慮しなければならないことからです。あくまで傾向を見るものという前提に立ち、キャリア・カウンセラーやパラ・カウンセラーが受験者の潜在能力、興味、価値観を引き出し、プラスの方向へとアドバイスしなければなりません。

アセスメントツール（若年者就職関連）

測定分野	アセスメントツール名	提供機関	主対象
興味 価値観	VPI職業興味検査	日本文化科学社	大学生中心
	職業レディネステスト（VRT）	（独）労働政策研究・研修機構	中2～高3
	R－CAP	（株）リクルート	大学生/高校生/社会人
適性	キャリア・インサイト（統合版）	（社）雇用問題研究会	20歳～30歳代
	一般職業適性検査（GATB）	（独）労働政策研究・研修機構	中2～45歳未満
	CPS-J	（株）日本マンパワー	一般/学生
	CADI	中央職業能力開発協会	一般
性格	Y－G性格検査	竹井機器工業（株）他	一般
	MBTI	（社）日本MBTI協会	一般
	内田・クレペリン精神作業検査	（株）日本・精神技術研究所	一般

4 就職セミナーとキャリア・カウンセリング

人材ビジネス会社は、授業でのキャリア教育やキャリアセンター要員の養成、常駐のキャリアカウンセラーの派遣以外に、スポットの就職対策セミナーやキャリア・カウンセリングにも携わっています。

学生対象就職セミナー

学校のキャリアセンター職員が、学内での就職対策セミナーを企画、運営、実施することもありますが、人材ビジネス会社に委託することがあります。

そのセミナーの実施そのものが事業内容で有料で行うものと、宣伝効果を狙って無料で行うものとがあります。

有料で行う場合も、学校、教育委員会、地方自治体が全費用を負担する場合と、セミナー会場を学校が提供し、受講料は学生が負担する場合とがあります。

教育委員会や地方自治体が主催する場合は、就職支援対策の下、複数の学校で実施するため、その委託先は通常、入札形式で決定します。

セミナー形態は、テーマを特定した短時間の講演形式と、自己分析・方向設定・応募書類作成・面接対策の一連の講義・訓練やその一部を一日から数日間で実施する集合研修形式とがあります。

講演形式は、「企業の求める人材」「採用担当者のチェックポイント」など直接的なテーマ以外に、業界、職業、職種、会社組織、資格、雇用環境についての情報提供や、体験談を通して就労観・職業観の育成、意欲の喚起、意識付けを図るものなど様々です。

集合研修形式も、ワークシートやアセスメントツールを活用するもの、個別カウンセリングを含めるもの、グループワークや模擬面接、**ロールプレイ***を活用するものなど様々です。面接対策の前段やインターンシップ、職場見学の準備として実施されるビジネスマナー

用語解説

*ロールプレイ　役割や役柄を演じて体験すること。トレーニングの一種にもなる。面接トレーニングに応用する場合は、面接官と応募者の両方、あるいは観察者までの三者を演じることで効果が増大する。

研修は定番になってきました。

また、最近では、新卒者本人への働きかけのみでは効果が得られないとして、保護者（親）を対象とする説明会、セミナーが行われるようになりました。保護者自身が順調に一社に定着している場合や自律型人材でなくても就職できた世代の場合、現在の雇用環境を把握していないことが多く、それが就職活動の障害になるからです。大企業、一流企業への就職や公務員になることが必ずしも定年までの安定を保証しないこと、自宅通勤にこだわることが選択肢を減らすこと、資格取得が就職を確約しないことを保護者が知る必要があります。自宅でアルバイトをするなら生活できる現代だからこそ、そして企業は新卒者に「意欲」を求めているからこそ、保護者の意識改革も不可欠なのです。

キャリア・カウンセリング

個人の能力、環境によっては、個別のキャリア・カウンセリングが必要です。一回一時間を目安として、人材ビジネス会社が有料、または無料で受託しています。回数はニーズと契約に応じて設定します。

人材ビジネス会社が受託する学校での事業

キャリアセンター業務	キャリア・カウンセラー養成 キャリア・カウンセラー派遣 アセスメントツール提供 求人情報提供
セミナー、説明会	就職支援セミナー実施 保護者向けセミナー実施 ビジネスマナー研修実施 ビジネススキル研修実施 会社説明会実施／企業採用担当者講話 社会人体験発表会実施 業種・職種・資格説明会実施
キャリア・カウンセリング	個別面談 グループカウンセリング／グループワーク

5 新卒派遣と既卒者・第二新卒支援

新卒者の働き方・就職法として、「新卒派遣」があります。また、既卒者、第二新卒者への対応が課題でもあり、対象者と人材ビジネス双方にとってのチャンス拡大になってもいます。

新卒派遣とは

人材派遣は、職業経験があり、即戦力性と専門性を持つ人材を企業に派遣するもので、新卒者は本来、派遣スタッフとして対象外でした。

ですが、派遣会社でのスキルアップ研修受講後の新卒者を低料金で派遣する**新卒派遣**が定着し、新卒者を派遣して完了するものと新卒者を対象とする紹介予定派遣とに二分されました。そして、いま新卒派遣といえば、**新卒者紹介予定派遣**を意味するほど、紹介予定派遣の割合が高くなりました。通常の就活では入社できない優良企業への道となるケースもあります。

さらに、新卒者の中には、正社員として内定したにもかかわらず新卒派遣の道を選ぶ人さえ出てきました。就職の一つの手段としても定着し始めています。同時に、企業の採用手段ともなっています。

既卒者と人材ビジネス

近年、新卒採用時に就職できず、卒業後数年間、就職浪人する、アルバイトで生活する、いわゆる**既卒者**が増加しています。

その問題解決のため、国や地方自治体は未就職卒業者対象の職業訓練、職業紹介の枠を広げて、就職支援を行っています。同時に、大学卒業後三年以内の既卒者を新卒枠で採用するよう求人企業に要請したため、企業が門戸を広げつつあります。

一方、人材ビジネス各社は既卒者（大学卒業後三年程度まで）対象の研修、職業紹介を充実させています。

既卒者を自社で雇用し、教育したあと職業紹介する人材ビジネス会社もあります。

第二新卒者と人材ビジネス

大学卒業後、数年の正社員としての職業経験を積んだ離職者、転職希望者を、通常、**第二新卒**といいます。その対応策として、第二新卒派遣や第二新卒者を対象とする紹介予定派遣、職業紹介に特化した企業や事業部が増加しています。

短期間であれ、社会人、職業人としての経験は現実認識、基本的職業能力の修得、意欲の向上につながり、新卒者とは差別化できるからです。

なかには、新卒時に第一希望の企業や職業に就けず妥協して就職したので、再挑戦する、いわゆる**リベンジ転職**者もいます。ミスマッチだったので、今度こそはベストマッチをと考える人もいます。

新卒者とも、経験豊富な転職希望者とも違う枠組みが生まれているのです。

新卒派遣と第二新卒支援

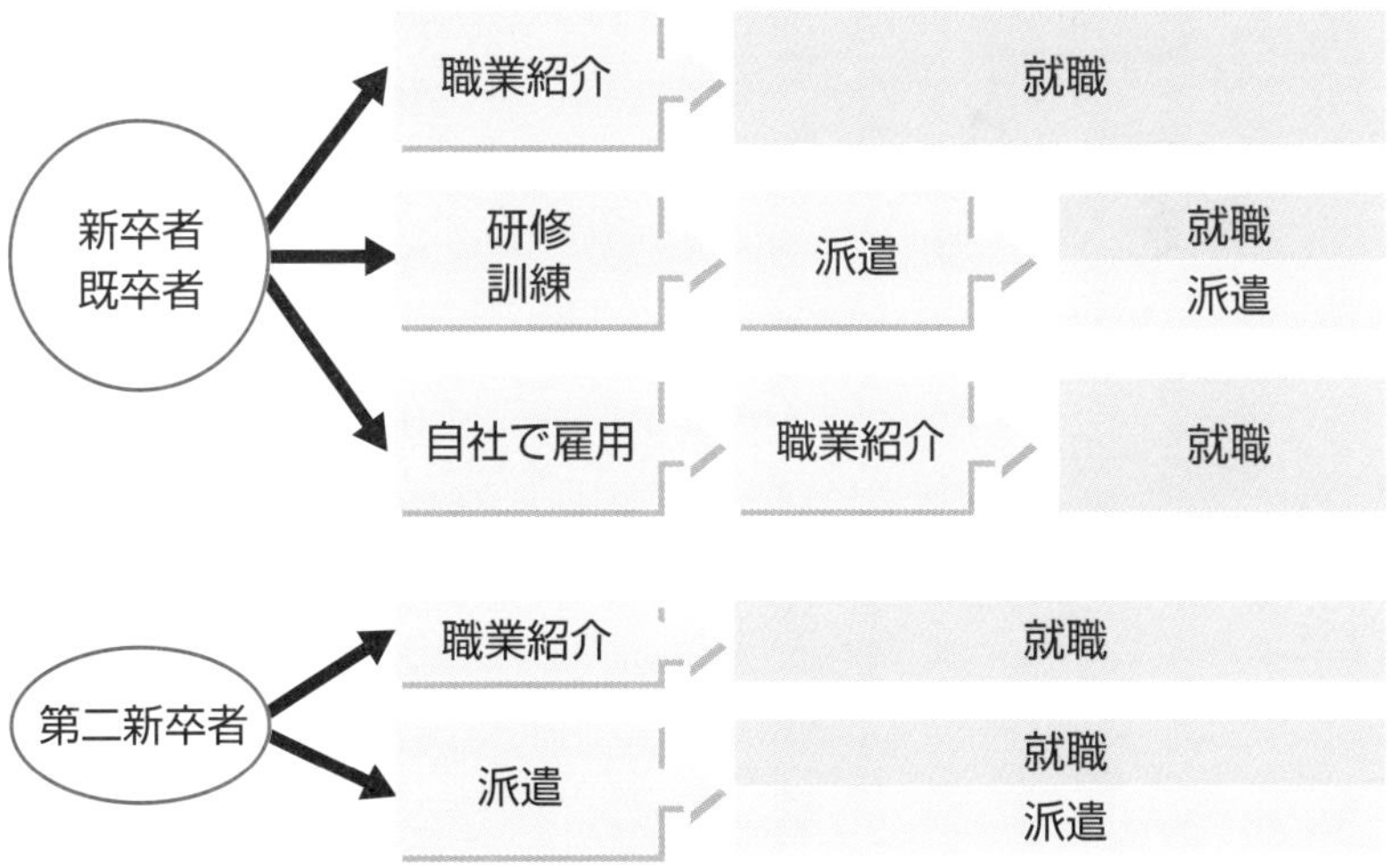

6 若年者の就職支援と人材ビジネス

未就職卒業者、既卒者とフリーター、ニートに対する公の事業を受託する、あるいはそれらの人を対象とする人材ビジネスについて説明します。

未就職卒業者、既卒者とは

学校卒業後、一年未満程度の未就職者（アルバイト含む）を、労働行政では**未就職卒業者**とし、三年以内の未就職者である**既卒者**と区別しています。この層は、次に述べるフリーターやニートとも重なります。

フリーターとは

国は「一五歳から三四歳までの（学生と主婦を除く）、パート・アルバイト（派遣等を含む）及び働く意思のある無職の人」を**フリーター**と定義し、生涯賃金や社会保障の点で不利であるため正社員化を支援しています。

ただし、フリーター像は一律ではなく、「モラトリアム型（学校中退、卒業後、あるいは早期離職後にとりあえず）」「夢追求型（アーティスト、技能職を目指す、あるいは難関資格受験勉強中）」「やむを得ず型（本来は正社員志望、傷病や家庭の事情による）」など、様々です。

しかも、情報提供や就職活動のノウハウの助言のみで十分な場合、支援が不要な場合、十分なカウンセリングが必要な場合があるため、ベストは全員に対してキャリア・カウンセリングを行うことです。

ニートとは

ニート（NEET＊）とは、一五歳から三四歳までの若者で、就職意欲がなく、就業も就学もしていない人」と定義されています。

様々なタイプがありますが、カウンセリングが必要な場合がフリーターより多く、自ら支援機関に足を運

用語解説
＊**NEET**　Not in Employment, Education or Trainingの略称。

ぶ、家族が支援機関に同行することが難しいため、支援機関からの働きかけが重要です。

ただし、就職意欲や就業の意志がないかどうかは判断が難しく、多くは潜在的には就職意欲があると見るべきですし、だからこそ、悩んでいる人も多く、ニートと決め付けること自体にも問題があります。

状況、タイプに応じた支援

これまで述べてきた層を主とする、あるいは専門とする、職業訓練、就職相談などの就業支援事業が国、地方自治体などによって行われています。二〇一九年八月には、「就職氷河期世代*活躍支援プラン」（厚労省）が開始されました。このプランと「ジョブカフェ」「地域若者サポートステーション」などにより、フリーター、ニートの定義から外れた三五～四八歳（二〇一九年時点）までの就業支援も整い始めています。それらの事業をＮＰＯ団体や人材ビジネス会社が請け負う、または人材ビジネス会社がその事業に講師、カウンセラー、コンサルタントを紹介する、派遣するかたちで支援しています。

未就職卒業者、既卒者、フリーター、ニート支援と人材ビジネス

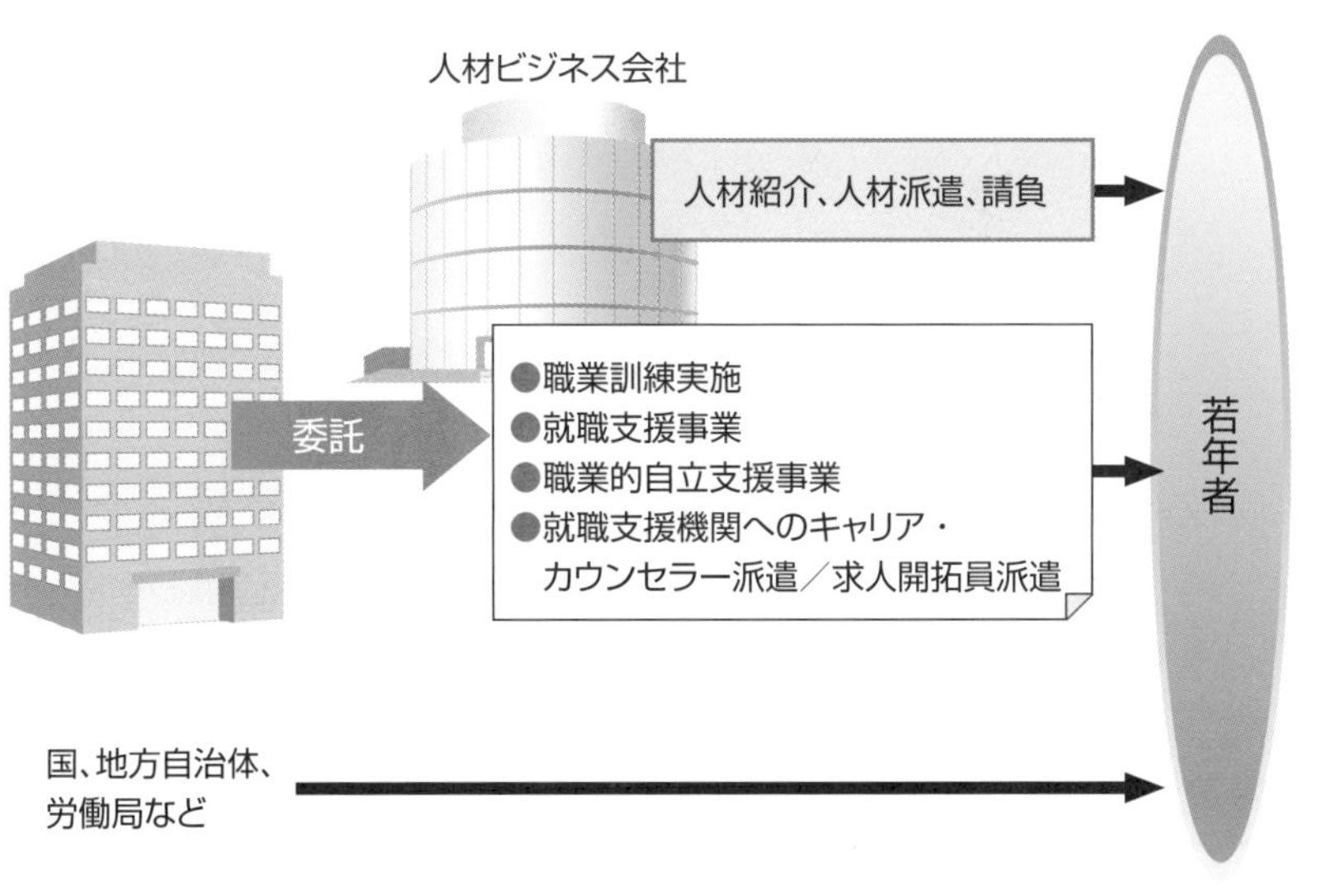

用語解説

＊**就職氷河期世代**　概ね1993年～2004年に学校卒業期を迎えた世代。

7 大学生を対象とする就職サイト

若年者、特に大学生の就職活動、いわゆる「就活」は、インターネットを介して、情報収集、応募、就職相談が行われることが多いものです。大学生を主対象とする就職サイトを中心に説明します。

新卒者対象就職サイト

大学生の「就活」に欠かせないのが**就職サイト**です。求人情報、会社説明会情報、就職活動のノウハウ、企業情報、業界情報などの情報提供だけでなく、そのままインターネットを通じて応募申し込み（エントリー）ができます。スマートフォンの普及により、さらに手軽に活用できるようになり、「アプリ」も登場しました。

多くは、希望職種や希望条件を設定しての登録制になっており、適合する求人情報を登録者のメールアドレスに配信する仕組みになっています。また、応募検討中の案件や現在エントリー中の案件を保管整理する個人のフォルダーが活用でき、多くの案件を比較検討することもできます。

適性診断、会社研究、業界研究やインターンシップ、合同説明会のエントリーもカバーしています。

未登録の場合は、登録した上でのエントリーということになります。新卒者専門のサイトは、「○○ナビ二〇二一」というように卒業年度の西暦がサイト名に付けられ、現四年生対象と現三年生対象などに区分されています。既卒三年以内の方まで含むケースもあります。地域、Uターン・Iターンや専門分野、職種ごとに細分化、あるいは特化したサイトも増えました。

提供機関を基に大別すると、人材紹介会社が開設するサイト、総合人材サービス会社が開設するサイト、情報サービス会社のサイト、新聞社・出版社系列のサイトがあります。

掲載企業数、登録者数トップクラスの代表的な総合就活サイトは「リクナビ」(総合人材サービス会社系:リクルートキャリア)、「マイナビ」(新聞社系:マイナビグループ)です。多くの大学生はこれらをメインに、「キャリタス就活」(日経新聞社系)などの総合就活サイトや「理系ナビ」(理系専門)、「アカリク」(大学院生専門)、「福祉のお仕事」(福祉系)などの特化したサイトを複数、登録しています。

しかし、二〇一九年、「リクナビ問題*」で、個人情報保護委員会が同社に勧告、購入企業に行政指導を、その後、厚生労働省も両者に行政指導を行いました。

これにより、先駆けてきた最大手「リクナビ」は失速し始め、個人情報保護法の改正に拍車がかかりました。

これは、この問題に直接関わった就活サイトや利用企業だけの問題ではありません。多くの人材ビジネスは個人情報や企業情報を取り扱うビジネスであり、個人と企業の間に位置するからです。また、インターネットを介して行う業務に伴う危険性も再認識しなければなりません。

就職サイトを通じての就職活動

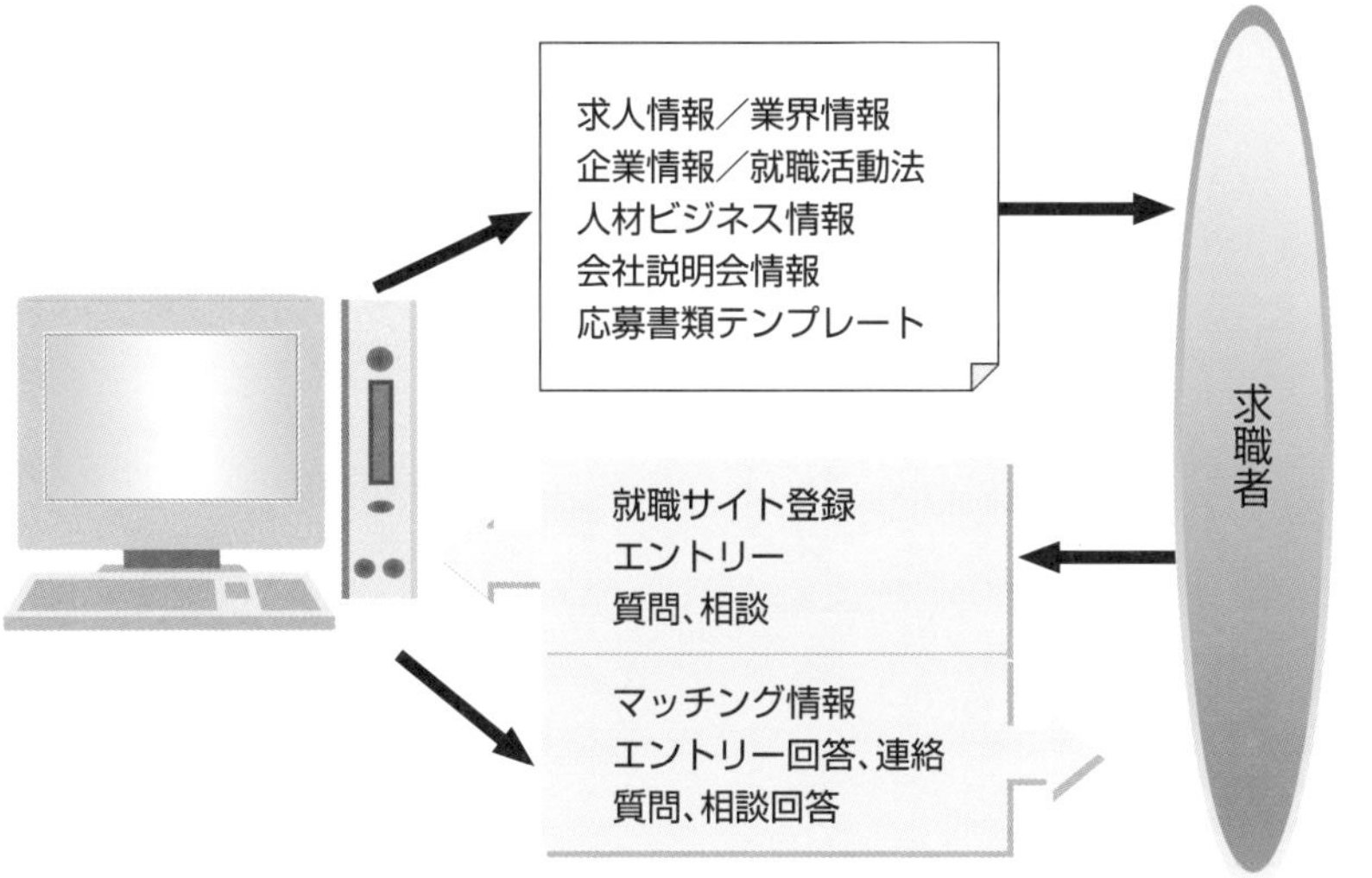

用語解説

＊**リクナビ問題**　リクルートキャリアが「リクナビ」を使う就活生の閲覧履歴などから「内定辞退率」を算出し、企業に販売した問題。

8 既卒者、フリーター対象の情報サービス

既卒者、フリーターを対象とする就職情報サービス、アルバイト情報サービスについて見ていきましょう。

既卒者対象就職サイト

未就職卒業者、第二新卒者やフリーターなどに対し、卒業後数年まで支援する学校も増えました。しかし、支援体制の整った学校はまだ少数であり数年を限度としている上、職業経験もないか少ない層が対象であるため、特化した支援が必要です。新卒者や経験豊富な転職希望者と同じ方法では困難な場合が多いからです。

そのため、第二新卒者、既卒者を主対象とする二〇代専門のサイト「Ｒｅ就活」（学情社）、「ハタラクティブ」（レバレジーズ社）、「マイナビジョブ20s」（マイナビ）、「ｄｏｄａ」（パーソルキャリア）、「キャリトレ」（ビズリーチ社）、「いい就職ドットコム」（ブラッシュアップ社）などが次々と開設されました。

また、大手の総合転職サイトも二〇代部門を設けたり、二〇代の求人を多く掲載するようになりました。新卒就職か、三〇代転職かの極端な対応はなくなり、可能性は広がったのです。

アルバイト情報サービス

次に、アルバイトを希望する在学生やアルバイトや副業の必要性のある人を対象とするサービスを見ていきます。

多くのアルバイト情報サイトはパソコン以外に、携帯電話、スマートフォンでもアクセス可能で応募、契約などの一連の流れをインターネットを介して行うことも増えました。

近年は「アプリ」活用が急増しています。LINEアプリと連動したアプリ「LINEバイト」などです。

スマートフォンの特性を生かし、求人情報の更新はより密になり、一時間ごとに更新されるサイトも登場しました。

また、様々な業種、職種や期間、時間帯のアルバイトを扱う「バイトル」（ディップ社）、「タウンワーク」（リクルート社）などの大手サイトや特定の業種、職種に特化したサイト、「ショットワークス」（インディバル社）などの短期・単発・日払いのみを扱うサイトがあります。「シフトワークス」（インディバル社）などの中高年、主婦中心のサイトも登場しました。さらに、在宅ワークやモニターを扱うサイトや部門も増加しました。

そして、多くのアルバイトサイトをまとめ、一括で検索でき、応募できる総合サイトもあり、使い勝手がますます向上しています。

一方、アルバイト情報を主に正社員・派遣スタッフの求人情報も提供する地域限定型フリーペーパーなどがあります。

アルバイトサイト活用例

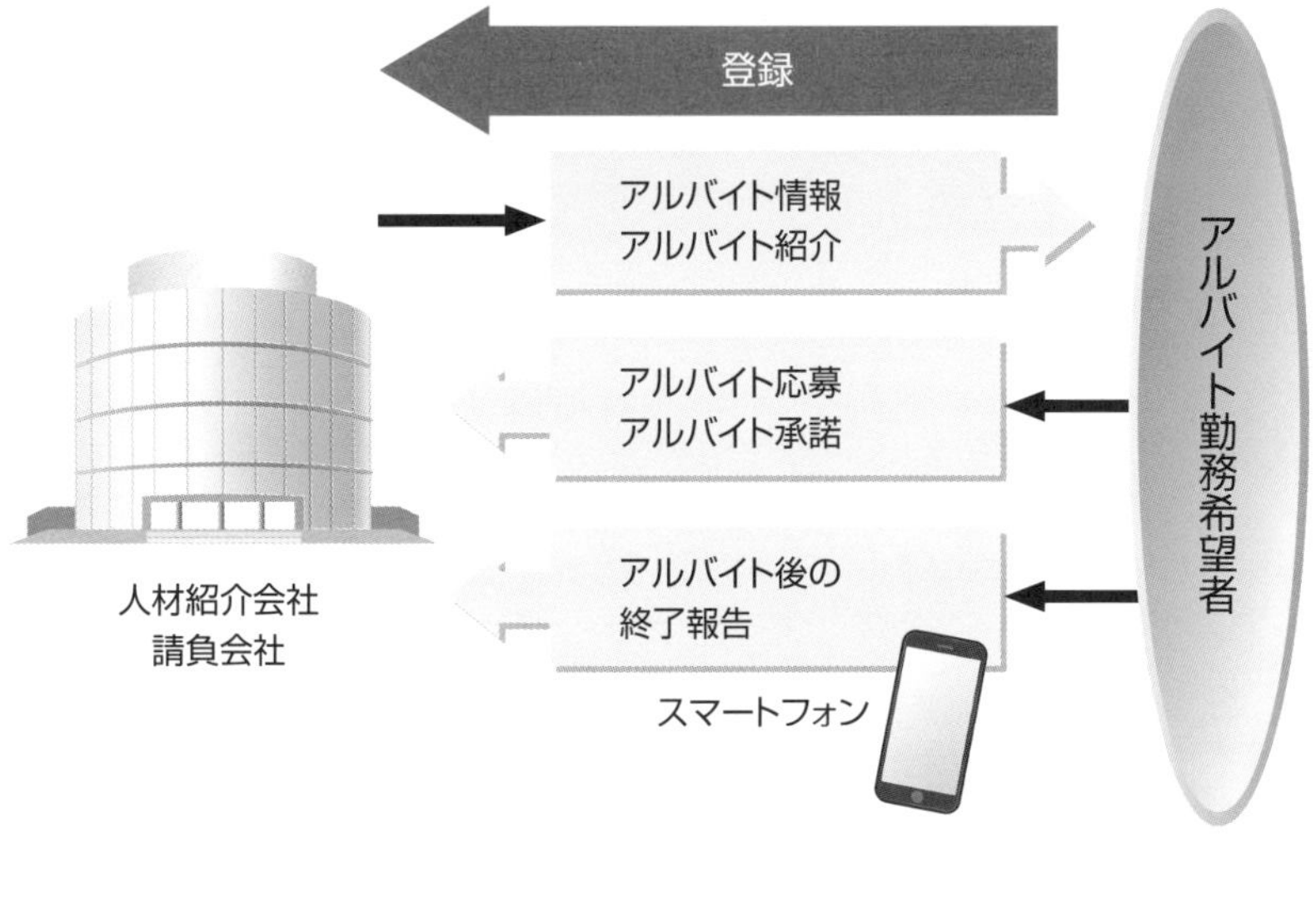

column

再就職支援（業界人に聞く！）

Q. 再就職支援サービス業ならではのエピソード、忘れられないできごとはありますか？

私は、当社が受託した公的事業の再就職支援セミナーの講師です。あるとき、自己分析から応募、再就職先での定着までの一連の流れをみっちり行い、受講して三ヵ月後に求職活動の経過、結果を報告してもらうセミナーを担当しました。すると、60歳の受講者Bさんのアンケートには、学んだことを忠実に行い、前職とはまったく違う分野、しかも自分の趣味を活かした、念願の仕事に再就職できたとの感謝の手紙が添えられていました。「この年齢では無理と諦める必要はない」と実証してくれたと、こちらこそ感謝したい気持ちです。

（再就職支援会社　研修講師N）

私は、早期希望退職制度にあたり、進退や今後についての迷い、不安を抱えている方の相談を担当しています。通常の求職者とは違う厳しい状況下、しかも、同じ勤務先、同じ年齢であれ、来談者の特性、価値観、ライフプラン、事情はまちまちですから、なかなかに重い仕事です。ですが、今回をセカンドキャリアを図る好機ととらえてくれるようになったときには、こわばった肩もやわらぐ思いです。（再就職支援会社　キャリアカウンセラーP）

私は、早期希望退職制度に応じて退職した方の相談や求職活動のノウハウ提供、マッチングなどを担当しています。セカンドキャリア決定までマン・トゥー・マンでサポートするわけですから、ときには長期にわたり、そしてその間の変化にも柔軟に対応しなければなりません。ですが、笑顔でその日が迎えられたときには、一緒に飛びあがるほどの達成感です。

（再就職支援会社　キャリアカウンセラーP）

第3章

採用と就業後の人材ビジネス（雇用と就業支援）

採用、社員育成、雇用管理に関する企業対象の人材ビジネスと個人の就業、キャリアアップに関する人材ビジネスの現状を理解しましょう。

1 様々な雇用契約

労働者の意識やライフスタイルの変化、企業のコスト削減、産業構造の変化、技術革新、ＩＴの発達によって、雇用形態、就業形態はますます多様化しています。個人も、企業も、働き方や雇用法を選択する時代なのです。

個人は、自分が企業とどのような関係にあり、その形態に応じた契約になっているか、また、その権利や義務について正確に把握しなければなりません。不当な契約を結んでいたり、契約が履行されていない場合が少なくないからです。

雇用関係

実際の職場である企業との雇用関係で分類すると、雇用形態は次のように分類されます。

①**直接雇用**…正社員、パート、アルバイト、契約社員（業務委託契約を除く）

②**間接雇用**…派遣スタッフ、請負スタッフ*

③どことも雇用関係はなく、一時的に業務委託契約によって、依頼企業の業務を行う人

企業は雇用計画、人件費、募集採用費、教育費、福利厚生費、業務内容、業務量によって、どのスタイルが、あるいは、どの組み合わせが最善なのかを考慮しなければなりません。

直接雇用の中でも、最近多いスタイルは**契約社員**で、正社員が常用雇用であるのに対し、有期雇用であり契約更新は不確定です。あらかじめ契約期間が定められているという点だけが共通定義であり、その企業によってその契約内容は様々です。パートタイマーや嘱託社員・非常勤社員を契約社員と呼ぶ企業もあります。

フルタイムとパートタイム

いわゆる正社員は通常、フルタイム働くわけですが、

用語解説

* **請負スタッフ**　依頼先で働く場合。

後述する女性社員の活用、育児・介護との両立支援の意味から短時間社員制度も生まれています。逆に、フルタイム働くアルバイト、契約社員もいます。

そもそも、人材派遣は必要な時間のみ稼動するわけであり、請負は委託された業務を完了すれば拘束時間は依頼企業にいっさい関係ないわけです。ただし、業務内容が時間帯を限定するものであれば、関係します。

ですから、業務やニーズによって、妥当な時間帯・就業時間を設定するのが理想的です。

在宅勤務か、SOHOか

ITの発達と育児中、介護中社員の活用やリスク分散、コスト削減などの理由から、業務内容によっては在宅勤務がベストです。システム・ソフト開発、ウェブ制作、データ入力、デザイン、翻訳、執筆、編集など、在宅での就業やネット・宅配便を介しての納品が可能な業務ならなおのことです。

ということはそれらが、業務請負でも可能な業務であることを意味します。同時に一般家庭で就業可能、つまり、SOHOの得意分野ということです。

就業企業との雇用関係

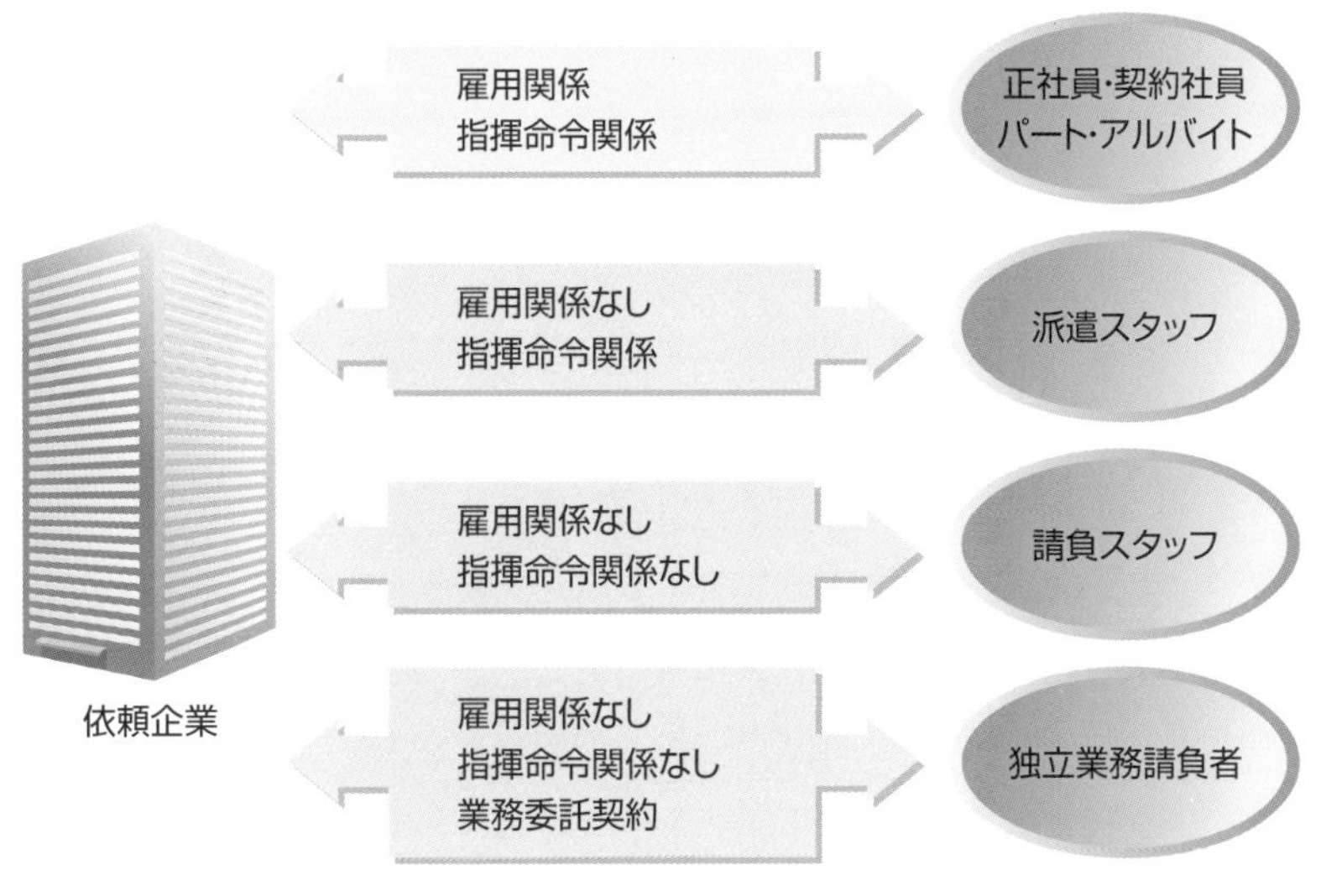

2 形態に沿った人材ビジネス

雇用形態が多様化することは、人材ビジネスのマーケットがさらに拡大することでもあります。単に員数を充足するのではなく、雇用計画、業務の効率化、コスト削減に貢献できるかが鍵となります。

採用に関する人材ビジネス

企業が、正社員、契約社員、パートタイマーなどを採用する際に関係するのが、次の人材ビジネスです。

- 人材紹介
- 人材派遣（紹介予定派遣）
- 再就職支援サービス
- コンサルティング
- 請負（採用代行など）
- 人材情報サービス

どの人材ビジネスにおいても、企業の人事担当者や経営者のニーズを把握するだけでなく、その企業にとってどの形態、どの組み合わせが最適であるかを提案することそのものが営業行為ともいえます。人事コンサルティングという名称でなくても、企業への人事コンサルティングまで可能であることが、営業力であり、他社との差別化になるでしょう。

企業の採用に関わることは、同時に個人の就職、転職、再就職に関わることでもあります。個人に対して、キャリア・カウンセリング、コンサルティングができることが重要です。

業務遂行と間接雇用

業務内容やその特質、納期によっては、企業は直接雇用ではなく、請負業者に委託する、あるいは派遣スタッフ、つまり間接雇用を活用します。また、個人も、請負会社の社員や派遣スタッフとして働くことを選択する場合があります。その際には、それぞれ、請負、人材派遣を活用することになります。

人材ビジネスの選択

　企業側、個人側のどちらに重きを置くかは、その人材ビジネス会社によりますが、結果的に、依頼企業、人材ビジネス会社、個人、三者の利害が一致することを踏まえ、事業を進めるべきでしょう。

　また、企業も個人も、その点を踏まえた、コンサルティング力のある人材ビジネス会社を選択することが必要です。

　その際、各人材ビジネスの業界団体の情報や人材ビジネス会社の評価、企業情報を提供しているサイトも参考になるでしょう。複数の人材ビジネスや人材ビジネス会社を比較検討し、応募や登録申し込みができるサイトも増加しています。**コンシェルジェ**＊的要素、コーディネート機能を持つようにもなっているのです。

　現実に企業の採用、業務遂行や個人の就業に人材ビジネスがどう関わっているのかを、次節からその人材ビジネスごとに説明します。

雇用と人材ビジネス活用

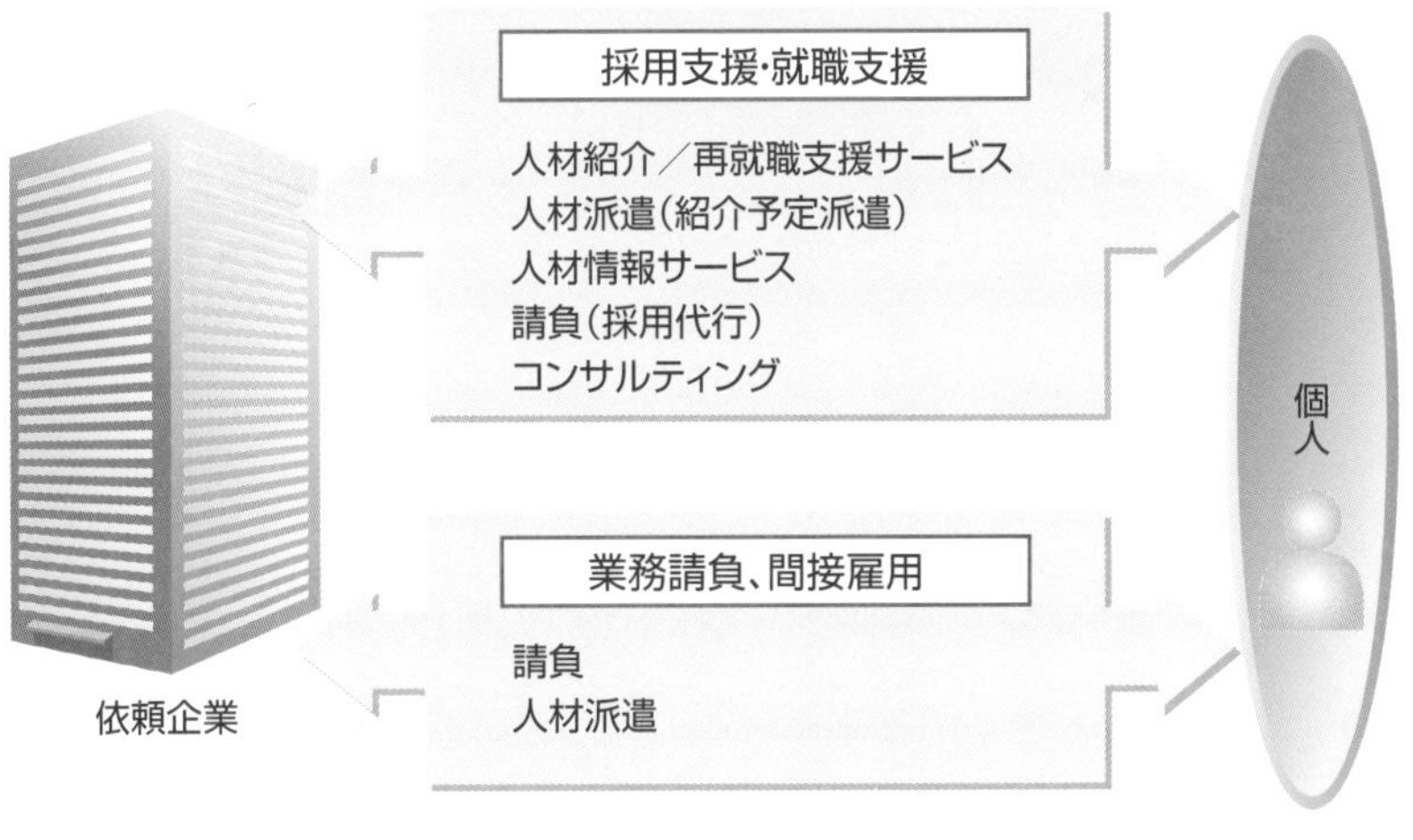

用語解説

＊**コンシェルジェ**　ホテルでの各種手配、問い合わせ対応を行う職種、部門。それから派生して、多くのサービスメニューからニーズに応じたサービスを提供する、選択することを指すようになった。**コンシェルジュ**ともいう。

3 採用と就業を支援する（人材紹介）

人材紹介を活用するメリットや人材紹介会社のタイプ、業務内容については、すでに述べました。この節では、人材紹介の現状を、企業側と個人側に分けて見ていきます。

採用支援

本来、人材紹介は、専門性、即戦力性があり、経験と実績の豊富な人材を依頼企業に紹介するわけですから、企業に対しては中途採用支援、キャリア採用支援サービスともいえるでしょう。

ですが、かつて対象外であった新卒者、第二新卒を主とする、第二章で述べた層も、社会的ニーズから、いまは人材紹介の対象ともなっています。

第二新卒採用は、新卒とまったく同じ待遇条件、同じ採用方法による場合、第二新卒の枠を設定する場合、中途採用と同様の扱いをする場合があります。同じ層を対象としながら、新卒採用支援、第二新卒支援、中途採用支援として、企業に対応することになるのです。

一番多い登録型人材紹介の場合、依頼企業のニーズに適合する人材を登録者の中から選択して紹介するのが通常です。プールした人材を紹介することから、**人材バンク**とも呼ばれます。

ですが、必ずしも既存の登録者の中に適合した人材がいるとは限らず、適合する人材がいても応募を希望するとは限りません。応募後は企業の採否結果と登録者の判断によるわけですから、紹介した登録者が就職できるとも限りません。

ですから、登録型の場合、多様な新規登録者を常時募集することになります。そして、不特定多数の登録者を募集すると同時に、特定の求人案件を掲載し、その案件に応募したいと申し込む求職者を登録手続きの上、応募候補者とすることが多くなりました。ただし、あくまで候補者ですから、企業のニーズに適合するかを診断しなければなりません。

また、内定しないからと、次々と安易に候補者を紹介するとミスマッチになりがちで、採用の労力削減どころか、マッチング能力が疑われます。

転職支援、再就職支援、就職支援

登録者にとって、人材紹介は転職支援・再就職支援・就職支援です。面接日時の調整や条件交渉も代行し、スムーズな内定辞退をも支援します。

最近は、登録から内定まで、専任のキャリア・カウンセラーが担当することが多くなりました。希望職種や希望条件の妥当性を診断し、場合によっては希望とは違う案件の提案もします。また、中長期的なキャリアプランの策定や就職活動の迷い・不安の解消、問題解決、入社後の相談も行うことがあります。在職中の登録者には、円満退職の支援も行っています。

ただし、機械的に条件のみでマッチングする人材紹介会社や担当者も残念ながら存在します。応募先だけでなく、人材紹介会社を求職者が選択すべきでしょう。

良質な人材紹介会社を選ぶポイント

1. 紹介の際は、その時点までに直接話をしているか
2. ニーズを正確に把握できるか
3. マッチング能力があるか
4. 調整能力、コンサルティング能力があるか
5. 迅速、柔軟な対応ができるか
6. 人材紹介会社の社員が模範的ビジネスパーソンであるか
7. 人材紹介会社が模範的マネジメントをしているか
8. 守秘義務を守っているか

※求職者側は、キャリア・カウンセリング能力も重視する。

4 他の人材ビジネスとの関係（人材紹介）

ITの発達やスマートフォンの普及に伴い、人材紹介会社のサービスメニューは増加し、人材情報サービスとの関係がより密接になっています。

人材紹介会社のインターネット活用

多くの人材紹介会社は、自社のホームページで人材紹介活用のメリットとその会社の特徴や優位性を明らかにし、情報更新することで、企業・個人からの問い合わせや依頼・登録申し込みに常時対応できるようにしています。

企業や個人に対して、多様なニーズに迅速に柔軟に応えられることをアピールしているのです。企業や個人は、複数の人材紹介会社を通じて自由に選択・活動できるわけですから、絶えず選ばれることが必要なのです。

登録者は人材紹介会社からの案件紹介を待つだけでなく、人材紹介会社のホームページ上の求人情報にエントリーすることもできます。業種、職種、勤務地などの検索条件によって絞込みができるだけでなく、年収査定やネットを介しての相談も可能です。

また、登録者の了解の上、個人情報を伏せて、スキルや経験を複数の企業に公開し、企業側からのアプローチを待つというスカウト機能を用意する人材紹介会社も増加しています。

では、人材紹介会社は、自社のホームページ以外に、インターネットをどう活用しているのでしょうか。

複数の人材紹介会社の案件を掲載する求人広告サイトだけでなく、Ｇｏｏｇｌｅ、ＹＡＨＯＯやＭＳＮなどの検索エンジン、ポータルサイトとの提携によっても情報を掲載、登録者や特定案件候補者を募っています。

また、近年はアプリ活用が急増しています。

中には、コンサルタントを選択すると所属紹介会社のＨＰにリンクする形式のサイトもあり、広範囲から求職者を募っています。また、業界団体のホームページにも求人情報を掲載しています。

いまや、若年者、転職希望者のほとんどがインターネットを介して求職活動を行うようになりました。それをリードするのも人材紹介会社なら、他社との差別化のため、より効果的な活用をさきがけるのも人材紹介会社なのです。

人材紹介会社の紹介予定派遣

紹介予定派遣は、総合人材サービス会社や紹介業の許可を得た人材派遣会社が実施することがほとんどでした。人材紹介会社が、派遣業の許可を得て紹介予定派遣を扱う場合は相当の準備が必要なためです。

しかし、近年は人材紹介の一つの形態として、定着し始めています。

登録型人材紹介会社の紹介ルート

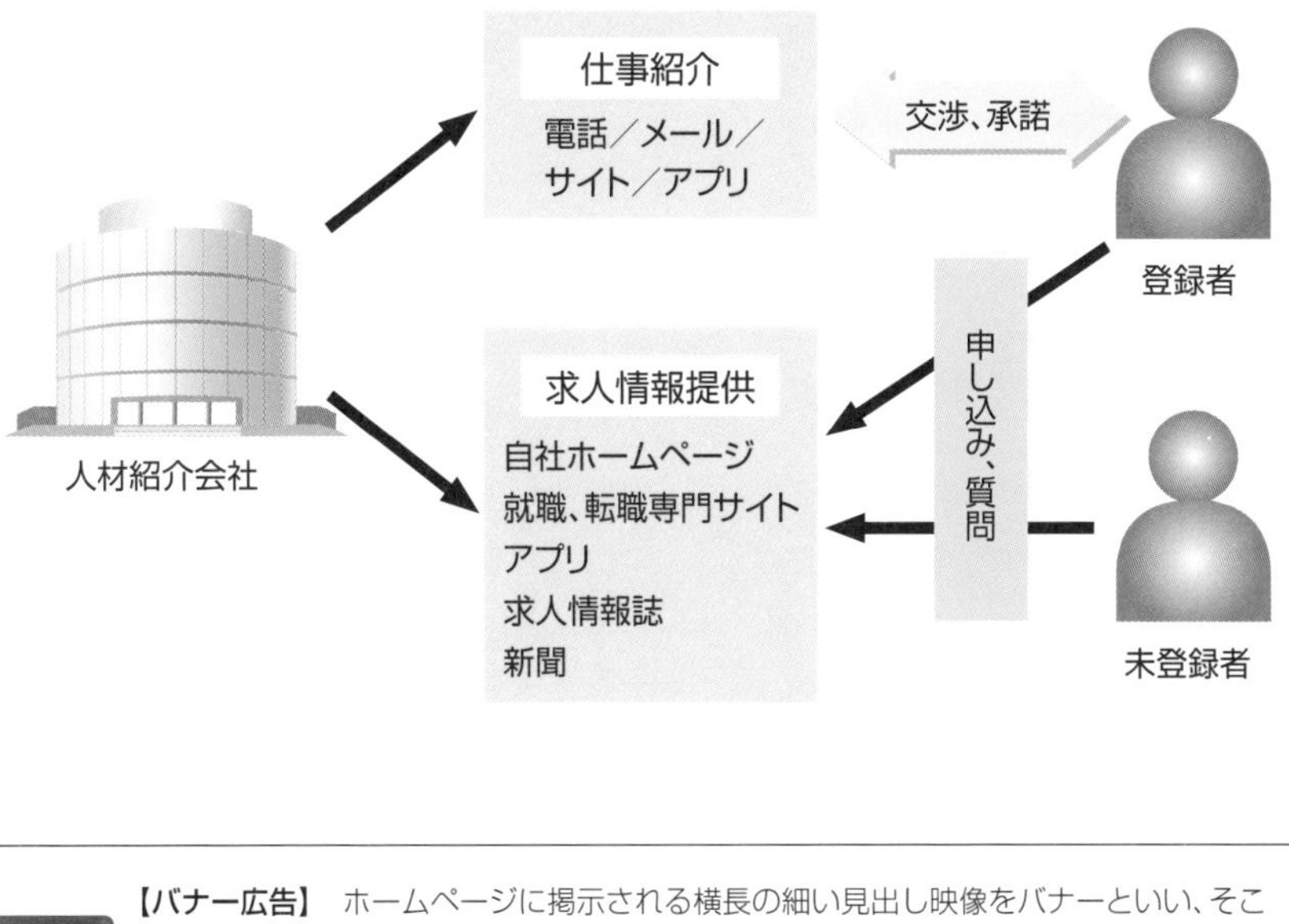

ワンポイントコラム

【バナー広告】 ホームページに掲示される横長の細い見出し映像をバナーといい、そこに掲載する広告をバナー広告という。

5 再就職支援サービスの活用

第一章で、再就職支援会社を介して、中途採用する企業のメリットを述べました。まだ、活用度が低い方法ではありますが、これもまた採用の一つの手段です。

再就職支援会社を通じての採用

第一章で述べたように、**再就職支援会社**は依頼企業の社員の再就職と定着を支援するものです。ですから、求人企業は採用の手段としても活用できます。

再就職支援会社は、再就職先の紹介も業務の一環とする人材紹介型と、あくまで自主的な行動、自立の支援を重視することからアドバイスまでで留めるスタンダード型、コンサルティング型とに大別されるとも述べました。

ですが、どのタイプであっても、高い再就職率・定着率が求められています。対象者が再就職支援会社の支援により再就職する場合、再就職支援会社が本来の業務を遂行していれば、再就職先企業は再就職支援会社の活用のメリットを感じるはずです。

特に、小規模事業所はコストをかけても応募者が少ない、結果としてニーズに適合する人材を必要人数確保できないことがあります。募集・採用コストをかけられない企業ならなおさらのことです。ところが、再就職支援会社を活用すると、ニーズに適合し、定着率の高い人材を、コストと労力をかけずに採用することができるのです。

もし、スキルアップや意識改革をすれば、ニーズに適合する場合は、それを再就職支援会社が実施しますから、そのコストと労力も不要です。

また、企画力やアイディアがあっても、経営力、管理力に不安を抱えるベンチャー企業にも有効です。

さらに、すでに雇用調整を実施した企業が求人する際に、再就職支援会社を通じて他社から人材を求めることがあります。今後の事業運営、業績向上に必要な人材が在籍していないことがあるからです。改革上、新たな人材が必要な場合、早期希望退職制度によって適合する人材が退職した場合、そもそも「人財」不足で業績悪化した場合などです。しかし、コストをかけられない、オープンにできない、雇用調整企業というマイナスイメージなどの理由によって、通常の公募や人材紹介の活用が困難になりがちなので、今度は、受け入れる側として、再就職支援会社を活用するのです。

再就職支援会社の課題

人材紹介型が何件紹介しても、対象者が再就職できない、定着できないこともあります。スタンダード型、コンサルティング型のように、後方支援であるために、「何もしてくれない」との不満を漏らす対象者もいます。対象者が「人」であること、適合求人がないこと以外に、キャリア・カウンセリングが不十分であることも要因になります。ですから、対象者の再就職や満足度アップのために原点に還ることが重要です。

再就職支援会社活用が有効な求人企業例

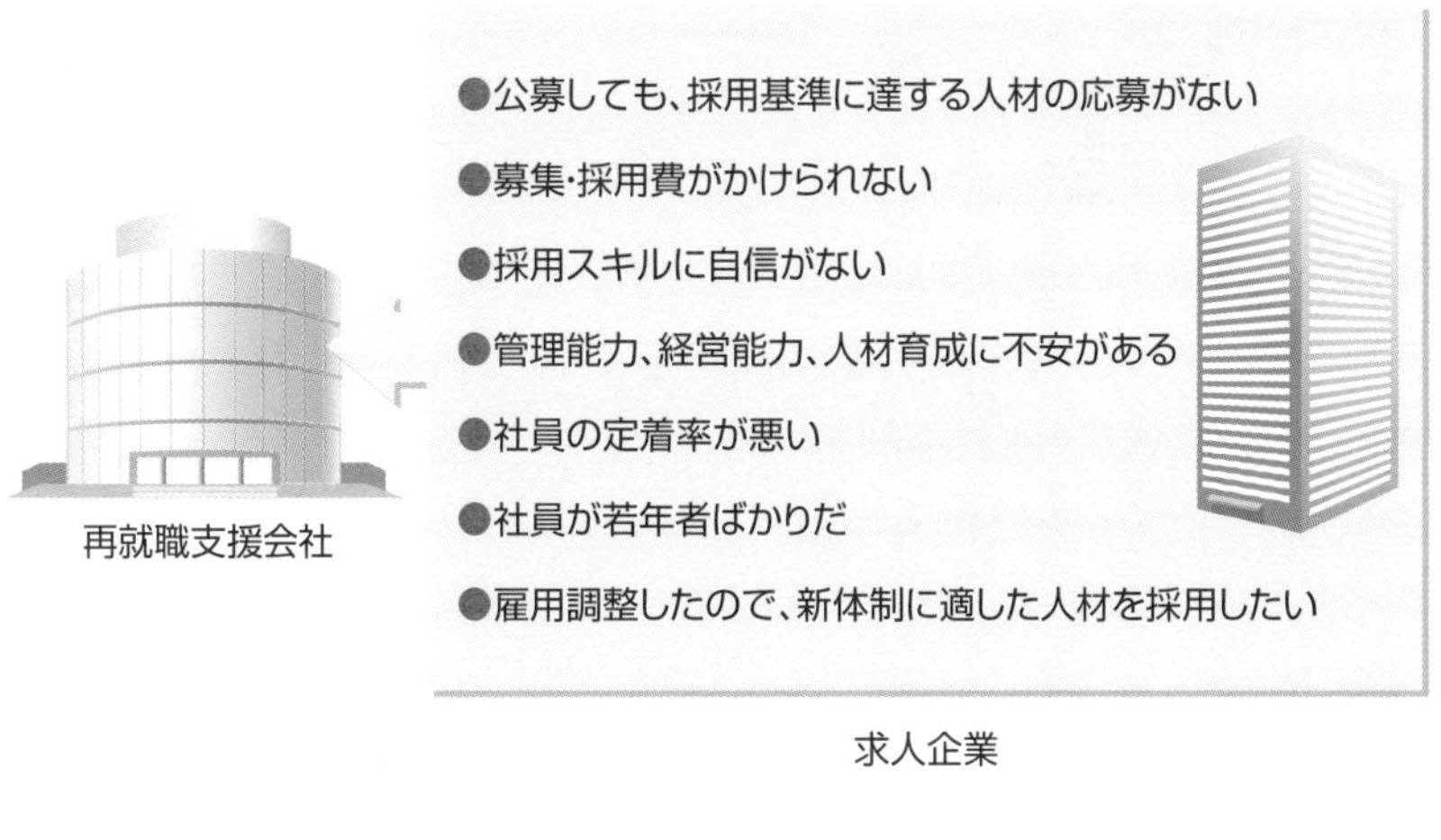
●公募しても、採用基準に達する人材の応募がない
●募集・採用費がかけられない
●採用スキルに自信がない
●管理能力、経営能力、人材育成に不安がある
●社員の定着率が悪い
●社員が若年者ばかりだ
●雇用調整したので、新体制に適した人材を採用したい
再就職支援会社
求人企業

6 派遣できる業務

「必要な時、必要な人材を、必要な期間だけ」活用したい場合は、人材派遣が有効です。ですが、必要ならば、どんな業務でも派遣できるかというと、そうではありません。

派遣できる業務

かなりの業務について長期間派遣できるようになりましたが、すべてが解禁されたわけではありません。

一九八六年施行の**労働者派遣法**では、派遣できる業務を定め、それ以外は派遣できないとする業務範囲「**ポジティブリスト方式**」を採用、一九九六年には対象業務が二六業務になりました。

その後、一九九九年には、派遣できない業務を定め、それ以外は自由化するという業務範囲「**ネガティブリスト方式**」に変わりました。

さらに、二〇〇四年には製造業務への派遣が解禁され、期間などの差はあれ、次節の「派遣できない業務」を除く、広範囲の業務で派遣できるようになりました。

一方、二〇一二年には**日雇派遣**（三〇日以内）の原則禁止（次ページ図）、**グループ企業派遣**の八割規制が設けられ、規制が強化されました。

しかし、日雇派遣禁止の「例外の場合」は極めて不合理です。生業収入が五〇〇万円未満の人や世帯収入が五〇〇万円未満の生計者以外の人が働くことを制限するのは、労働者の不利益でしかありません。

そして、二〇一五年九月、これまで無期限だった**専門業務**（対象二六業務）と期間制限のある**自由化業務**（専門的業務、プロジェクト業務、日数限定業務、育児介護の代替以外の一時的、臨時的業務）の区別が廃止され、同じ条件で取り扱われるようになりました。

それを整理すると、次のようになります。

〈期間制限対象の業務〉

「派遣できない業務（次節）」を除く業務（旧二六業務＋旧自由化業務）です。「期間制限」については、3-8節で説明します。

〈期間制限対象外の業務〉

①有期プロジェクト業務

事業開始、転換、拡大縮小、廃止のための業務で一定期間で完了するもの。

②日数限定業務

一ヵ月の稼働日数が派遣先企業のその他の雇用者に比べて相当少なく、かつ月一〇日以下であるもの。

③産前、産後休業、育児休業、介護休業などを取得する労働者の代替業務

また、「グループ企業（派遣会社の親会社、親会社の子会社等）派遣の八割規制」により、「派遣割合＝（全派遣労働者のグループ企業での総労働時間－定年退職者のグループ企業での総労働時間）÷全派遣労働者の総労働時間」を八割以下にしなければなりません。

日雇派遣の原則禁止

日雇（派遣会社との労働契約が30日以内）労働者を
下記の業務、場合を除き、派遣できない。

例外の「業務」	例外の「場合」
●ソフトウエア開発 ●機械設計 ●秘書　●ファイリング　●調査 ●財務処理　●取引文書作成 ●デモンストレーション ●添乗　●受付・案内 ●研究開発 ●事業の実施体制の企画、立案 ●書籍などの制作・編集 ●広告デザイン ●OAインストラクション ●セールスエンジニアの営業、金融商品の営業	日雇い労働者がいずれかに該当 ・60歳以上の人 ・雇用保険の適用を受けない学生 ・副業として従事する人 （生業収入が500万円以上の人） ・主たる生計者以外の人 （世帯収入が500万円以上の人）

7 派遣できない業務

次に、ネガティブリスト方式で派遣できないとされるのは、どんな業務かを見ていきましょう。

ネガティブリスト

ネガティブリストは、**適用除外業務**ともいわれる、業務内容から派遣適用はなじまないとされ、現在は派遣できない業務です。

しかし、中には、実際の業務内容が、派遣できる業務と近い内容もあり、活用には慎重な姿勢が必要です。

長くネガティブリストに入っていた「物の製造業務」が対象業務となりましたが、解禁が先送りになっている業務もあります。労働者、求職者が「派遣」という働き方で行いたい業務も多く、リストの再考が望まれます。

①港湾運送業務…船内荷役、はしけ運送、沿岸荷役、いかだ運送など

②建設業務（単純労働分野）…土木、建築その他工作物の建設、改造、保存、修理、変更、破壊、解体の作業とこれらの準備作業　※建設設計、施工管理は除く

③警備業務

④病院等における医療関係業務（紹介予定派遣の場合と社会福祉施設勤務、産休、育児休業、介護休業代替、へき地勤務を除く）

・医師、歯科医師の業務

・薬剤師の業務

・保健師、助産師、看護師、準看護師の業務である保健指導、助産、療養上の世話と診療の補助

・管理栄養士の業務（傷病者の療養のために必要な栄養指導に限る）

・歯科衛生士、歯科技工士の業務

・診療放射線技師の業務

これらの医療関係業務は、次の範囲で行われる場合に限り、派遣できないことになっています。

医療法に規定する病院／身体障害者福祉法に規定する身体障害者療養施設に設けられた診療所等を除く診療所／同法に規定する助産所／介護保険法に規定する介護老人保健施設／医療を受ける者の居宅で行われるもの

他の法令により派遣できない業務

⑤人事労務管理関係のうち、派遣先において団体交渉、または労働基準法に規定する協定の締結などのための労使協議の際に使用者側の直接当事者として行う業務

⑥弁護士、外国法事務弁護士、司法書士、土地家屋調査士(公認会計士、税理士、弁理士、社会保険労務士、行政書士などの業務の一部は解禁)

⑦建築事務所の管理建築士

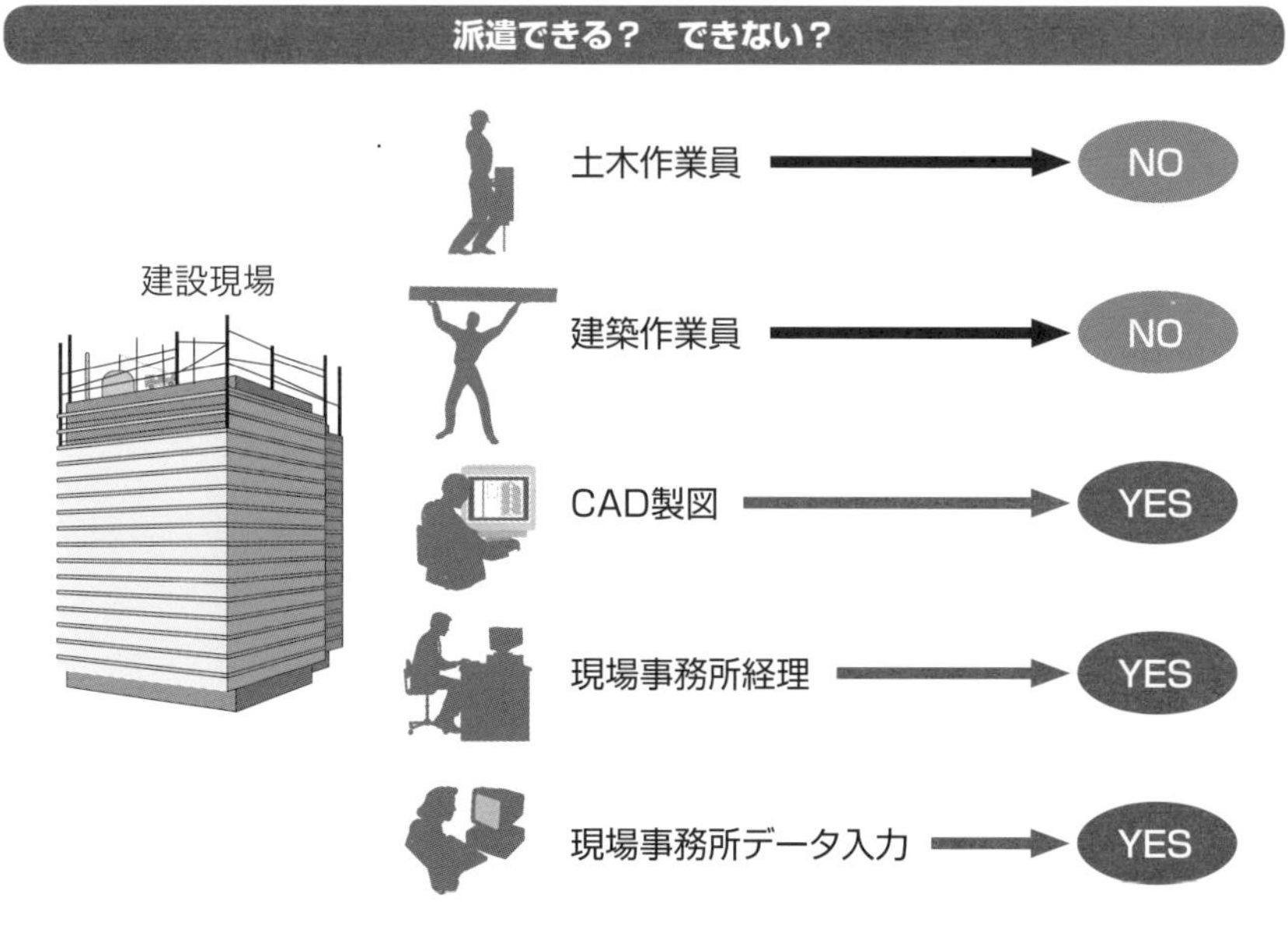

8

人材派遣を活用できる期間

二〇一五年の派遣法改正によって、人材派遣を活用できる期間はすべての業務において、事業所単位と派遣スタッフ個人単位との二種類の制限が設けられました。

派遣先事業所単位の期間制限

派遣先企業の同一の事業所に派遣できる期間（**派遣可能期間**）、つまり、派遣先企業が人材派遣を活用できる期間は原則三年が限度です。

ですから、派遣先企業が三年を超えて人材派遣を活用したい場合は、**意見聴取***が必要です。ただし、延長期間は三年が限度ですから、再延長する場合も同じ手続きをとることになります。結果的に延長になった場合は、その事業所でのすべての人材派遣の可能期間が一律に延長になりますが、意見聴取を踏まえ、限度内で個別に期間を設定することもできます。

その三年までに派遣スタッフが交代したり、他の派遣スタッフを他の派遣契約に基づき派遣することになったとしても、派遣可能期間の起算日は変わりません。

また、意見聴取により派遣可能期間が延長になった場合、同一の派遣スタッフを**個人単位**の期間制限を超えて同一の組織単位に派遣することはできません。

派遣スタッフ個人単位の期間制限

同一の派遣スタッフを派遣先企業の同一の事業所の同一の**組織単位**に派遣できる期間の限度は三年です。その間に担当する業務が変わったとしても、同じ組織内であれば、期間は通算されます。

ただし、事業所単位の派遣可能期間が延長されている限りは、同一の派遣スタッフを同一の事業所の別の組織単位に三年を限度として引き続き派遣できます。つまり、派遣スタッフは、一定の条件下では派遣先部署

用語解説

＊**意見聴取**　派遣先企業事業所の過半数労働組合、または過半数代表者からの意見を聞くこと。

が変われば三年以上同じ事業所で働けるわけです。

期間制限の例外

次の場合は、これらの期間制限の対象外です。

・派遣会社の無期雇用の派遣スタッフの派遣
・有期プロジェクト業務／日数限定業務／産前産後休業、育児休業、介護休業の代替業務への派遣
・六〇歳以上の派遣スタッフの派遣

クーリング期間*

派遣先企業の事業所単位で派遣契約終了後、次の派遣開始まで三ヵ月を超えない場合は人材派遣が続いているとみなされます。また、同一の組織単位で派遣契約終了後、再び同じ派遣スタッフを派遣するまで三ヵ月を超えない場合も同様です。

離職後一年以内の派遣禁止

離職した労働者（六〇歳以上の定年退職者を除く）を離職後一年以内に元の勤務先に派遣スタッフとして派遣することはできません。

派遣先企業はいつまで人材派遣を受け入れられるか

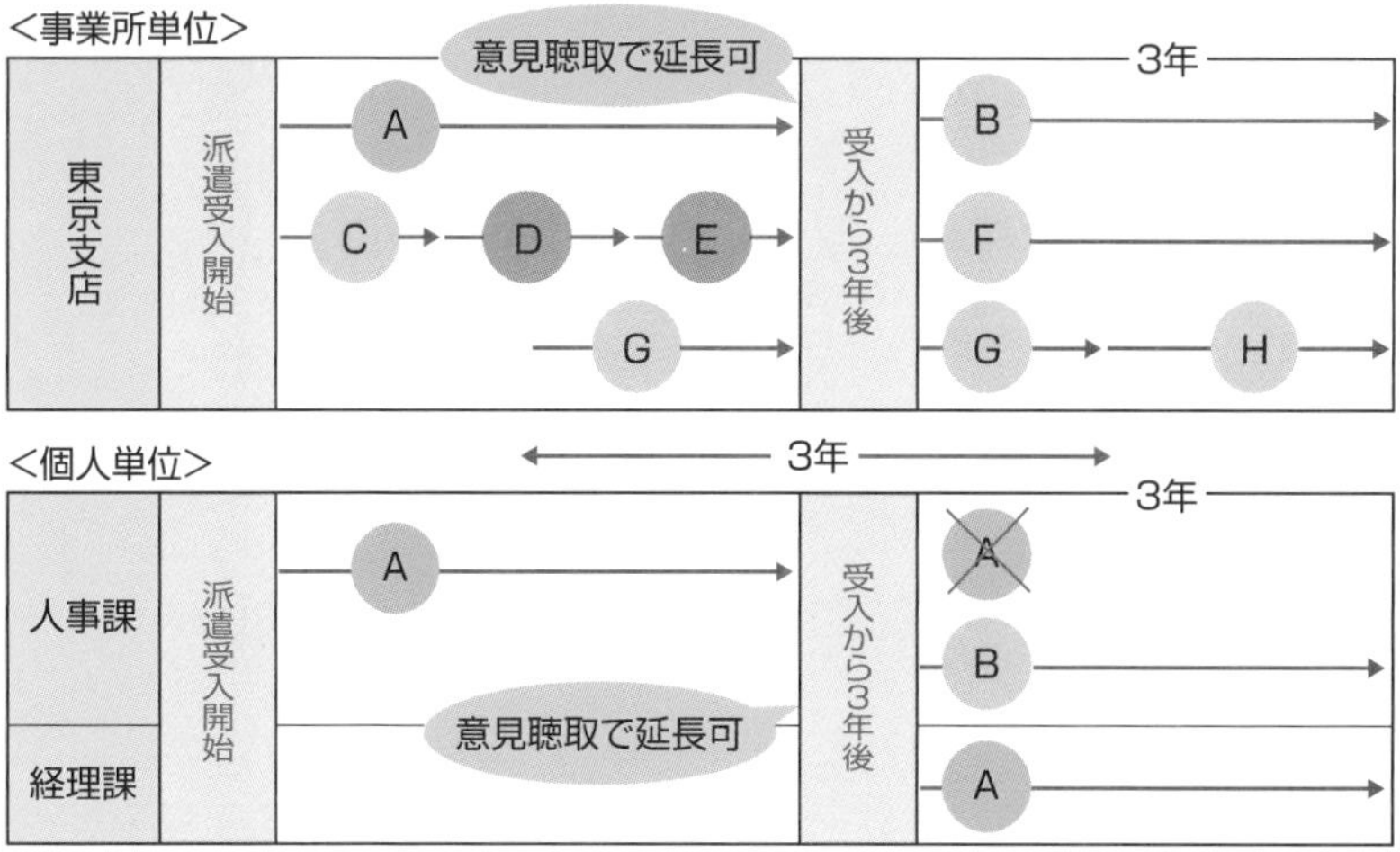

用語解説
＊クーリング期間　契約を再度締結できない期間。

9 派遣スタッフの雇用の安定を図る

一定の条件の派遣中のスタッフに対し、派遣会社は、雇用安定措置を講じる義務があります。一方、派遣先企業はその措置に協力すると共に、労働契約申込みみなし制度に留意しなければなりません。

雇用安定措置

登録型派遣の不安定さ、特に、前節のような**期間制限**による影響を考慮し、派遣スタッフの派遣終了後の就業を継続させるため、次のような**雇用安定措置**が派遣会社に義務付けられました。

いずれの場合も、対象となる派遣スタッフに対し、派遣終了の前日までに今後の就業継続の意向と希望する雇用安定措置の内容を確認した上で進めます。

①現在の派遣先企業に**直接雇用**を依頼する。

②新たな派遣先を案内する。

派遣先、担当業務は当該スタッフが就業できそうな、合理的な案件に限ります。また、当該スタッフを派遣会社が無期雇用して、これまでと同じ派遣先に派遣する場合もこの措置に該当します。

③派遣会社が派遣スタッフを**無期雇用**して、自社で派遣労働以外の働き方で就業させる。

④その他の措置

新たな就業機会が得られるまで有給の教育訓練を行う、紹介予定派遣を行うなど。

対象者と派遣会社の義務との関係は図表（次ページ）にまとめましたが、この義務の効力は、義務が適切に果たされたか、対象者が就業継続を希望しなくなるまで続きます。

この措置は派遣会社にとって負担が大きいからとはいえ、逃れるべく、意図的に派遣期間を三年未満にする、あるいは、**雇い止め**してはなりません。

また、派遣スタッフについても、**労働契約法**の**無期転換ルール**＊が適用されることにも留意しなければなりません。

労働契約申し込みみなし制度

派遣先企業は、次のような**違法派遣**を受け入れた場合、その派遣スタッフに対し、派遣会社との労働契約（雇用契約）と同じ労働条件での労働契約を申し込んだ（直接雇用の申し込み）とみなされます。

・派遣が禁止されている業務に従事させた場合
・無許可の派遣会社から人材派遣を受け入れた場合
・**期間制限**に違反して人材派遣を受け入れた場合
・**偽装請負**の場合

ですから、派遣会社は、必要に応じて、派遣スタッフに抵触日を、派遣先企業と派遣スタッフに**労働契約申込みみなし制度**の対象になるケースを明示しなければなりません。

雇用安定措置

対象派遣スタッフ	派遣会社の責務
同一の組織単位に継続して３年間派遣される見込みがある方	①～④のいずれかの措置を講じる義務 （①の措置を行っても直接雇用に至らなかった場合は、②～④のいずれかの措置を講じる）
同一の組織単位に継続して１年以上３年未満派遣される見込みのある方	①～④のいずれかの措置を講じる努力義務
上記以外の方で派遣会社に雇用された期間が通算１年以上の方（登録状態の方を含む）	②～④のいずれかの措置を講じる努力義務

用語解説

＊**労働契約法の無期転換ルール**　有期労働契約が反復更新され5年を超えたときは、労働者の申し込みにより無期労働契約に転換できる。

10

間接雇用から直接雇用へ

派遣先企業には一定の条件の派遣スタッフに対して、直接雇用に関する措置が義務付けられています。これらの義務と違い、「紹介予定派遣」は当初から直接雇用の可能性がある人材派遣の形態です。

雇用の努力義務と正社員化の推進

派遣先企業には、現在受け入れている有期の派遣スタッフに対し、次のような**雇用の努力義務**があります。

①優先雇用の努力義務

同一組織単位の同一業務に一年以上派遣スタッフを受け入れていて、派遣会社から派遣先に直接雇用の依頼があり、派遣終了後、引き続き同一業務に就かせるため労働者を雇用する場合は、その派遣スタッフを雇用するよう努める。

②募集情報の提供

同一組織単位に三年間、派遣スタッフが就業する見込みで、派遣会社から派遣先にそのスタッフの直接雇用の依頼があり、その事業所で労働者（正社員、パート、契約社員）を募集する場合は、その派遣スタッフにその募集情報を提供する義務がある。

また、次のような**正社員化の推進**も義務付けられています。「同一事業所（組織単位は異動可）で同一派遣スタッフを一年以上受け入れていて、その事業所で正社員を募集する場合は、その派遣スタッフにその募集情報を周知させる義務がある。」というものです。

いずれも、現派遣スタッフに対し、その派遣先企業での直接雇用の機会を提供するもので、派遣会社の「**雇用安定措置**」と対になっています。

ただし、派遣スタッフがそのまま現派遣先で直接雇用の社員として働きたいとは限りません。このまま、現派遣先で派遣スタッフとして働きたい人、どこであれ条件さえ合えば派遣スタッフとして働きたい人もいれば、現派遣先以外の企業でなら正社員になりたい人など、様々なためです。一方、派遣先企業もその派遣スタッフに対する直接雇用のニーズがあるとは限りません。

このような状況下、派遣法での義務付けが拘束となり、人材派遣の活用が進まないとしたら、労働者、企業の選択肢をも減らしかねません。

紹介予定派遣の活用

紹介予定派遣は直接雇用につながる人材派遣ですが、求職者にとっては就職支援、企業にとっては採用支援でもあります。

現在、「新卒派遣」「第二新卒派遣」の多くは、紹介予定派遣契約であり、人材紹介より紹介予定派遣を希望する若年転職希望者も増えています。

しかし、いまだに紹介予定派遣の利用度が低いのはなぜでしょうか。

紹介予定派遣の認知度が低い、正社員を希望するも派遣案件が直接雇用先候補、担当業務としてはマッチしないなど、様々な要因があります。

まずは、認知度アップが派遣会社の急務です。

企業の紹介予定派遣の利用度、認知度＊（事業所数を100とした場合）

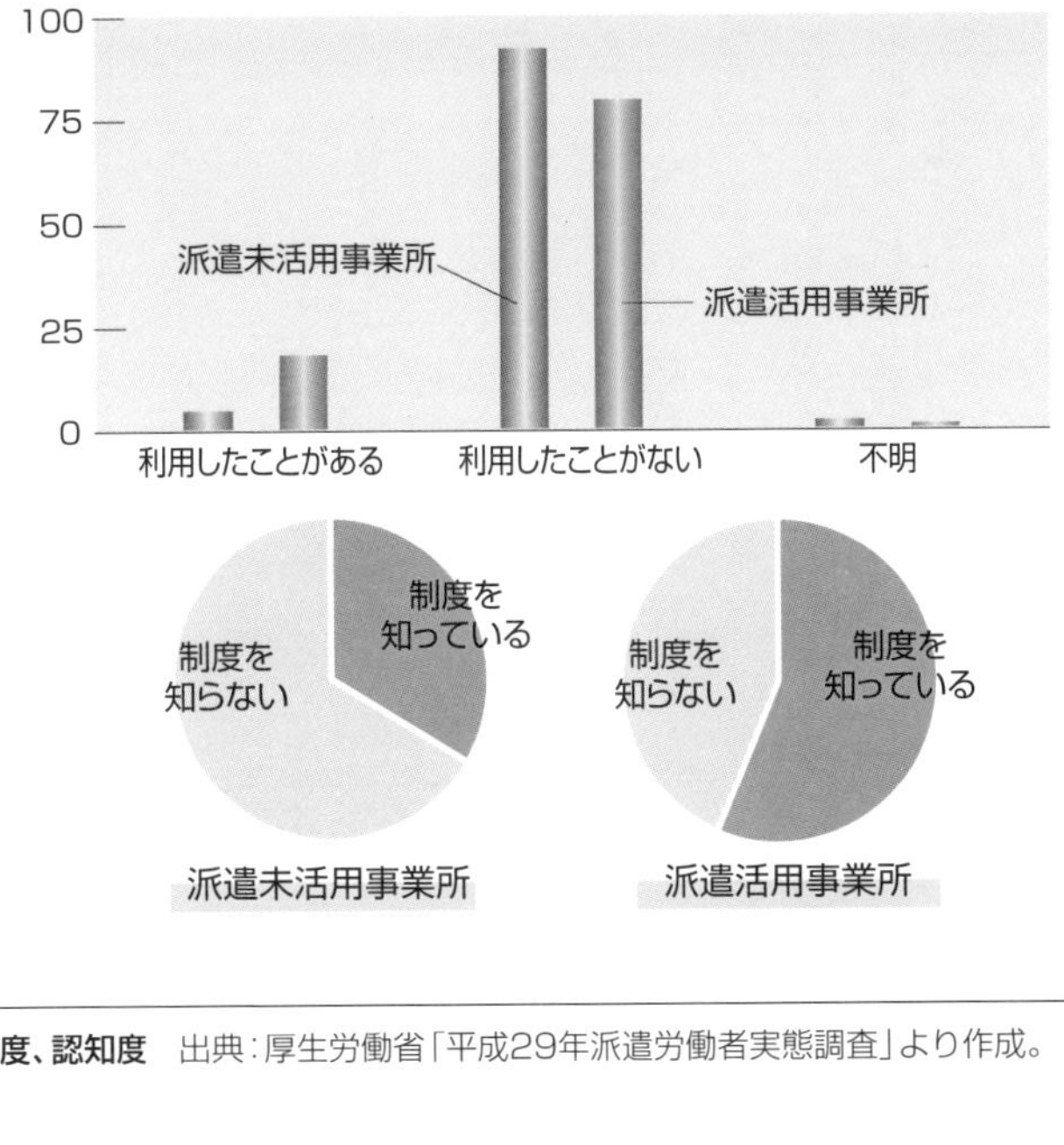

＊…の利用度、認知度　出典：厚生労働省「平成29年派遣労働者実態調査」より作成。

11

請負の活用

採用、社員研修に関する業務請負や人事コンサルティングは別に述べるとして、代表的な請負事業について説明します。

製造業務の請負

製造業務派遣との競合や悪質請負業者による業界イメージダウンなどの課題もありますが、請負ならではのメリットをアピールし、シェア拡大を図っています。

その他の請負の実施状況

●医療関連事務

かつては、レセプト(診療報酬請求書)の作成のみであった医療事務請負は、受付、会計、診療データ入力、労災保険・健康保険・医療保険処理、カルテ管理など、医療関係事務すべてをまとめて扱うのが普通になりました。さらに、病院運営、人事、病院開業のコンサルティングや間接業務を含めた事務局そのものを請け負うことさえあります。

●テレマーケティング(コールセンター業務)

社外からの電話による、申し込み窓口、カスタマーセンター、ヘルプデスク、相談室や、こちらから電話する市場調査、セールスなどです。企業の顔である電話応対は、ビジネスマナーを大前提に、商品、サービスを熟知し、臨機応変に対応しなければなりません。特に、二四時間体制など長時間無休での対応は、自社ではなかなか困難ですから、請負活用は合理的です。

●システム開発・運用保守/ネットワーク構築・管理

企業が自社で使用するシステムやネットワークを自

社で開発、構築し、運用、保守するにも、相当のコストと専門要員が必要です。それらを一括して、あるいは部分的に外部に委託することは一般的になりました。

●総務／経理／人事

第一章で述べたように、これらの部署や部門の業務を一括して請け負う場合と、部分的に請け負う場合があります。大企業はこれらの業務の一部を委託するケースが増えています。中小企業は数部門の業務を一つの部署が行う、あるいは部署がなく、事務いっさいを一人から数人で行う、専任の常用社員が不要な場合があり、合理的に委託範囲を設定すると効果的です。

●営業・販売

ＤＭ、訪問、対面による営業・販売は、成功報酬型を採り入れ、「成果を請け負う」ようにもなりました。

●厨房管理（ホテル、飲食店）・施設管理

消耗品、設備管理、保全、清掃。

業務委託までの流れ

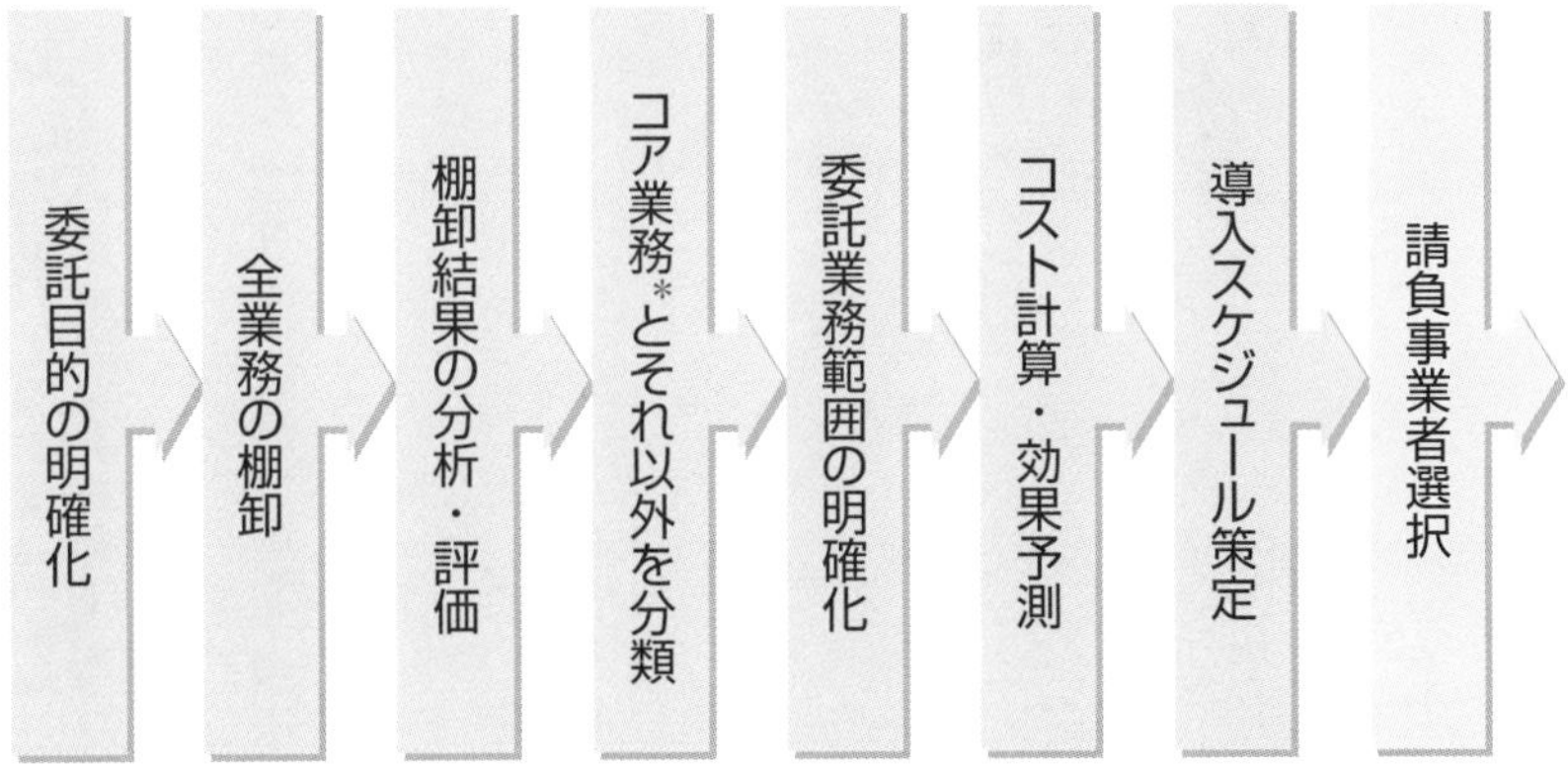

用語解説

＊**コア業務**　基幹業務。

12 採用コンサルティングと採用代行

人材紹介、人材派遣、再就職支援サービス以外にも採用に関するビジネスが多数あります。採用業務代行や採用支援業務を事業内容として含むもの、採用支援業務に特化したビジネスとがあります。

採用コンサルティング

人材を採用する企業すべてが、長期的展望の下、採用計画を立て、効率的な採用業務を行い、成果の出せる社員を確保できるとは限りません。求職者の質・価値観の変化・多様化と急速な技術革新、配属先のニーズの多様化、マネジメントスタイルの変化などに柔軟に対応することは困難なためです。かつての一律な採用基準、採用法が成り立たない時代なのです。

その問題解決、課題達成、つまり採用コンサルティングにあらゆる人材ビジネス会社が参入、あるいはそれを専門に事業化しています。採用に関する企画・提案、採用担当者育成、情報提供、採用ツール提供などの採用コンサルティングのメニューには、次のようなものがあります。

- 人材モデル策定支援
- 採用計画立案
- 採用スケジュール企画立案
- アセスメント方法企画立案
- アセスメントツールの開発・提供
- 募集方法企画立案
- 募集メディア選択助言
- 求人情報作成指導
- 会社説明会企画
- 会社説明会資料、会社案内作成
- 他社採用状況、求職者層の実際などの情報提供
- 求職者との交流企画、交流機会設定
- 面接官、採用担当者のスキルアップ研修

・選考助言
・内定者管理

採用業務代行

先に述べたコンサルティングによって、企業が自社で採用業務をすべて実施することもあれば、その一部、またはすべてをアウトソーシングする場合もあります。

代行する採用業務は、次のようなものです。

・募集情報作成・管理とメディア掲載
・採用サイト運営
・応募者情報管理
・応募者との連絡、面接日程調整、条件調整
　応募者への選考結果連絡・応募書類返送
・会社説明会運営、合同面接会参加
・筆記試験の実施・監督・採点評価
・面接代行（通常は、一次面接を代行する）
・アセスメント実施

これらの業務をメニュー選択形式や採用コンサルティングとのパッケージで行うなど、その企業に合わせてカスタマイズすることで受注しているのです。

採用業務の代行とコンサルティング

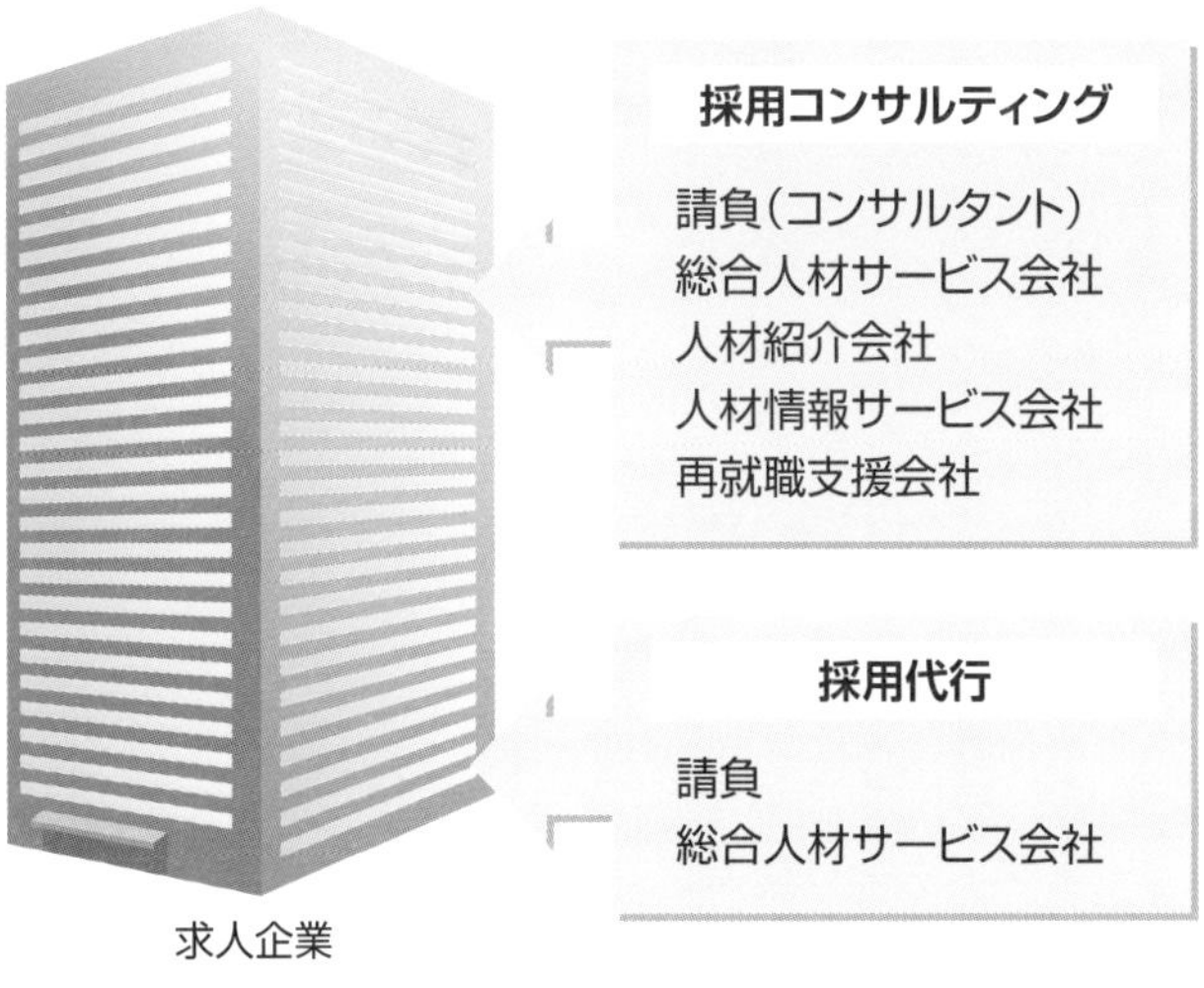

13 転職を支える求人情報サービス

転職に関わる求人情報サービスは新卒者対象の就職情報サービス同様、インターネットを介することが増えました。また、求人企業や対象層に合わせて多様化し続けています。

求人情報サービスの変化

求人情報誌、求人広告などの紙媒体による求人情報サービスは、廃刊はあるものの、地域や対象層によっていまだ一定の役割を果たしています。

一方、インターネット活用はスマートフォンの普及に伴いさらに拡大し、パソコンを持たない層をも取り込んで、転職に関する情報サイトの利用者が急増しています。スマートフォンでの情報収集や転職サイト、人材紹介会社などへの登録など、利便性が増し、「転職アプリ」も登場しました。

また、働き方の多様化によって、在宅ワーク、クラウドワークの情報提供や仲介を行うサイトも増え、専業だけでなく、副業、複業＊も支えています。

さらに、転職サイトや人材紹介会社、派遣会社の比較サイト、口コミサイトも増え、選択の参考になると同時に、特定のサイトや人材紹介会社への誘導になる可能性も出てきました。求職者側の安易な登録、応募、解約も見られますので、十分な注意が必要です。

転職サイトの多様化

人材紹介サービスと同様、転職サイトは転職希望者の年齢層、収入、職種、専門分野や求人企業のニーズなどに特化するか、グループ内で対象ごとに細分化する傾向が強まっています。

また、非公開求人の多さを一番のメリットに挙げるサイトも増えました。

近年は、高い専門性、スキルのニーズが増え、「ハイク

用語解説

＊**複業**　複数の仕事を持つこと。

ラス専門」「エクゼクティブ専門」「年収〇〇万円以上の方」を強調するサイトが好調です。結果的に、中高年の転職実績が上がっています。

一方、数年後の転職を想定し、入社後すぐに転職サイトに登録する大学新卒者も出てきました。

本来、転職サイトは求人情報の提供のみを行うわけですが、同グループの人材紹介会社との連携や他の人材ビジネス会社との提携により、スカウトサービスや応募書類作成、面接のアドバイスなど、事実上、人材紹介サービスとなりつつあります。

特に大手はグループ内に対象層を特定した転職サイト、人材紹介部門を複数持っています。比較サイトの転職サイトランキングには、同グループの転職サイト、人材紹介会社が混在しているほどです。

そもそも、人材紹介会社のサイトは多くの転職希望者の登録を促すため、魅力的な公開求人情報を掲載し、登録後の非公開求人の存在やスカウト機能をアピールしています。このサイト自体も求人情報サービスといえましょう。

就職サイトのサービス

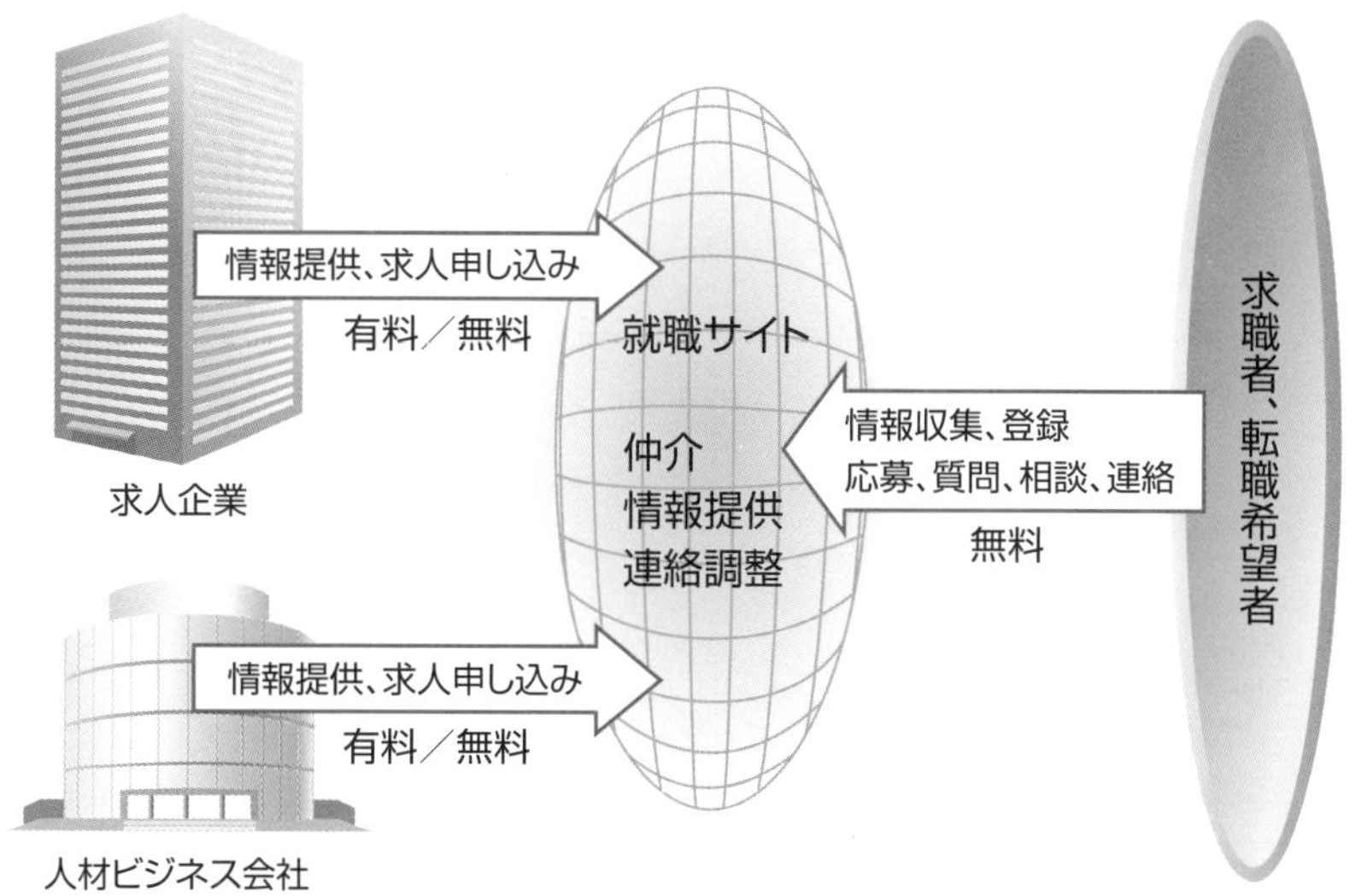

14 内定者研修と新入社員研修

企業が実施する研修にも、あらゆる人材ビジネスが関わっています。また、内定者研修や新入社員研修までを採用コンサルティング・採用代行業務と位置付けることもできます。

内定者研修

早く内定をと焦る学生がいる一方、早く内定したために内定ブルー*も見られます。また、欲しい人材ほど内定社数が多く、すでに他の企業にも内定している、またはこれから他社に応募する可能性があります。ドライな内定者や束縛を嫌う内定者もいます。入社日まで、採用は確定していないともいえるのです。

ですから、内定辞退を防ぎ、帰属意識やモチベーションを高める**内定者研修**は、いまや人材ビジネス会社の研修メニューの定番になりました。

通常の集合研修スタイルだけでなく、旅行型、合宿型、イベント型、職場体験型など、グループワーク、グループディスカッションを交えて構成します。その企業の魅力を伝え、入社意欲を引き出す他、内定者の実像がわかり、適正配置の参考にもなり得ます。

一方、内定者でも一般常識、ビジネスマナー、コミュニケーション能力、就業意識の点で欠けることも多く、入社後の社員研修やコミュニケーションの、いわば事前研修としての目的を付加する場合もあります。

ところが、最近、内定者研修とは名ばかりの「就職を終わらせろ」との強引な囲い込み「オワハラ」が問題になっています。採用コンサルティングの適正な介入を望みます。

新入社員研修

入社までに当然修得しているはずの一般常識なども含めて、研修・トレーニングする必要から、新入社員研

用語解説

＊**内定ブルー**　内定後、内定した就職先や担当する職種が自分に適しているか、入社すべきかと迷い、不安を抱えること。

修の内容も変わりつつあります。また、多くの職種に不可欠なパソコン操作の研修を含める場合もあります。

研修日程は、入社直前に実施し入社日を迎える場合と、入社日以降に実施する場合とに大別されます。

入社日以前に実施する場合は、内定者研修の要素を持つことがあります。内定者研修を実施しない場合や、内定者研修を早い時期に実施する企業が強化策とする場合があるからです。

入社後に実施する場合、ビジネスマナー研修と会社概要や職種説明の後、業務研修に進むことが一般的です。業務研修は座学の後、OJT*を実施することが多いですが、職種採用でない場合は各部署でのＯＪＴの後、担当業務や配属先を決定します。職種採用の場合も、適性の再確認ができますから、受講状況によっては配置転換も考慮します。

早期離職傾向が強まる中、定着を図る意味合いもあり、ますます柔軟な研修企画が必要です。

内定から新入社員までの研修

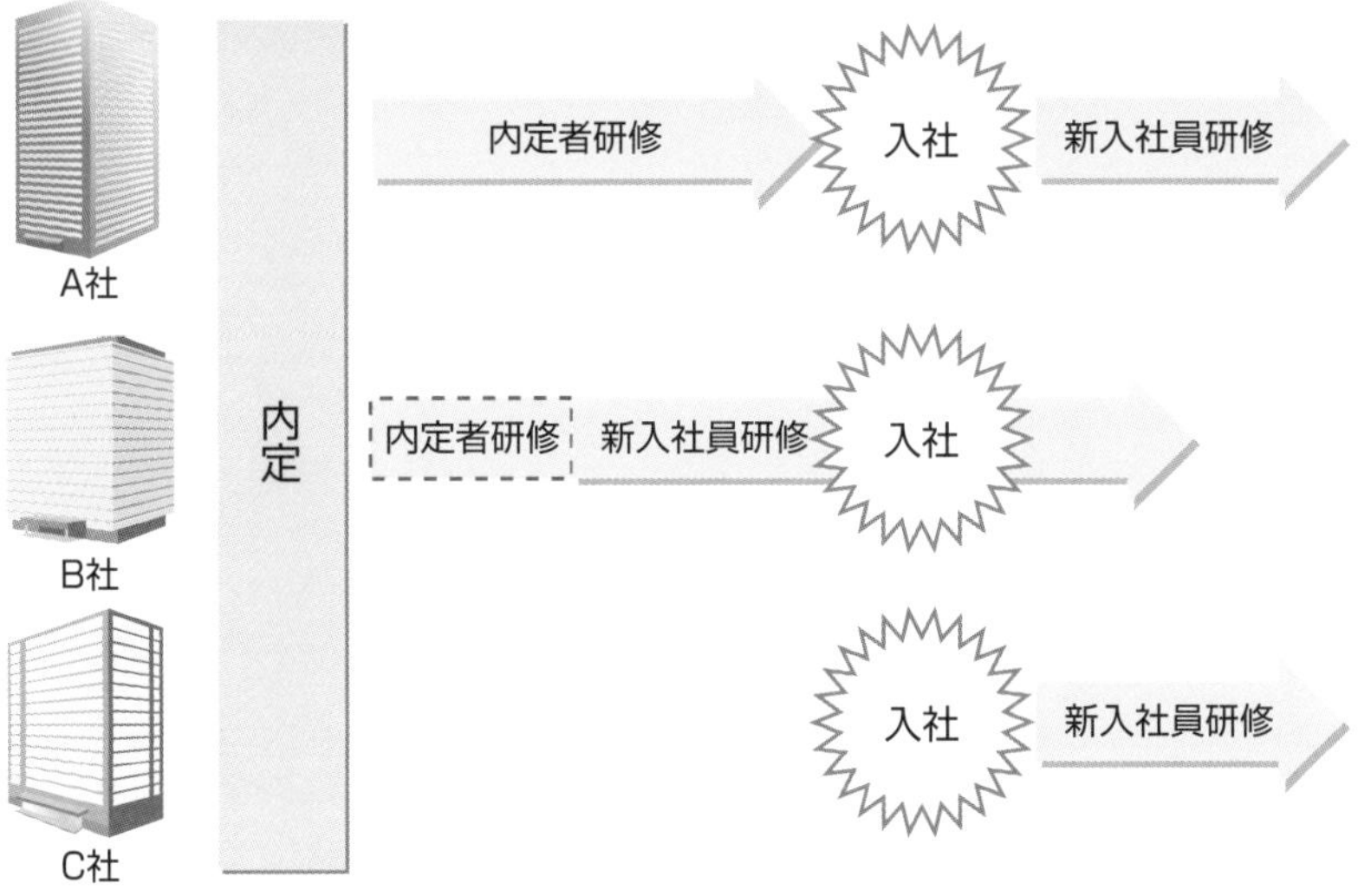

用語解説
＊OJT　On the Job Training の略で、業務上必要な知識や技術、仕事の進め方などを実務の中で習得する方法。

15

新入社員研修後の社員研修

新入社員研修実施後の社員研修には、どんなメニューがあるでしょうか。ますます多様化する社員研修について説明します。

スキルアップ研修

入社後、実務経験をある程度積んだ社員に対し、実務能力を高めるために行う研修で、在籍期間によって受講者を選定するのが一般的です。担当業務の実務研修だけでなく、プレゼンテーションスキル、パソコンスキル、業務関連資格取得、関連法規の研修など多彩な研修が実施されます。

受講後の報告書提出や修了試験結果を人事考課の材料とする場合もあります。初心に還る、あるいは意識改革のために実施する場合もあります。

過去の実務経験を基にした業務研修、法改正や新制度施行などに合わせた研修企画など、研修ビジネスのチャンスはますます増大します。意識改革や新たな視点・発想による効果も目的の場合、外部の講師が実施することの意味は、さらに大きいでしょう。

マネジメント研修とコーチング

近年、リーダー研修、管理職研修などのマネジメントスキルアップ研修の多くは、コーチが実施するコーチング研修になりました。

第一章で、すべての管理職、経営者はパラ・コーチであることが求められると述べました。そのために、まず、自分がコーチングを受けることは効果的ですが、対象者数が多い場合、集合研修受講も合理的です。

単にマネジメントスキルを向上させるだけでなく、企業の体質改善、雇用環境の整備につながりますから、業績向上、社員の定着という好循環を作ることができます。

また、部下とのコミュニケーションや部下のモチベーションアップ効果だけでなく、顧客との関係改善、営業力・交渉力向上の効果もありますから、営業研修、接客研修にもなります。

そもそもコーチングスキルはコミュニケーションスキルですから、ベストは、管理職研修としてではなく、コミュニケーションスキルアップ研修として、経営者を含めた社員全員が受講することです。それが無理な場合は、管理職全員が受講することがベターです。管理職のみの受講の場合は、その実践を宣言し、社員全員がその趣旨や意義を理解した上で、実践する方が効果的です。

コンプライアンス研修

「個人情報保護」やパワハラ、セクハラなどの「ハラスメント」をテーマとする研修はニーズが拡大しています。

中堅社員研修と管理職研修

スキルアップ研修	・業務研修、実務研修 ・パソコン研修、ネットワーク研修 ・コミュニケーションスキル研修 ・プレゼンテーションスキル研修 ・業務関連法規研修 ・業務関連資格取得研修
マネジメント研修	・マネジメントスキル研修 ・リーダー研修 ・コーチング研修、コーチ養成講座 ・人事考課者研修
コンプライアンス研修	・個人情報保護、ハラスメント、守秘義務

16

キャリア形成につながる研修

先進的な企業は、社員個人のキャリア形成につながる研修を実施しています。そこまでが真の人材育成、企業の使命であり、組織の活性化を約束するからです。その研修を実施する人材ビジネスの出番です。

キャリアプラン研修

個人の目的意識やモチベーションは、組織の業績と密接な関係があります。社員のキャリア形成をキャリア・カウンセリングで支援する以外に、社員を対象とするキャリアプラン研修を実施する意味は、そこにあります。

つまり、経験・実績の棚卸、能力・適性・価値観の把握と再確認、つまり自己分析をもとに、中長期的なキャリアプランを立てることが有効なのです。キャリア・ビジョンの重要性を認識し、ワークシートを記入、分析した上でのプラン策定という流れが基本となります。適性テストなどのアセスメントツールを使用する場合もあります。

通常は、キャリア・カウンセラーが講師を務め、自己分析支援とキャリアプラン策定の助言を合わせて実施します。

結果的に、社員個人の**エンプロイアビリティー**＊が向上し、自律型人材へと成長することでしょう。結果的に、その企業への定着、社内でのレベルアップにつながるわけですが、他社への転職の可能性も秘めているので、実施する企業のビジョンが重要です。

また、**自己申告制度**＊や**社内FA制度**＊と連動することで、適材適所を図ることも可能です。

セカンドキャリア研修

定年退職を目前に控えた社員を対象とするキャリアプラン研修は、退職後のセカンドキャリア設計を目的

用語解説

＊**エンプロイアビリティー**　雇用され得る能力。企業が求める能力。

＊**自己申告制度**　自分の社内での実績や今後の目標、要望をアピールする人事制度。

＊**社内FA制度**　FAはFree Agentの略であり、社内での転属先や職種転換の希望を述べ、交渉できる人事制度。

とします。ですから通常、先に述べたキャリアプラン研修内容をアレンジして、セカンドキャリア研修や定年退職者研修としています。

定年延長、再雇用制度などの雇用確保措置によって、多少退職時期が延びたとしても、退職後のセカンドキャリアを在職中から考慮することは必要不可欠です。特に、「就社」意識の強い世代なら、意識改革も必要でしょう。

キャリア・カウンセラー養成研修

人事教育部門の社員でなくても、企業の経営者や管理職は社員対象のキャリア・カウンセラーであり、学校の教員は学生や生徒対象のキャリア・カウンセラーであるべきです。

また、あらゆる人材ビジネスは、キャリア・カウンセリングの要素があり、プロのキャリア・カウンセラーが在籍か、契約していることが多いとも述べました。

ですから、キャリア・カウンセラー養成研修はそのニーズに応え、個人を対象とするだけでなく、社員研修・教員研修のメニューになっているのです。

キャリア形成支援研修

研修名	主対象
キャリアプラン研修	中堅社員
セカンドキャリア研修	定年退職予定者（50代後半） ※40代から受講対象にする企業もあり
キャリア・カウンセラー養成研修	経営者・管理職 人事担当者、教育担当者

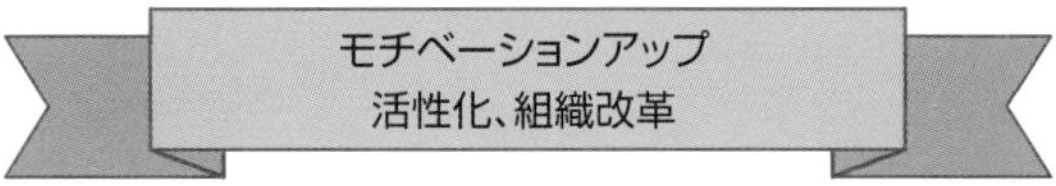

17

人事コンサルティングの意義と選択

先に述べた採用コンサルティング以外の人事コンサルティングについて見ていきましょう。まずは、活用の意義と、どこに依頼するかについて説明します。

人事コンサルティングの意義

人事上の問題解決は、結果的に人事改革、いや企業改革であり、経営改善、業績向上につながります。企業の体質改善、組織改革と基盤整備そのものであり、その後の高次の目標達成へのステップともいえるからです。そもそも、組織は人から成り立ち、人が運営し、人によって成果がもたらされるためです。

問題解決には、客観的に企業組織を調査・診断の上、早期に問題点を明確化し、確実な解決手段を発見することが不可欠です。また、その手段・戦略を具体化し浸透させること、運用し、結果を出すことが必要です。時に、制度化、マニュアル化も必要です。

現在は、従来のマネジメントスタイルや手法では解決できないことも多くなっています。そのため、関連法規制定・改正、人材の質や価値観の変化、技術革新、産業構造の変化など、社会の急速な変化をも把握しなければなりません。

ですから、専門知識、ノウハウ、経験、実績を持つプロの力が有効なのです。しかし、そのプロを企業が常時雇用することはなかなかに困難です。また、外部のプロだからこそ、客観的な視点で、冷静に分析し、他社での経験も活かしつつ、コンサルティングすることができるのです。外部のコンサルタントを活用する意義がここにあります。

当面の問題解決後に、高次の目標や課題を達成する際にも、プロの力が有効です。人事コンサルティングが経営コンサルティングの一側面であると述べたゆえんです。

人事コンサルティングのスタート

　企業は、必要に応じてその都度人事コンサルタントに依頼するか、人事コンサルタントと顧問契約を結ぶ以外に、顧問契約を結んでいる経営コンサルタントや社会保険労務士、税理士に直接、または間接に依頼することができます。経営コンサルタントや社会保険労務士は、人事コンサルティングを事業内容に含めていることが多く、税理士も含めて、実際に担当せずとも、確かな人事コンサルタントを紹介してもらえる可能性が高いためです。また、「日本の人事部」などの紹介サイト活用も有効です。

　最近は、総合人材サービス会社がコンサルティング部門を開設し、独立したコンサルティングサービスを実施することが多くなりました。また、人材紹介会社、人材派遣会社、再就職支援会社がその業務の一環として、または付加サービスとして、さらに本来のサービスへの営業活動として実施していることも前に述べました。

　つまり、あらゆる人材ビジネスが、人事コンサルティングに関わっているのです。

人事コンサルタントはどこにいるか

18 人事コンサルティングの内容と流れ

人事コンサルティングの範囲はますます拡大し、より細分化、多様化、専門化したサービスメニューが揃っています。同時に、それらを統合したサービスもあります。

メニューとステップ

終身雇用制度が崩壊する一方、**高年齢者雇用確保措置**＊が導入されています。また、年功序列型賃金制度から移行しつつある成果主義の行き詰まりも指摘されています。

このように、人事上の問題は絶えず変化しています。その上、経済状況の変化、労働人口の減少など、社会の問題は、そのまま個々の企業の問題でもあります。

それらの問題解決にあたり、コンサルティングを依頼する企業が、最初から問題点を直視し、ピンポイントで依頼する場合もあれば、業績悪化、社員の離職率の高さ、コスト増大などの原因を探るところから依頼する場合もあります。

いずれにしろ、企業からのヒアリング、調査・分析の上、多彩なメニューから選択、あるいは組み合わせて、どの範囲まで、あるいは、どの段階まで実施するかを提案します。カスタマイズがポイントです。

どのメニューも相互に密接な関係があり、分類することは極めて困難ですが、戦略企画立案、制度設計、実務支援と大別して説明しましょう。

戦略企画立案

人事改革を目的にするといっても、それをトータルで依頼されることもあれば、分野ごとに依頼されることもあります。

また、戦略ではなく、現在の組織やマネジメントなどの診断評価そのものを依頼される場合があります。そ

用語解説
＊**高年齢者雇用確保措置**　3-22節参照。

の上で、戦略構築を考慮するわけです。ステップの第一段階のみでも、今後の企業の方針、全体計画を立てる上で参考になることでしょう。要員構成・権限・責任・職掌を分析する組織診断、人件費・年金・退職金などの給与分析、就業規則、人事制度などの諸制度分析、職務分析、社員のモラル・モチベーション分析などの診断評価業務があります。

その他、次のような戦略が挙げられます。

・トータル人事改革戦略
・組織・マネジメントの診断・評価
・マネジメント戦略
・人材育成戦略
・業績管理、人事評価
・制度改革
・福利厚生戦略
・人事関係費用戦略

これらの戦略を企画立案するところまでで終了する場合もあれば、実視するための制度設計やその戦略実施のマネジメントへ進むこともあります。状況によっては、雇用調整を余儀なくされるかもしれません。

コンサルティングの流れ

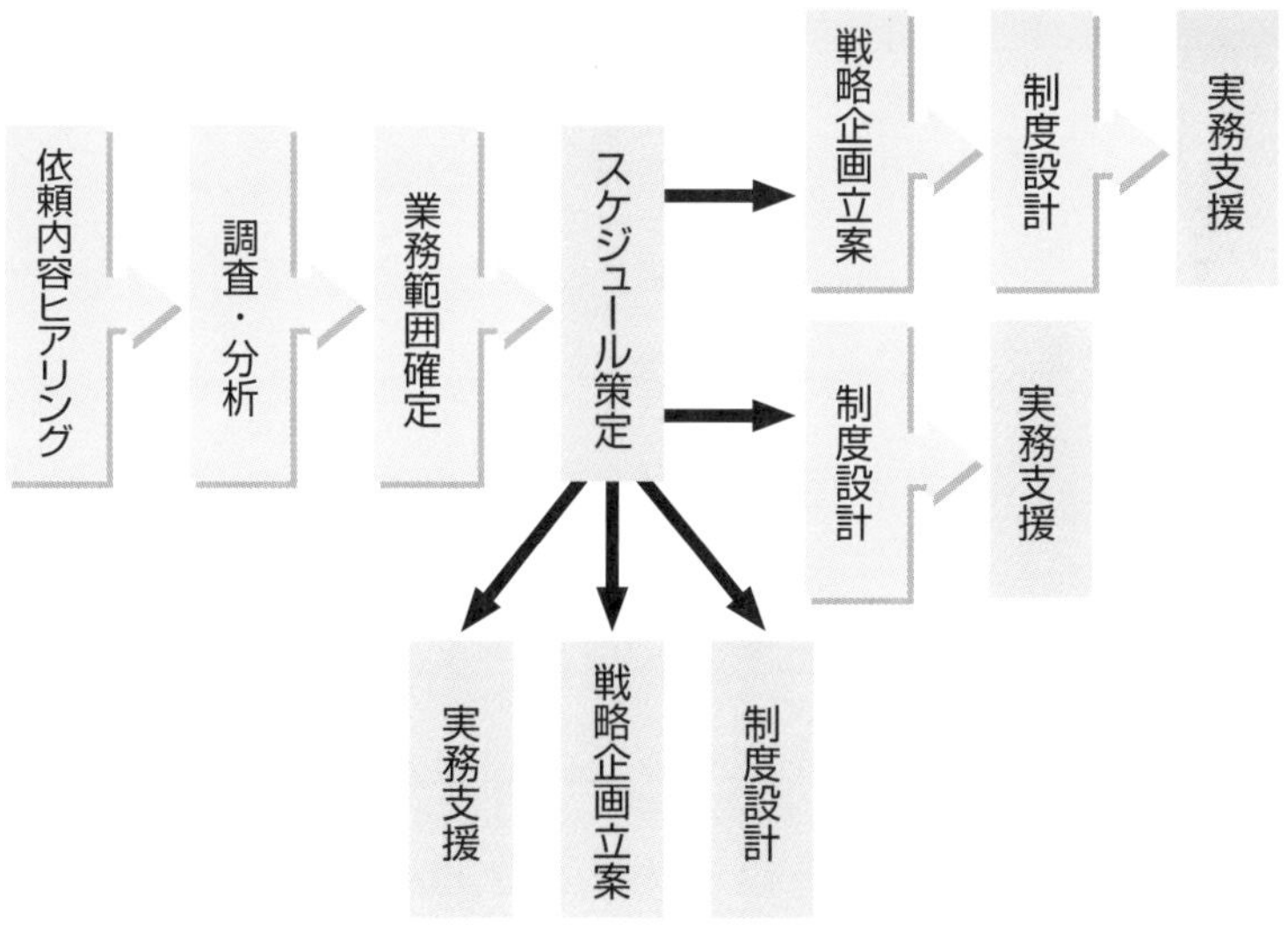

19

人事制度設計支援と実務支援

人事戦略は制度化、システム化によって初めて成り立つものが多く、その後の実施・運用の支援から結果を出すまでの業務もコンサルティングサービスといえます。

制度設計

既存の制度の見直しから、新制度設計、他の制度との連携まで、広範囲な人事制度に関わるコンサルティングです。次のようなものを設計、作成、提案しますが、就業規則の見直し、作成も**制度設計**といえます。

・資格・等級制度／昇格審査制度
・コンピテンシー*チェック
・**複線型キャリア制度***
・目標管理、業績管理制度
・成果配分賞与制度
・インセンティブ制度
・退職制度／退職金制度
・企業年金制度
・人材育成制度
・労務管理制度
・両立支援制度
・福利厚生制度

また、これらの制度は、システムの構築が必要になる場合が少なくありません。システム構築まで範囲に含めることもあれば、企画提案、仕様書作成以外は、他の専門家に任せることもあるでしょう。コンサルタント会社の自社内にITコンサルタントやSEがいない場合は、彼らとの提携・連携が不可欠です。

実務支援

戦略を構築し、制度化、システム化しても、その後の運用・実施がスムーズでなければ、そして、求める成果

用語解説
＊**コンピテンシー**　人材ビジネス基本用語本文221ページ参照。
＊**複線型キャリア制度**　社内のステップアップコースを複線化し、そのタイプによってコースを設定し、コース転換も柔軟に実施する人事制度。

が出なければ、コストをかける意味がありません。

また、短期間で結果が出る戦略もあれば、長期に渡る構造改革もあります。実施・運用しながらの検証、場合によっては軌道修正もあり得ます。ですから、実施に向けての準備、実施・運用のアドバイス、進捗状況管理、検証作業、軌道修正のサービスなどの**実務支援**が必要なのです。既存の制度、システムの見直しをメンテナンスと捉え、実務支援に含めることもできるでしょう。

実務支援には、次のようなものがあります。
・社内説明会、定期報告会開催
・労働組合折衝支援
・実務指導
・実施要員選択／実施要員育成
・検証・分析
・制度・システムの修正・加工・再構築
長期的改革の場合は、実施期間中に法改正、技術革新、依頼企業の体力の急速な低下もあり得ます。現状を把握し、柔軟に対処することも実務支援の範疇なのです。

良質なコンサルタントとは

1. カウンセリング能力があること
2. コミュニケーション能力が高いこと
3. 問題発見能力、問題解決能力が高いこと
4. 分析力、企画提案能力が高いこと
5. 情報収集力とネットワークを持っていること
6. 柔軟性と応用力が高いこと
7. 顧客の立場に立つこと
8. 守秘義務を守ること
9. コスト意識が高いこと

20 雇用調整に関わる人材ビジネス

企業が雇用調整を決定する背景とその方法、それに関わる人材ビジネスと雇用調整のスタートからの流れについて説明します。

雇用調整の背景と方法

経営上の問題解決や課題達成のために行われる雇用調整は、事業再構築の一要素であり、雇用戦略の一部です。人員削減（リストラ）と呼ばれることの多い、この雇用調整を含む事業再構築は、増減はありますが、毎年実施されています。

まず、イメージされる「希望退職者の募集、早期退職優遇制度の創設・拡充」は、採用抑制や有期労働者の契約不更新を経て、あるいは並行して行われ、単独で行うことはまれです。

雇用調整と人材ビジネス

雇用調整を伴う事業再構築の必要性を検討する際には、コンサルティングサービスが有効です。個人のコンサルタントやコンサルタント会社か、この段階から関わるコンサルティング型の再就職支援会社を活用するとよいでしょう。

さて、雇用調整の必要性が明確になれば、その方法や状況、予算によって、人材ビジネスの関わり方が決定します。

雇用調整は、迅速に開始し、短期間に終了すべきですから、目標を明確にし、社員全員と社会に対し、企業責任を具現化しなければなりません。それが雇用調整の悪影響の回避策でもあり、再就職支援サービス活用は、それを可能とすることもできるのです。

雇用調整ではまず、実施方法、削減目標人数と期限を設定し、計画を立てます。

希望退職優遇制度を新設する場合は、対象者層の確定、優遇案の具体化によって、制度設計します。その際、役員報酬の減額や人件費以外のコスト削減などの企業努力も示さなければなりません。合法的、合理的で社員の理解を得られやすい制度設計が必要ですから、プロのコンサルタント、再就職支援会社の参画が有効です。

実施にあたっても雇用調整担当者研修や実施についてのコンサルティングが必要です。対象者の個別面談などを代行するサービスもよく活用されます。

対象者選出、社員への説明会の後、応募受付と個別面談が並行して行われ、進退確定へ、退職確定後は再就職支援へと進みます。

どの時点から再就職支援サービスを活用するにしても、相見積や競合数社によるプレゼンテーションにより、発注先が決定されます。一社に限定せずに数社に発注して、退職予定者に担当の再就職支援会社を選択させ、数社が実施することもあります。大型案件の場合は、全国、または複数の拠点による対応も必要になります。

雇用調整決定からの流れ（再就職支援サービス活用）

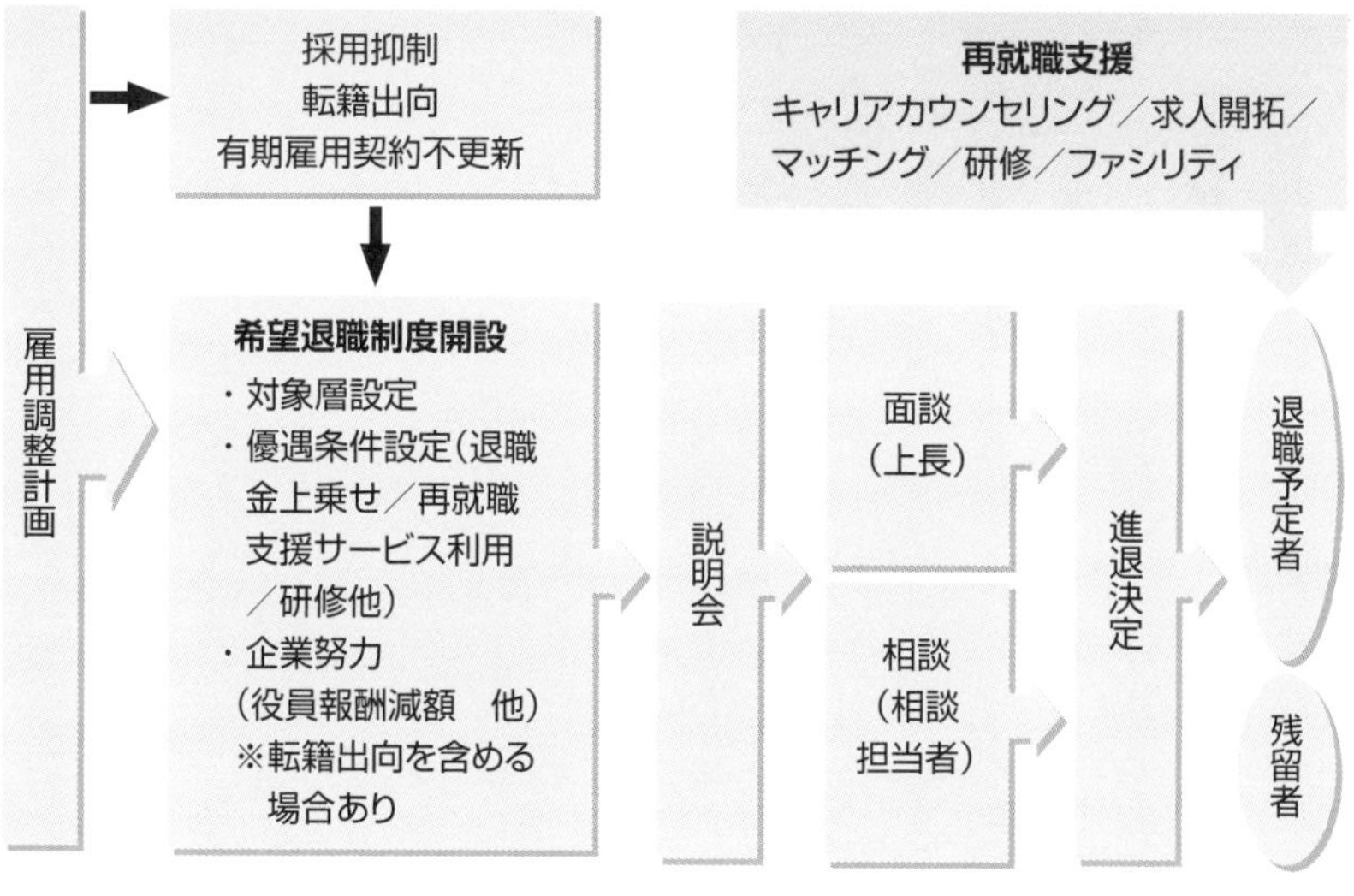

21 雇用調整プロジェクトと再就職支援

雇用調整プロジェクトを担当する部署の開設と退職確定者の再就職支援に関する人材ビジネスについて説明します。

キャリアセンターの内製化

雇用調整は、企業改革のいわば一大プロジェクトです。時には、数年にわたり、段階的に、継続的に行う必要があります。そのプロジェクト推進のため、キャリアセンター、キャリアプランニング室、再就職相談室など名称は様々ですが、社内に専任の部署を開設することがあります。

人事部だけでなく、各部署から選任された社員が、人員削減から再就職支援までを担当します。専門知識、ノウハウ、キャリア・カウンセリングスキルが不可欠ですから、多くの場合、人材ビジネス会社のキャリア・カウンセラー養成講座を受講するか、コンサルティングを受け、実務に備えます。

この業務はかつての同僚・上司・部下を担当するわけですから、担当者、対象者共に、極めて複雑な立場、複雑な思いがあるため、なかなか困難な業務です。

ただし、業界や対象者の実務スキル、ヒューマンスキルなど、社員だからこその事前知識が効果的な場合もあります。また、キャリアセンターの担当者（社内のキャリア・カウンセラー）自身が、全対象者の対応後、最後に自ら退職することを前提に、キャリアセンターを開設することがあります。その場合は、大いなる説得力が期待できますが、当該担当者への十分なキャリア・カウンセリングも必要です。担当者育成研修でもあるキャリア・カウンセラー養成講座自体が、キャリア・カウンセリング効果を持つことが理想的です。

したがって、雇用調整をする企業は、キャリアセンターを内製化すべきか、アウトソーシングすべきか、十分検討しなければなりません。どちらにしても、程度や範囲は様々ながら、人材ビジネスが直接、または間接的に貢献できます。

再就職支援

対象者の退職が確定すると、通常は社内のキャリアセンター、あるいは社外の再就職支援会社の再就職支援サービスを受けます。

ですが、希望退職優遇制度を設けても、再就職支援サービスの活用を盛り込んでいない場合もあります。また、再就職支援会社のタイプによっては、再就職先の紹介までは行わないこともありますし、紹介されても、マッチするとは限りません。

当然、どの場合も、当人の自主的活動と選択・決定が不可欠です。

ということは、雇用調整の最終段階でもある再就職そのものは、再就職支援会社だけが関係するのではなく、人材紹介会社、人材派遣会社をはじめとするすべての人材ビジネスにチャンスがあるということです。

雇用調整業務の内製化と人材ビジネス

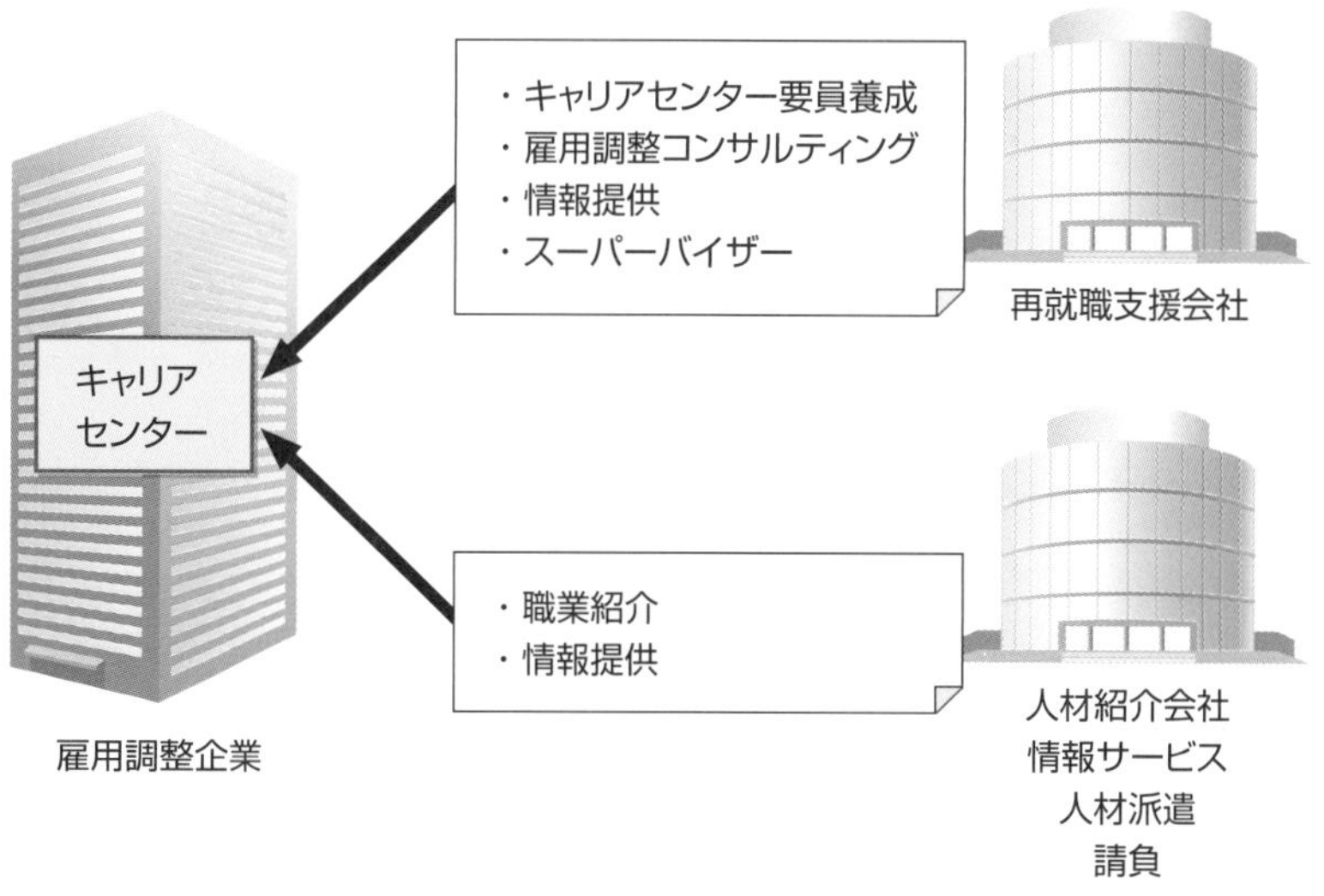

22

高年齢者の雇用

少子高齢化、労働力不足、高年齢者の就業意欲・必要性、年金問題などから、高年齢者の雇用、就業が課題となっています。まずは、高年齢者雇用確保措置などによる高年齢社員の雇用について見ていきます。

高年齢者雇用確保措置

年金受給開始年齢が現時点で六五歳であることなどから、「高年齢者雇用安定法」は六五歳までの安定した雇用確保のため、企業にすべての就業希望者を六五歳まで雇用するよう義務付けています。

企業は①**定年の引き上げ**、②**継続雇用制度の導入**、③**定年制の廃止**、のいずれかの措置（**高年齢者雇用確保措置**）を選択しなければなりません。

さて、二〇一八年厚生労働省「高年齢者の雇用状況」によれば、六五歳までの雇用確保措置のある企業は九九・八％、その内六五歳定年企業は一六・一％です。

継続雇用制度には**経過措置**もあるため、現時点では必ずしも希望者全員が六五歳まで働けるわけではありませんが、六五歳まで働ける機会は増大しました。

その後、六六歳以上まで働ける制度のある企業は二七・六％、七〇歳以上については二五・八％です。

そして二〇一九年一二月、七〇歳までの就業機会を拡大するため、六六歳から七〇歳までの就業希望者を雇用する努力義務が企業に課されることになりました。前述した三つの措置に、④他の企業への再就職支援、⑤起業やフリーランスになり、業務委託契約を結ぶ、⑥勤務先が出資するＮＰＯなどの参加、の措置を加え、安定的雇用と雇用の流動化を図るものです。

高年齢者雇用の課題

雇用確保措置の導入時に比べ、人材不足や高齢者へのニーズが高まっているため、義務ゆえにではなく、六六歳以上まで働ける機会を設ける企業が増えました。

しかし、六六歳以降の様々な雇用制度には何らかの基準があり、選択肢も増えるものの、六五歳までの継続雇用には基準がなく、経過措置終了後は継続雇用希望者全員を六五歳までは雇用しなければなりません。雇用企業のニーズと継続雇用希望者のスキルがマッチするのか、適正配置が可能なのか、企業によっては全員の雇用はコスト増、ミスマッチになりかねません。

また、導入される七〇歳までの雇用努力義務には措置の追加があるとはいえ、運用は容易ではありません。

一方、現在は働いていない六〇代前半の人は三七・四%、六〇代後半の人は五二・六%で、前者の二八・〇%、後者の二四・〇%が働きたいが仕事に就けなかったとしています(JILPT「六〇代の雇用・生活調査」二〇一五年)。

雇用確保措置やニーズにより雇用制度自体が変わることで、現高年齢社員だけでなく、高年齢求職者の就業機会も多少は増えましたが、まだ不十分です。

それらの課題にも、追加された措置の対応にも、人材ビジネスは貢献できます。

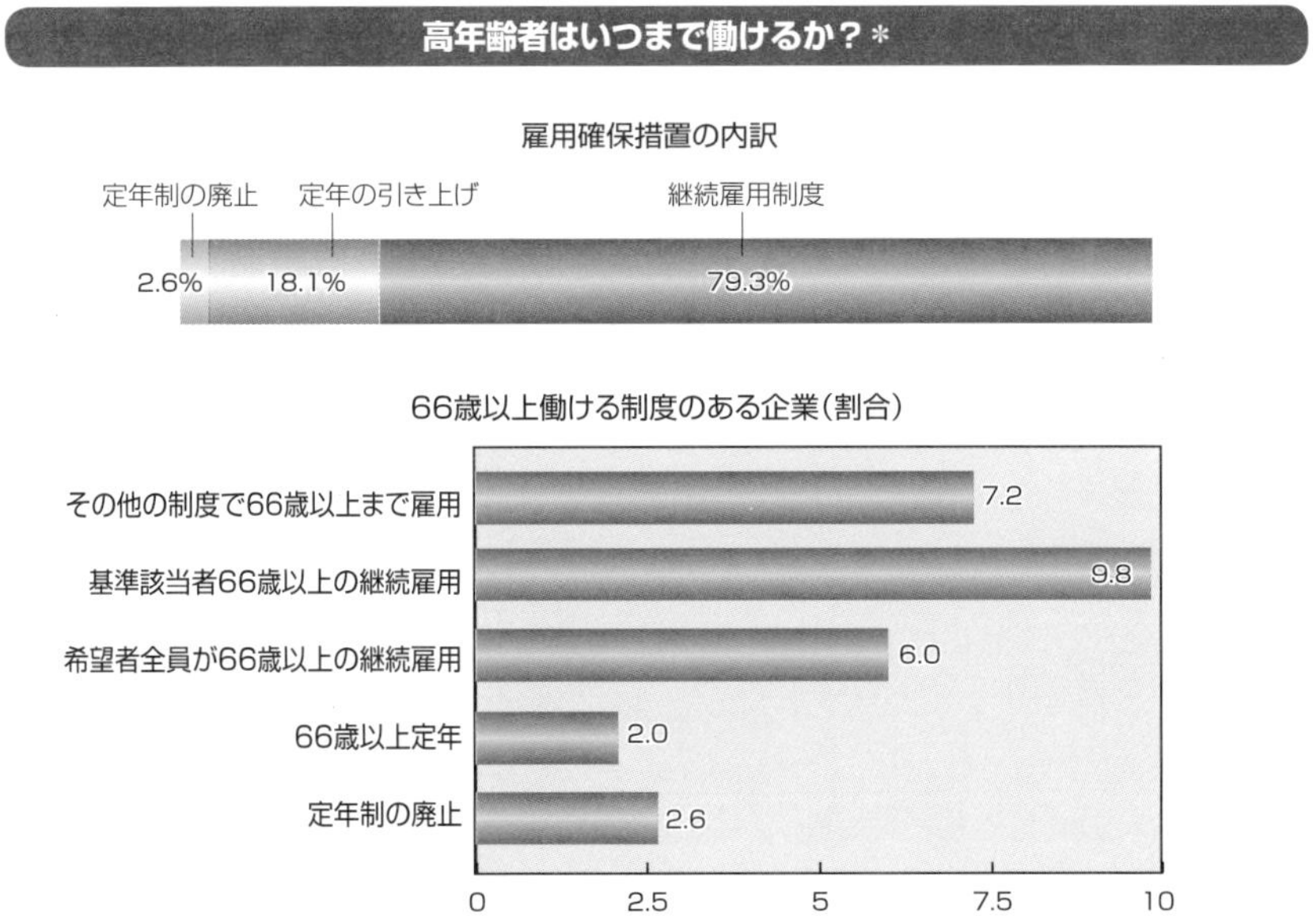

＊…**いつまで働けるか？** 出典：厚生労働省「平成30年高年齢者の雇用状況」より作成。

23 全従業員の就業支援、人材確保策

妊娠、出産、育児との両立支援も道半ばのところ、近年は介護や病気治療との両立支援も課題となりました。いずれも全社員の就業支援であり、企業にとっても人材確保策です。

妊娠、出産、育児との両立

男女雇用機会均等法や育児・介護休業法によって、仕事と妊娠、出産、育児との両立は整備されつつあります。しかし、その制度の男性の利用率がかなり低く、以前より増えた程度です。また、利用率の高い女性であれ、制度の利用や妊娠、出産、育児そのものを理由にしたハラスメント事例が後を絶ちません。

企業には制度利用の推進だけでなく、ハラスメント防止措置の義務もありますが、「イクボス」に代表される先進的な事業所もあれば、ハラスメントが日常の事業所もあるなど格差が激しいのが現実です。

妊娠、出産、育児と両立できる職場であれば、過重労働、サービス残業、パワハラがなく、効率的に業務が進むはずです。両立支援の推進は、妊娠、出産、育児の可能性がない人も含め、全従業員が働きやすい就業環境になるとの視点が必要です。

介護との両立

さらに制度利用が進まないのは介護関係です。介護休業取得者がいた事業所はわずかに一・三％に過ぎません（厚生労働省）。

子の成長とともに一定期間で終了する育児と違い、期間や変化の見通しが立たない介護との両立には、そもそも制度が追い付いていません。企業側の体制と合わせ、制度利用が進まないのです。

介護休業を利用しても退職せざるを得ない人もいて、いわゆる「**介護離職**」は年間一〇万人に上ります。

自分と配偶者の親を看る「W介護」や「老老介護」「兄弟介護」、六〇代の配偶者や親を看る「若若介護」、そして育児と介護が重なる「Wケア」など、多様で負担の大きい介護は誰しもが抱え得る大問題です。制度が不十分であるいま、制度の補完を超えた、企業独自の施策が離職を防ぎ、人材確保につながります。

病気治療との両立

病気を抱えていても働き続けたい、働かなければならない労働者は多く（病気を抱えた就業者の九二・五%）、治療、療養との両立もまた課題です。結果的に障害を抱えた人、不妊治療を行う人の就業支援やうつ病からの職場復帰支援と合わせ、重大です。

人材ビジネスの支援

これらの両立支援にも人材ビジネスは有効です。派遣や請負利用によるワークシェアリング、短時間勤務、休業時の代替やコンサルティングによる両立支援策計画、職場環境改善、業務改善など、以前からの事業内容そのものです。

育児介護との両立についての相談内容＊（割合）

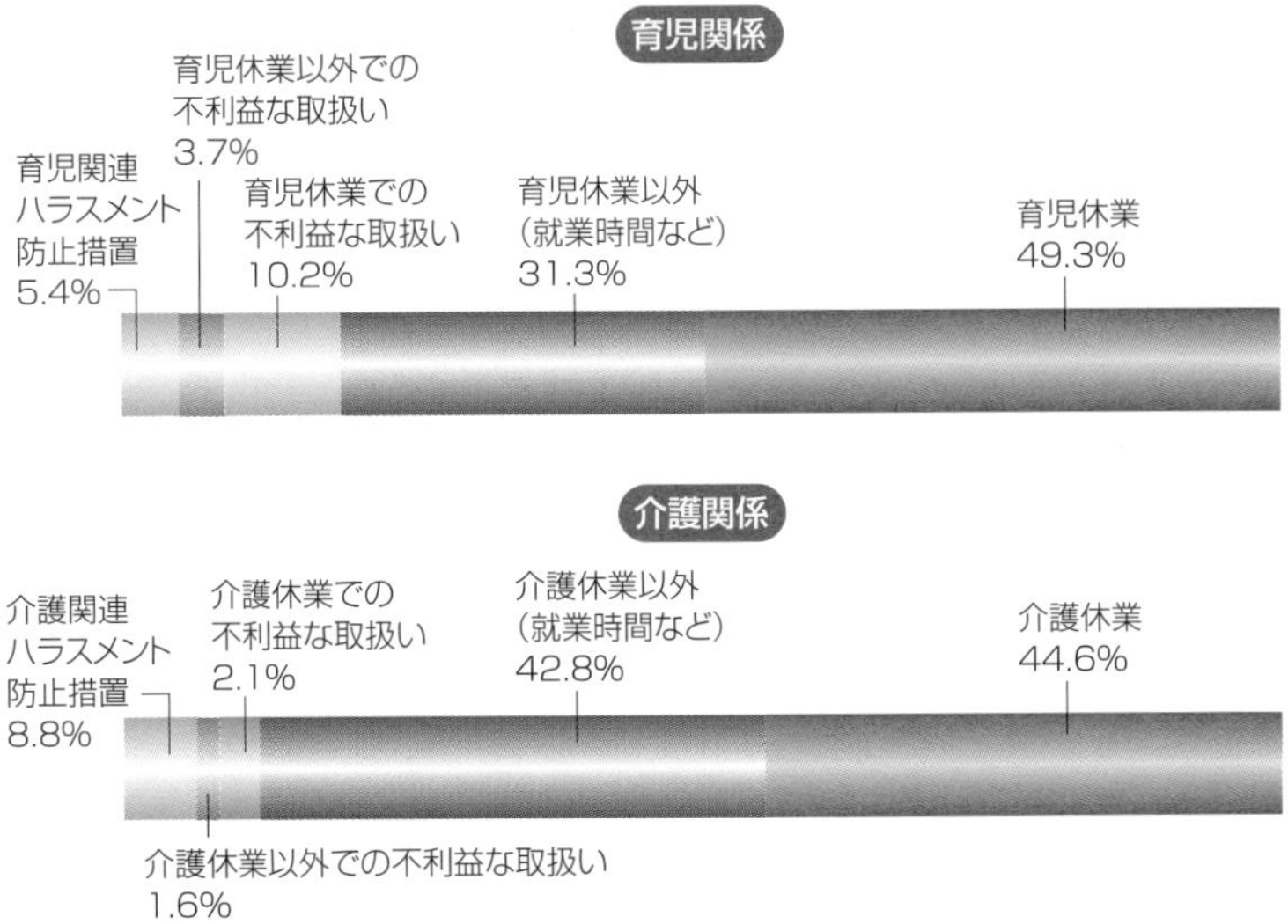

＊…の相談内容　出典：厚生労働省「平成30年度都道府県労働雇用・均等部での法施行状況」より作成。

24 両立支援に関わる人材ビジネス

両立支援に貢献できる人事コンサルティングと人材派遣を見ていきましょう。今後ますます拡大する分野です。

両立支援のコンサルティング

法が整備されても、企業は効果的に運用できるでしょうか。

その運用支援である、両立支援に関する計画、制度化、実行支援は、人事コンサルティングのサービス内容そのものです。また、運用が難しい企業風土であれば、人事コンサルティングの必要性をも示しています。ですから、両立支援をすること自体、人事改革になります。

両立支援と人材派遣

企業が両立支援の課題として挙げるものに、育児・介護休業中の代替要員の確保とそのコスト負担があります。

育児・介護休業という「必要なとき」に、代替要員たる「必要な人材を」、休業期間という「必要な期間」のみ確保しなければならないわけですから、人材派遣の得意分野です。休業期間中の人件費は少なくなり、派遣料金は「時間単価×実働時間」で、社会保険料や各種手当は不要ですから、コスト増大にはなりません。

また、育児・介護休業後の職場復帰を保証するだけでなく、休業期間中に他の社員がその業務をすべて分担する場合に比べて、はるかに他の社員の負担を削減します。そのため、育児・介護休業に対する他の社員の理解が得られ、復帰が確約されることで、対象者が育児休業しやすくなります。専門職派遣や男性の派遣社員の増大によって、男性の育児休業にも十分対応できます。

つまり、人材派遣の有効活用は課題の解決のみならず、男女共の育児・介護休業の促進につながるのです。職場復帰後の短時間勤務やワークシェアリング、定時終業、休日出勤削減、有給休暇取得、子供の看護休暇取得にも、人材派遣活用は最適です。

また、人材派遣会社も、その課題に対するコンサルティングをすることで、受注拡大が見込めるでしょう。

派遣スタッフの両立支援

派遣スタッフもまた、両立を願っています。両立できるから、派遣労働を選択した人も少なくありません。派遣先企業同様、人材派遣会社は良質の派遣スタッフを確保するために、両立支援が求められているのです。

自前の託児所や同グループの育児・介護関連部門との連携、関連会社との提携など、多様な取り組みが各社でなされています。提携託児所の紹介、託児所付きの登録会や研修・イベントの実施は、大手では当たり前になりました。

これらはそして、人材派遣会社の社員の両立支援にもつながります。

人材ビジネス会社と両立支援の関係

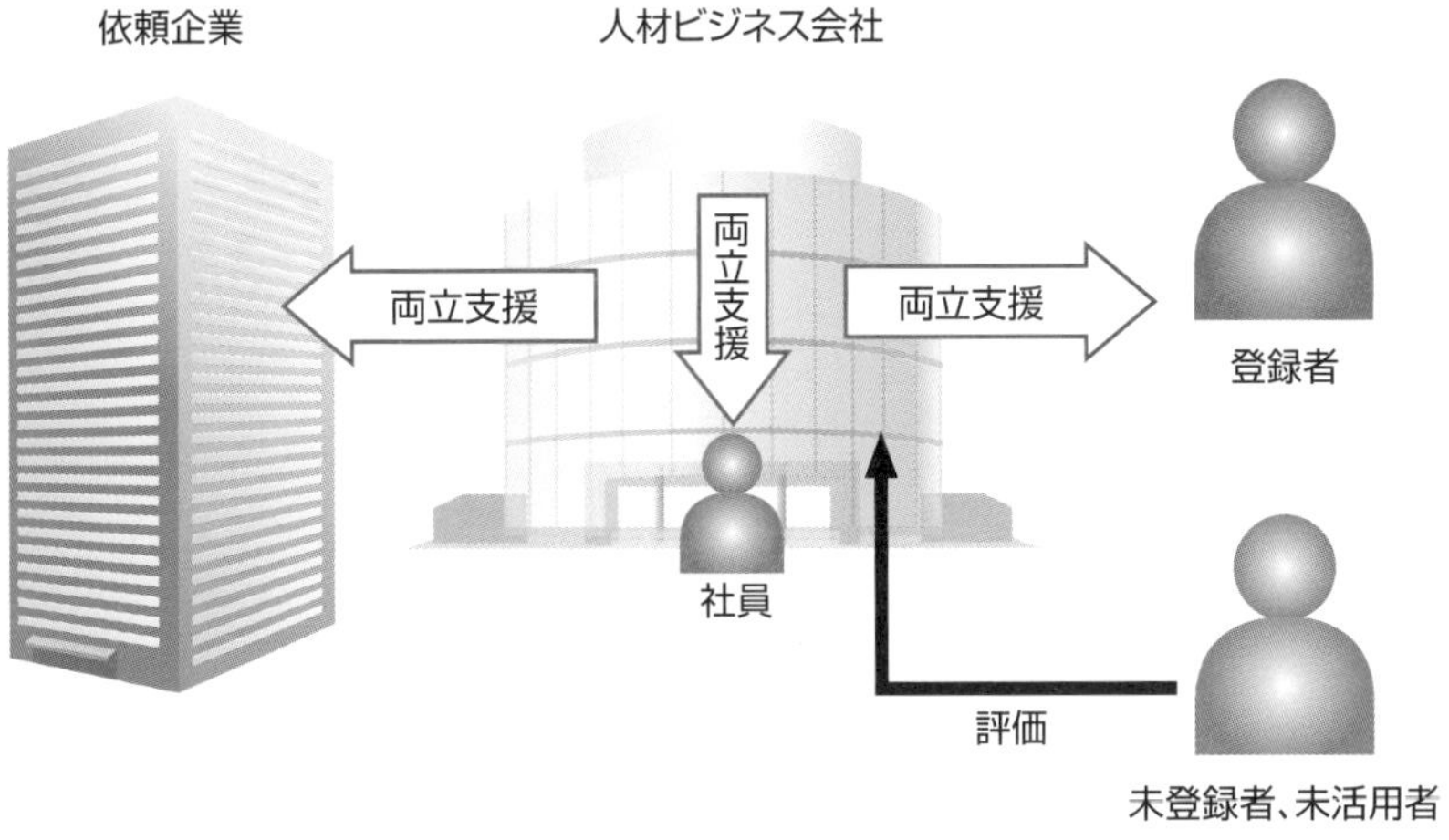

25

労働者のメンタルヘルスケア

景気はめまぐるしく変動し、雇用の流動化、過重労働や行き過ぎた成果主義、効率のみを追求する風潮などの問題から、職場環境は厳しさを増しています。それが、労働者のメンタルヘルスに影響しています。

メンタルヘルスケアとは

メンタルヘルスとは「心の健康」のことで、企業において事業者が行うべき、労働者のメンタルヘルスの保持増進のための措置を**メンタルヘルスケア**といいます。

実際、産業構造や経済状況の変化に伴う、競争の激化、人事制度や職場環境の変化は、労働者のストレスを拡大しました。そして、近年、心の病による自殺者、休職者、退職者は急増し、職場でのストレスで精神障害を発症した、あるいは自殺したとして、労災を認定されるケースが増加しています。

このような状況を打開すべく、厚生労働省は労働安全衛生法に基づき、メンタルヘルスケアが適切に、有効に実施されるよう、「労働者の心の健康の保持増進のための指針」を定めました。THP（Total Health Promotion）とも呼ばれ、Tは、「全社員対象」「心と身体の両面」「生涯を通じて」を意味しています。職場でこのTHPに携わるのは、産業医、ヘルスケア・トレーナー（運動指導担当）、ヘルスケア・リーダー（運動実践担当）、心理相談員、産業栄養指導者、産業保険指導者です。その担当者が、健康測定、運動指導、保健指導、心理相談、栄養指導を実施することで、全社員のメンタルヘルスの保持増進を図るのです。この専門担当者を社内に確保し、その体制を整えるのが無理な場合は、アウトソーシングすることができます。

この指針に基づき、事業者は具体的な実施計画である**心の健康づくり計画**を策定し、実施することになります。実施にあたり、次の四つのメンタルヘルスケアが、継続的に、計画的に行われるよう、事業者は教育・研修や情報提供を行う必要があります。また、環境整備、メンタルヘルス不調（病気など）への対応、治療・休養後の職場復帰支援などを併せて実施します。

①セルフケア（労働者自身のケア）

②ラインによるケア（管理監督者が行う部下のケア）

③事業場内産業保険スタッフ等によるケア（産業医、衛生管理者、カウンセラー、心療内科医、人事労務管理者などが行う職場環境改善や対策提案、実施など）

④事業場外資源によるケア（公的機関、民間機関のアウトソーシングによるケア支援、代行）

その後、二〇〇五年一一月に労働安全衛生法が改正され、長時間労働者などに対する、医師による面接指導制度導入によって、メンタルヘルスケアが強化されました。「働く人のメンタルヘルス・ポータルサイト『こころの耳』」（厚生労働省）もオープンし、二〇一五年一二月からは社員の定期的なストレスチェックが義務付けられました。

ストレスを誰に相談するか＊

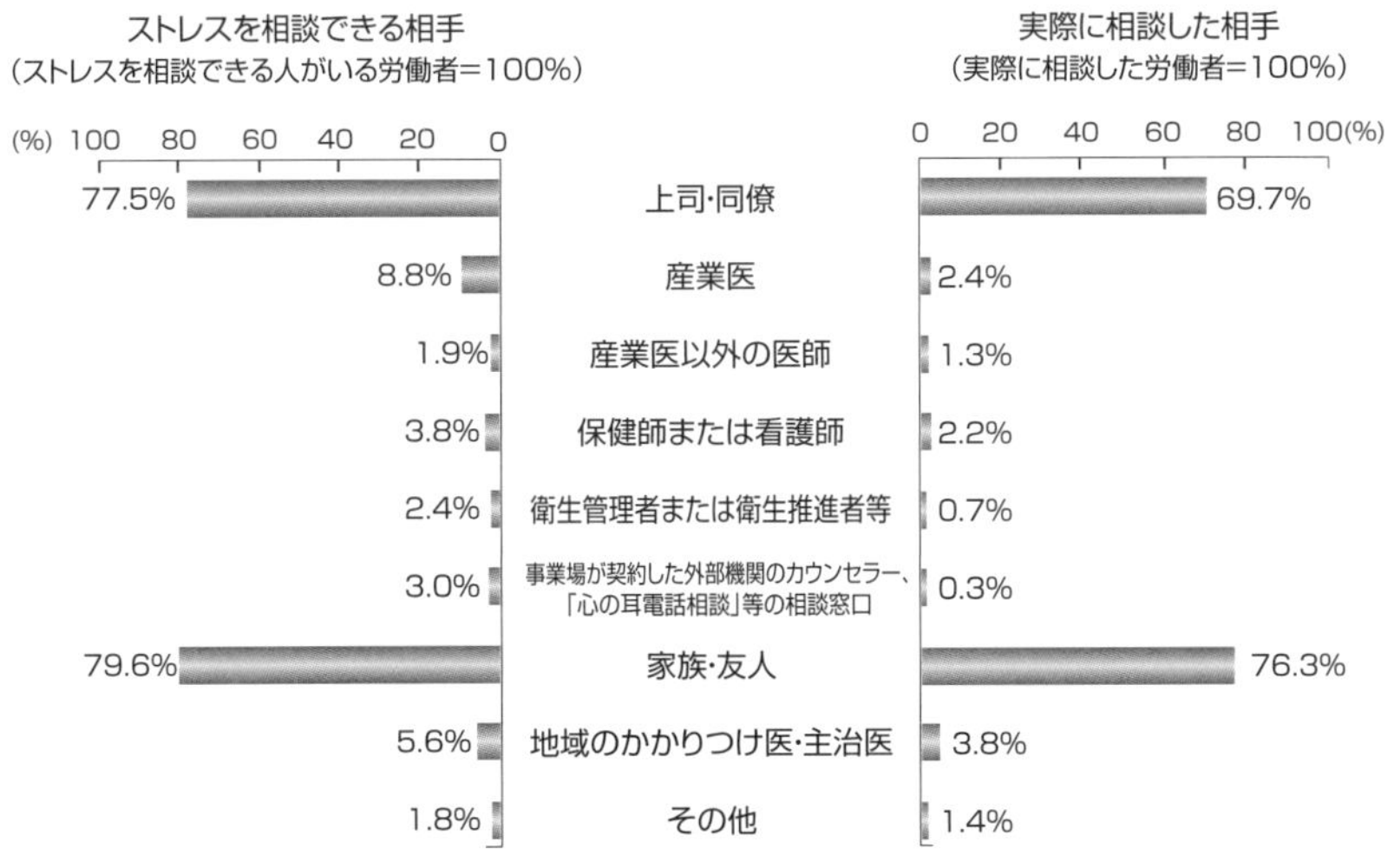

＊…**に相談するか**　出典：厚生労働省「平成30年労働安全衛生調査」より作成。

26 メンタルヘルスケアを支援する

メンタルヘルスケアを企業が単独で実施するのは、なかなか困難です。それを支援する人材ビジネスがあります。

メンタルヘルスケア支援

企業における「心の健康づくり計画」の策定と実施にあたっての制度化、システム化、運用支援は、コンサルティングサービスが有効です。

実施については、広義のアウトソーシングが可能であり、あらゆる人材ビジネスが貢献できます。人材ビジネスは、次のようなサービスを提供できます。

①メンタルヘルスケア担当者の派遣
②メンタルヘルスケア担当者の人材紹介
③メンタルヘルスケア業務代行
④メンタルヘルスケア業務担当者の育成・指導
⑤メンタルヘルスケア関連機関（医療機関、検査機関、相談機関）や専門家（精神科医、心療内科医、臨床心理士など）への**リファー**＊、
⑥メンタルヘルス研修、ストレスマネジメント研修の実施、講師派遣（全労働者・管理職・経営者対象）
⑦職場環境調査、メンタルヘルスケア体制診断、メンタルヘルスケア実施状況診断、効果測定
⑧アセスメントツール提供・診断（ストレスチェック、心理テスト、健康チェックなど）

代行する（請け負う）業務や派遣する専門担当者の業務は、メンタルヘルスケアの一部（カウンセリング、研修など）の場合と、コンサルティングから社員相談室、健康管理室の企画、運営、実施などのメンタルヘルスケアを一括して行う場合とがあります。

用語解説
＊**リファー**　専門機関へ対応を依頼すること。

依頼先企業内のカウンセリングルーム以外に、請け負った業者のカウンセリングルーム、電話やｅメールを使用してカウンセリングを行います。

「セルフケア」「ラインによるケア」「事業内産業保険スタッフ等によるケア」すべてに対応でき、それぞれのケアごとにコースを設定することもあります。

メンタルヘルスが悪化している社員に対する企業の支援プログラムであるＥＡＰ(Employee assistance Programs)は代表的なサービスメニューで、パッケージ化、体系化が進んでいます(下段図参照)。

担当業務によっては、医師や臨床心理士、産業カウンセラーだけでなく、心理カウンセラー、キャリア・カウンセラーが対応します。人材ビジネス会社は、それらの職業の人の雇用契約や業務委託契約にも、貢献していることになります。

メンタルヘルスケアは、労働者のメンタルヘルス維持増進が目的ですが、結果的に労働環境の改善、労働者の定着、労働者の生産性の向上、労働者のモチベーションアップにつながります。その視点で取り組むことで、さらに効果が上がるでしょう。

社員支援プログラム(EAP)例

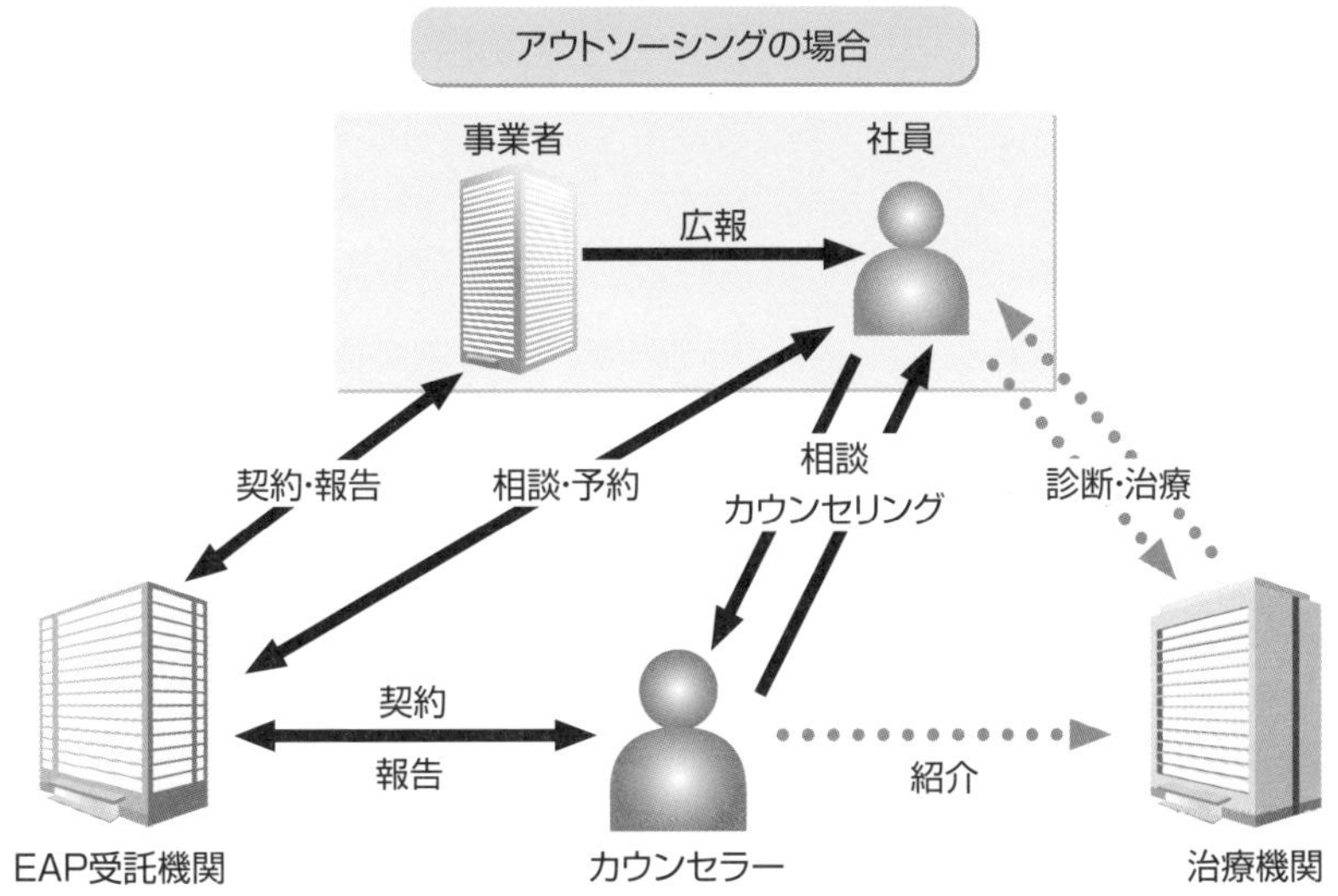

column

人材派遣（業界人に聞く！）

Q. 人材派遣業ならではのエピソード、忘れられないできごとはありますか？

数ヵ月前、メーカーYの総務課で勤務している派遣スタッフEさんから「相談したいことがあるので、帰りにオフィスに寄ってもいいですか？」と電話がありました。折に触れての派遣先企業訪問、状況伺いはしていますが、急な出来事、しかも職場では話しづらいことの様子です。終業時間後の夜に派遣スタッフに連絡する、派遣スタッフが相談に来ることはよくありますし、それに対応できなければ人材派遣業は成り立ちません。やがて、他の社員が帰った当社オフィスにEさんを迎え入れると、「派遣先Yの課長から、派遣期間が終わったら正社員にならないかと誘いがあったが、断りたい。」とのことで、本音は「期限が決まっていて、間接雇用の『派遣』だからこそやれている。あの職場で正社員になりたいとは思わない。」でした。

ほどなく、私は契約期間の確認という名目で課長を訪ね、正社員化の話とEさんの真意には触れず、結果的に契約満了、交代要員の準備、Eさんの次の派遣先決定（その時点では未定）を受け入れてもらうことができました。

その言葉どおり、Eさんが次の派遣先で活躍していたある日、かつての派遣先Y在職中の社員Fさんが当社に登録に来ました。Eさんから当社や派遣について聞き、退職して派遣スタッフとして働きたいというのです。まずは、派遣システムとその特性について述べ、退職と派遣就業を熟慮するよう促しました。結果、当面は退職しないで、今後について計ることになりましたが、納得のいく選択をしていただいたと思います。離職中だったら、あるいは他の派遣会社の登録スタッフだったら、すぐに登録してもらうんですけど・・・。

（派遣会社　営業兼コーディネーターR）

第4章

退職後の人材ビジネス（退職者の活用と労働者のセカンドキャリア）

高年齢者の就業機会や就業意欲の増大とその必要性によって、セカンドキャリアに関する人材ビジネスが盛んになっています。

1 シニアの時代

定年制や早期希望退職制度などによって退職する中高年者の実像と、その後のセカンドキャリアについて考えていきましょう。雇用確保措置などにより、より複層化しています。

中高年退職者像

定年退職後の経済生活は「悠々自適」「節約を重ねてようやく」「働かなければ生活できない」層の三つに大別されます。早期希望退職制度などによって定年前に退職する中高年の場合は、さらに多様ですが、働かなければ生活できない人が、より多くなります。

その結果、「生涯現役」を望む中高年者は、経済的余裕があり「生きがい」「働きがい」「社会貢献」を求める層、「収入」と「働きがい」の両方を求める層、「収入」が優先順位一位の層とに分かれるでしょう。

どの層も、環境の変化に柔軟に対応できていたか、また、今後柔軟に対応できるかによって、求めるものが得られるかどうかが決定します。

同年齢で在籍年数や経験業務が同じでも、個人の能力、適性や仕事への取り組み姿勢、意識によって、蓄積される知識、技術、ノウハウ、実績は違ってきます。また、技術革新やＩＴに取り残されている、実務から離れて久しい、向上心や吸収力・柔軟性を失っているなら、専門性・即戦力性は乏しいでしょう。それを年齢のせいにするなら、なおさらです。

しかし、在職中も自主的にエンプロイアビリティーを高め、目的意識を持ち、何事にも前向きに取り組む、自律型人材であれば、年齢はネックになりません。

結果的に、年齢が経験、実績を重ねたことを意味する、専門性・即戦力性・職業適性を持つ人材と、年齢がそのままマイナスになる人材とに大別されるのです。

ただし、誰にでも長所や強みがあります。過去は変えられなくても、今後柔軟に対応できれば、可能性はあります。「未来と自分は変えられる」のです。

セカンドキャリアとキャリア・カウンセリング

さて、中高年は、退職後数十年の月日をどうやって過ごすのでしょうか。経済的余裕の有無や価値観の多様性に関わらず、「生涯現役」を目指すなら、分野、職種、職業や働き方を選択しなければなりません。人生の後半でもある**セカンドキャリア**設計が重要です。

自律型人材なら、自力で設計し、目標を達成できるでしょう。その際には、在職中に、前に述べたキャリア・プラン研修やセカンドキャリア研修を受講し、キャリアデザインをするのが有効です。自律型に近い人材は、コーチングやコンサルティングによって設計できます。一時的にネガティブになっているなら、カウンセリングを経てのコンサルティングが有効です。

つまり、セカンドキャリア設計には、それぞれに応じたキャリア・カウンセリングが最適なのです。ここに人材ビジネスのチャンスがあります。

高年齢者の就業について＊

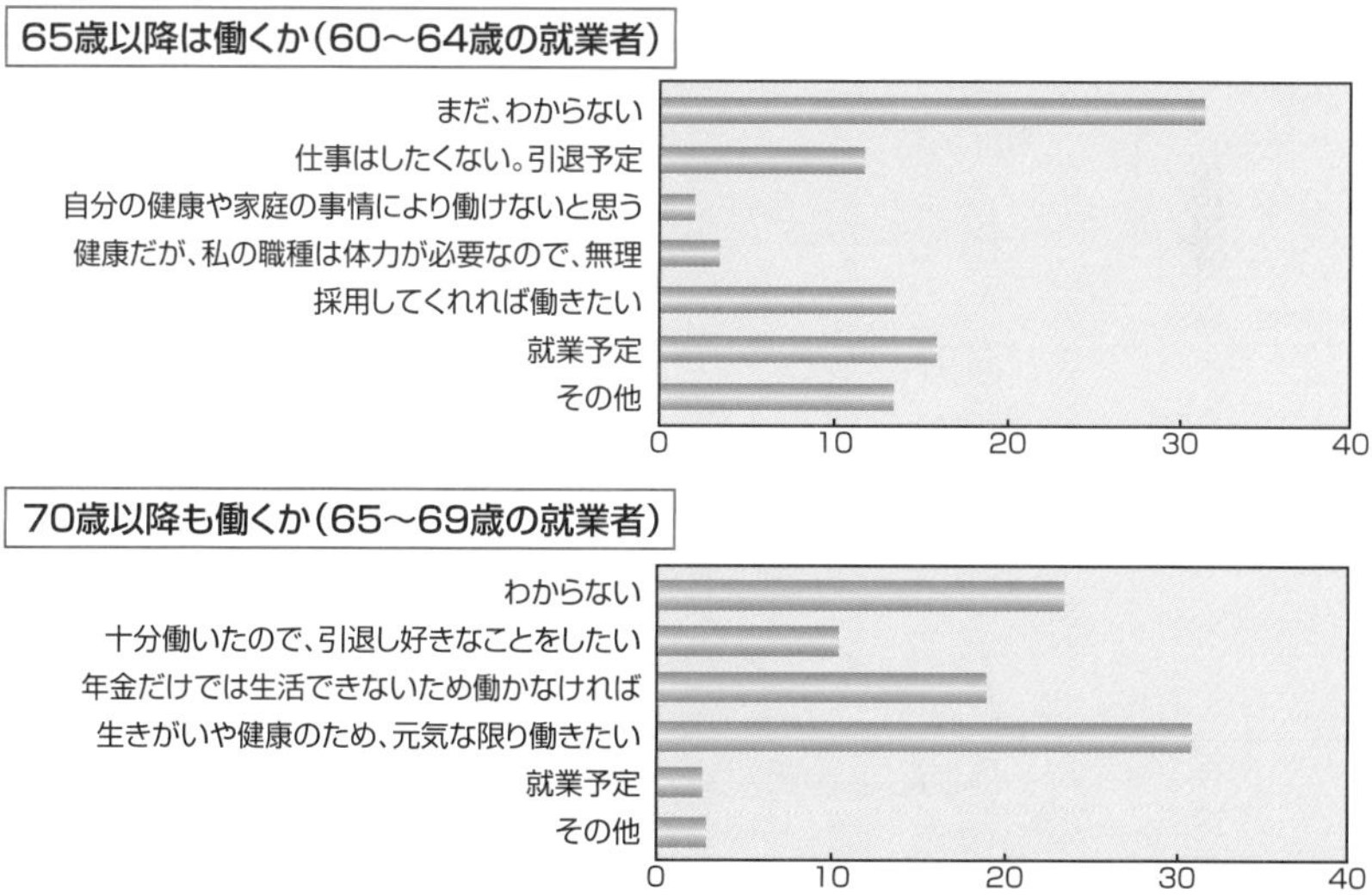

＊…**の就業について**　出典：労働政策研究・研修機構「60代の雇用・生活調査（2015）」より作成。

2 セカンドキャリアを設計する

中高年の経験の活かし方と、セカンドキャリアプランを具体化する、支援する人材ビジネスについて説明します。

経験を活かす

中高年の求職者が、セカンドキャリアを考慮するとき、これまでと同じ業界や職種のみを検討しがちです。ただし、個人の状況、再就職時期や経験業界、経験職種によっては、ベストとはいえません。

まず、産業構造の変化によって、業界や企業のニーズも変化しています。次に、技術革新、機械化、システム化、ICTの発達や法改正によって、蓄積した知識、技術が陳腐化しているかもしれません。

さらに、複数の職種を経験しているが、それぞれ経験年数が短いとか、主職種がだいぶ前の経験であるなら、あるいは、後年は実務から離れ、社員管理のみであれば、実務の専門性や即戦力性が低いでしょう。細分化された業務に就いていたら可能性が限られます。

ですから、柔軟に広範囲を検討することが重要です。例えば、職種は同じでも、違う業界も候補に入れる、同じ業界でも指導教育、管理、相談役としての役割・職種を検討するなどです。後継者不足、経営管理者不足から事業運営を担うトップクラスのニーズも増えています。

また、趣味、ボランティア、地域活動などの経験が活きる職種や業界もあります。職業経験も含めた人生経験や資質・志向によっては、未経験でも、カウンセラー、インストラクター、渉外業務、相談業務などが可能な場合があります。

このように、経験豊富な中高年だからこその領域や可能性も存在するのです。

人材ビジネス会社の活用

経験・実績の豊富な中高年は、本来、人材紹介の活用が最適ですが、活用のメリットは当人の積極姿勢はとは別に、人材紹介会社が本来の業務を遂行してはじめて成り立ちます。自分の方向性に合わせて、質の高い人材紹介会社や担当コンサルタントを選択すべきなのです。ファシリティや応募書類添削・指導、面接トレーニングの有無なども確認します。

登録する場合は、広範囲の業種、職種、企業の多数の案件を取り扱い、全国、あるいは海外のネットワークを持つ大手と、業種・職種や対象層を限定する特化した人材紹介会社を複数、組み合わせることが有効です。エグゼクティブ層、シニア層を対象とする人材紹介会社やサーチ型と連動している登録型、あるいは登録の後はスカウトを待つ型の人材紹介会社もあります。

希望退職者制度によって退職する場合、再就職支援サービスを活用できることが多く、個人的に申し込めないサービスですから、大いに活用しましょう。

55歳以上の中途採用について＊

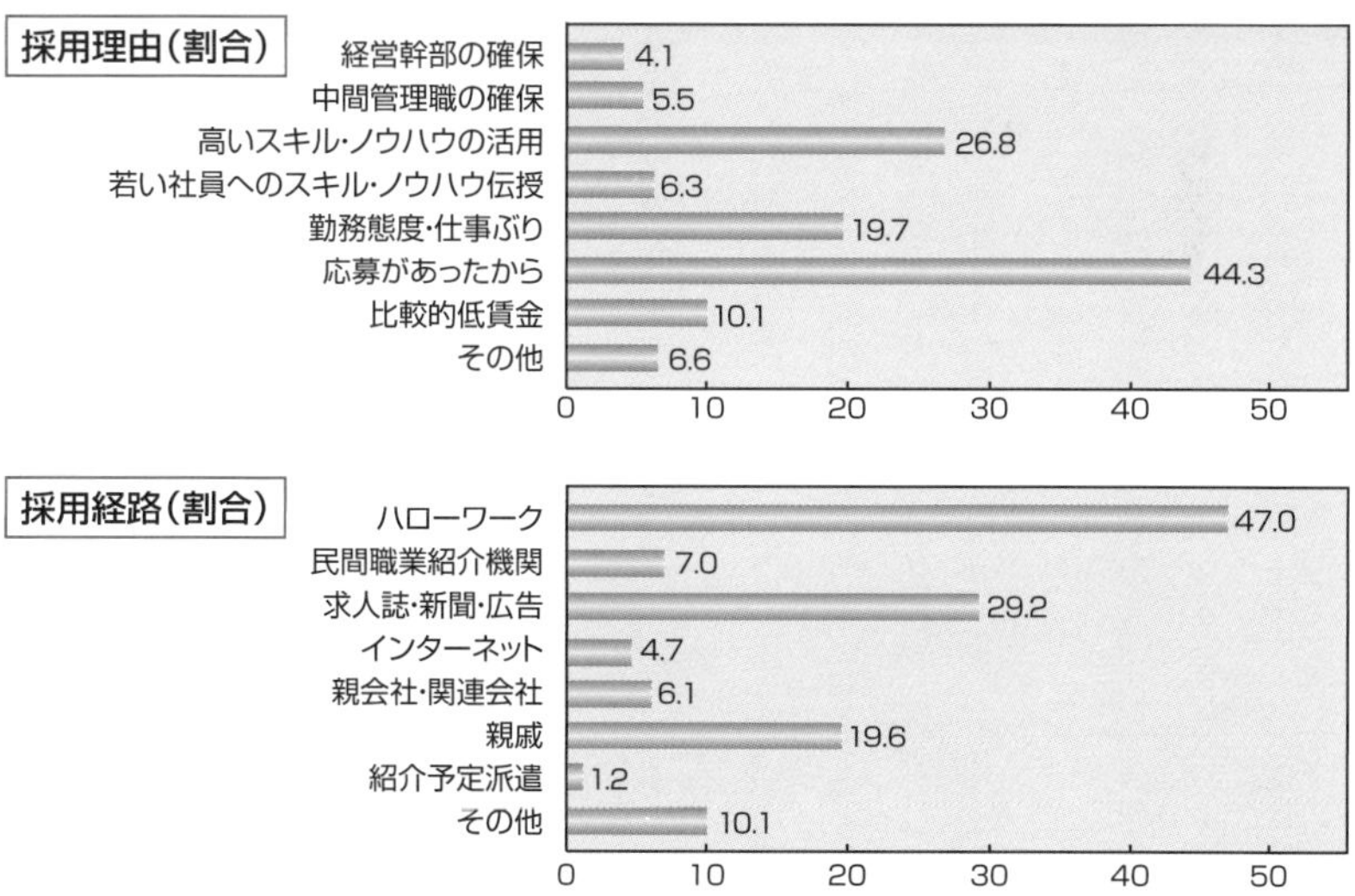

＊…の中途採用について　出典：労働政策研究・研修機構「高年齢者の雇用に関する調査（2016）」より作成。

3 派遣される、人材ビジネスを行う

引き続き、セカンドキャリアに関わるビジネスについて説明します。派遣スタッフとして働く、人材ビジネス会社で働くことも一つの選択です。

シニア派遣スタッフとして

中高年の派遣スタッフのニーズはあるのでしょうか。

近年、若い派遣スタッフの就業機会が多い一方で、豊富な実務経験や人生経験、管理能力、調整力、交渉力・コミュニケーション能力、マナーや常識が求められる職種や立場を、中高年の派遣スタッフに求める企業も増加しています。時には、組織の潤滑剤や若年者の指導者、管理者、相談員としての役割を期待されることもあります。特に、管理・運営面に不安を抱えている一部のベンチャー企業にとって、その存在は貴重です。

その上、派遣労働のメリットによって、あるいは、①フルタイム働く必要がないから、②正社員になれずにやむなく、③正社員になるための準備段階として、派遣という働き方を希望する中高年者が存在します。

それらのニーズに応え、中高年登録者をメインとする人材派遣会社、事業部開設も増加しています。

専門職派遣スタッフとして

派遣先企業の要求水準はより高まり、より高い専門性・即戦力性や多様な人材が求められています。

ですから、特定の専門分野の高度な知識、技術、ノウハウ、経験を持つ中高年を派遣する場合、「シニア派遣＝専門職派遣」ともいえます。

新規事業展開、株式公開、店舗開設、新規システム導入など、要求水準は高いが、一時的に必要なコンサルティング的な業務、キャリア・カウンセラーなどの相談業務はかなり有効です。

また、後継者不足などにより、経営者のブレーンとして財務、法務を担うエクゼクティブ派遣を行う派遣会社も増えています。

医療関係者や士業などの派遣は、特定の場合に、あるいは一部解禁されていますから、可能性はあります。

時代の要請によって、中高年を主とする専門職派遣は今後ますます拡大するでしょう。

人材ビジネス会社で働く

人材ビジネスも、中高年の豊富で多様な経験を活かすことのできる仕事です。新卒者や若年者に不足している、様々な業種、職種、企業の現実と会社組織、人事制度、給与体系などの知識、コミュニケーション能力、調整力、応用力が不可欠なためです。転職経験、離職経験や解雇、廃業、失敗さえ活きるのです。人材ビジネスの経験がなくても、あらゆる職業経験が活きる仕事ですから、最適な選択肢の一つといえましょう。特に専門分野やエクゼクティブ専門の人材紹介、コンサルティング、人材育成、キャリア形成、再就職支援に適しています。

派遣スタッフとして働く中高年

活躍できる職種	コンサルタント、アドバイザー カウンセラー、相談員、キャリア・カウンセラー コーディネーター インストラクター、講師
活躍できる業務	財務、法務、人事、経営企画 接客、営業、交渉、渉外 ISO取得支援、ISO監査対応 株式公開支援、株主総会資料作成 店舗開設支援、オープニングスタッフ 社員研修、技術指導 機械保守点検 ソフトウェア運用支援、旧システム保守 キャリア・カウンセリング メンタルヘルスケア カスタマーセンター要員、コールセンター要員

4 独立開業要件の検討

セカンドキャリアを設計するとき、退職後すぐに独立開業する、あるいは最終的に独立開業を目指す場合があります。また、それを支援する人材ビジネスもあります。

独立開業に必要な能力と条件

企業に勤務するだけでなく、独立開業も一つの働き方です。ただし、独立開業できるのか、存続できるのか、次の要件をチェックしましょう。

①情熱と意欲
②健康と体力
③家族の理解と協力
④事業資金（自己資金・自己資産の活用・固定費の多少を検討する）
⑤当面の生活費
⑥無形資産（特定のノウハウ・技術・知識：差別化でき、競争力のあるもの）
⑦マーケティング力、営業力
⑧企画力、アイデア
⑨経営管理の知識と経営実務能力
⑩人脈とネットワーク
・専門家の援助（税理士、社労士、弁護士、銀行員他）
・顧客獲得
・情報交換・情報収集

事業内容や方針によって、個人事業と法人のメリット・デメリット、企業形態の特色を比較検討した上で、適した形態を選択します。事業内容によっては、資格取得、許認可、届出、講習会受講なども必要です。当人がすべて備えていることがベストですが、⑦⑧⑨を備えた家族や知人が、無償、あるいは低収入で支えてくれるなら、可能性はあります。

用語解説
＊合同会社　意思決定や利益分配を出資額とは無関係に決められる法人。
＊NPO法人　4-6節参照。

SOHOなら店舗や事務所を構えず自宅で成り立つため、資金面ではリスクが少ないといえます（次節参照）。また、事業内容によっては、ICとして独立することも可能です。独立開業を希望する五〇歳代は、他の年代に比べて、会社設立より個人事業者やNPOに興味を持っているという調査結果もあります。

近年は、実家の農業の後継者となる、農業法人を設立する動きが見られます。

独立開業支援

先に挙げた要件を備えていても、独立開業に不安がある場合、会社設立の手続きをすべて自分で行うのが困難な場合、要件の一部については他の業者の支援がないと成り立たない場合もあります。

それらの問題解決に、独立開業支援に特化したコンサルティングサービスや会社設立代行が有効です。

また、再就職支援サービスのメニューにも独立開業支援、就農支援があります。

独立開業のスタイル

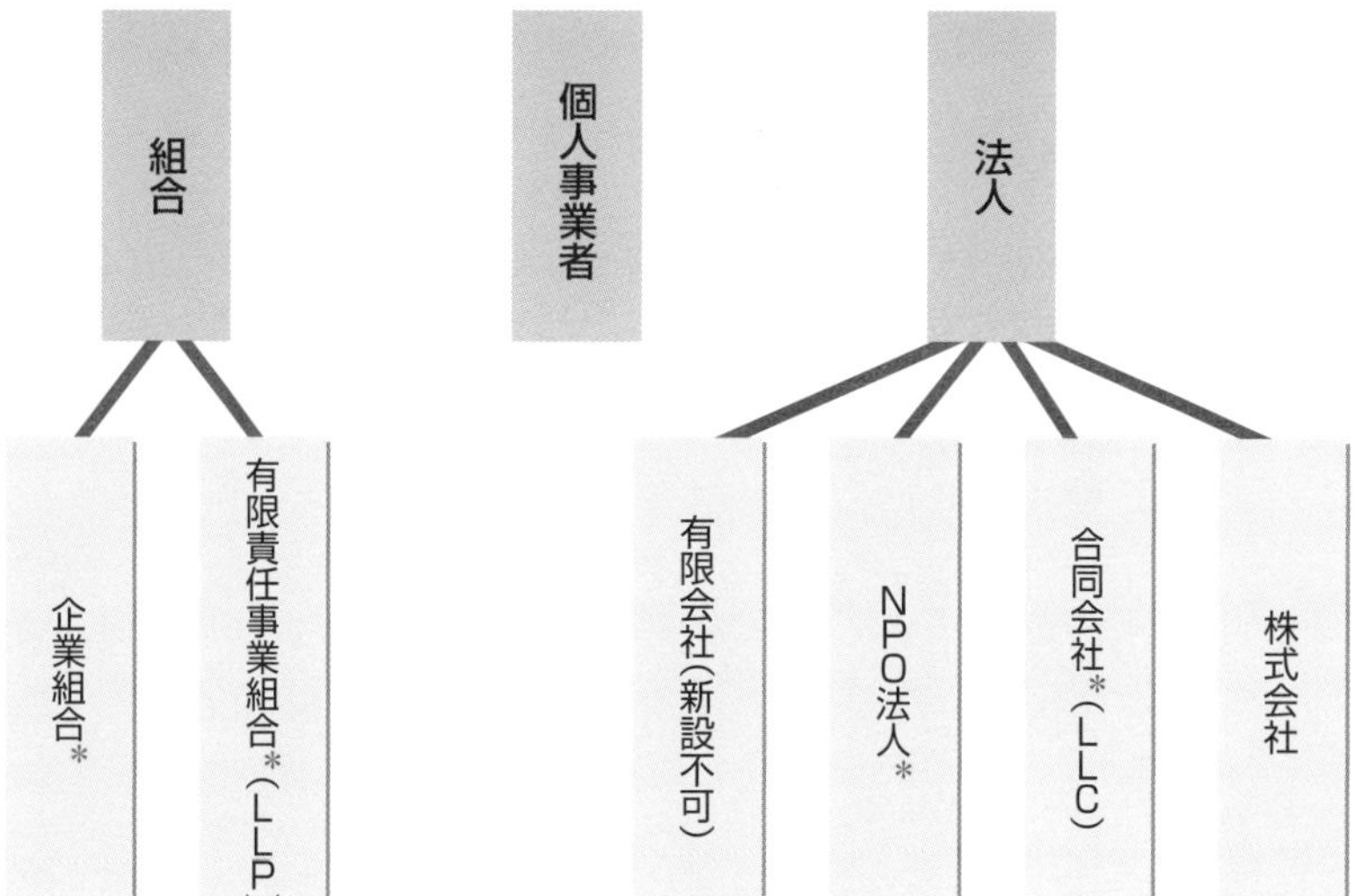

用語解説

＊**有限責任事業組合**　意思決定や利益分配を出資額とは無関係に決められるが、法人格はない。

＊**企業組合**　中小企業等協同組合法に基づく特別認可法人。個人が組合員となり、組合に出資すると共に、組合の従業員として働く。組合の利益は、配当などで利益分配も可能。

5 SOHOスタイル

独立開業の一つの形態として、SOHOがあり、そのSOHOを支援する人材ビジネスやネットワークがあります。クラウドソーシング、インフルエンサーの多くは、このスタイルです。

SOHOとは

SOHOは、Small Office／Home Officeの略で、自宅をオフィスにしたり、小さなオフィスを構えて、一人、または少人数で事業を行うスタイルを指します。

個人事業者、法人として行う**専業的SOHO**と、会社員や主婦が行う**副業的SOHO**、事務処理と連絡、受発注をSOHOスタイルで行い、実際の仕事そのものは外部で行う**事務局型SOHO**とに大別できます。

パソコンやインターネット（クラウド、スカイプ、SNS）を活用してのスタイルは、かつての在宅での仕事や小規模事業のあり方を大きく変え、可能性を広げました。SOHOは、次に挙げる分野や業務に適したスタイルです。

①パソコン操作・パソコンによる制作（ホームページ制作／データ入力・書類作成／**コンテンツ**＊制作／**DTP**＊／CGデザイン／グラフィックデザイン／CAD／ブログ代行）

②情報技術・情報サービス（システム設計・管理／サーバー導入・運営／プログラム・ソフト開発）

③PR・マーケティング（**検索エンジン**＊登録代行／メールマガジン発行サービス／WEBプロモーションサービス／市場調査／インフルエンサー）

④コンサルティング（経理・財務・税務代行／社会保険事務・給与計算事務代行／法律相談／経営コンサルティング／金融・保険コンサルティング／会社設立代行／独立起業コンサルティング／人事コンサルティング）

用語解説

＊**コンテンツ**　インターネットなどで流される情報の中身、パソコンなどで処理されるソフトウェアの情報内容。

＊**DTP**　Desk Top Publishingの略。パソコン上で編集、校正、印刷指示まで行う。

⑤カウンセリング、相談
⑥キャリアカウンセリング
⑦その他（ネットショップ／翻訳／ライター）

社労士、弁護士など独立系の資格を活かしたSOHOは、その資格の社会的認知度・信用度があるからこそ、SOHOで成り立つともいえます。数種を組み合わせる、パッケージ化する、あるいは新たな分野を開拓することも可能でしょう。また、SOHOで成り立つ人材ビジネスもあります。留意点を下図に示します。

SOHO支援

SOHOとして独立するなら、事務所や店舗を外に構えずとも、先に挙げた要件のほとんどが必要です。

ですが、営業力が足りない場合は、総合人材サービス会社のSOHO支援部門やSOHO支援に特化した人材ビジネス会社による紹介・仲介やコンサルティングも有効です。クラウドソーシング、インフルエンサー、出前代行、配送などに特化したマッチング会社が注目されています。

SOHO就業の留意点

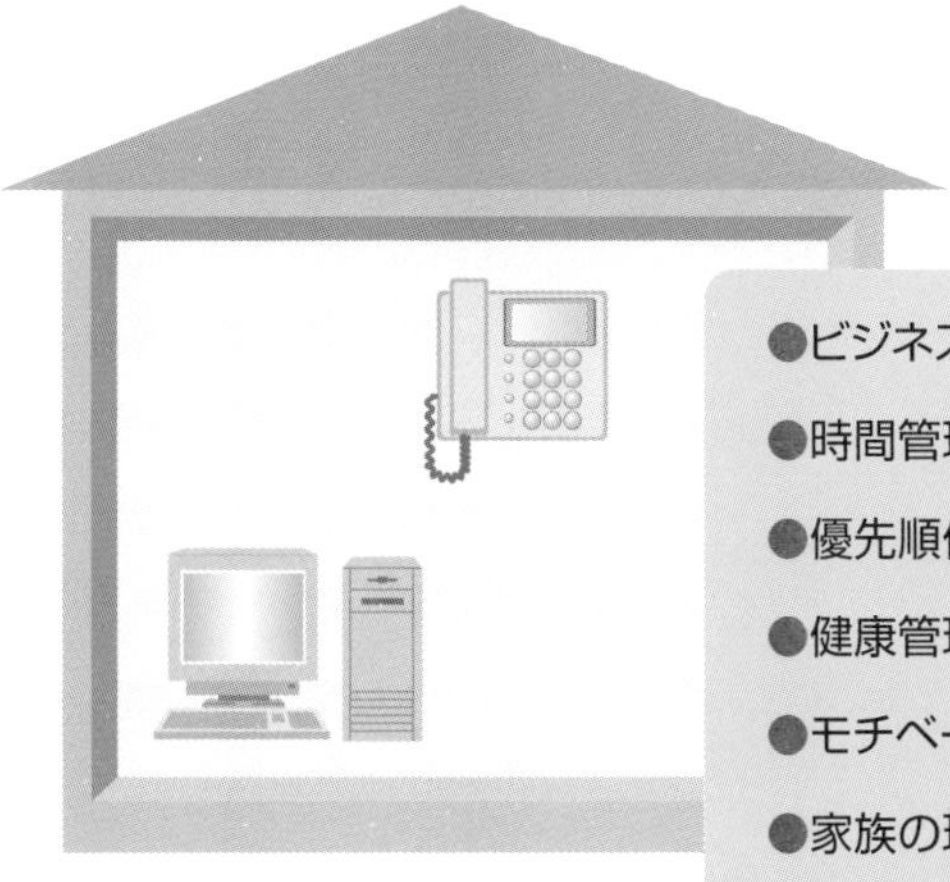

- ビジネスモードへの切り替え
- 時間管理、スケジュール管理
- 優先順位を付ける
- 健康管理、メンタルヘルスケア
- モチベーション維持
- 家族の理解・協力が不可欠
- ネットワークの構築

用語解説

＊**検索エンジン**　サーチエンジンともいわれる。インターネット上のどこに、どのような情報が格納されているかを収集し、目的に応じた情報を検索する機能を提供するもの。

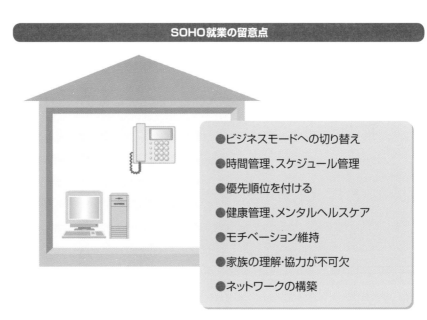

6 NPO法人を創る

多くの中高年が希望する独立開業の一つの形態として、NPOやNPO法人があります。そのNPOやNPO法人を支援する人材ビジネスやネットワークの存在は心強いでしょう。

NPO法人とは

NPOはNon-Profit Organizationの略で、構成員に利益分配しない組織（任意団体）を指します。これに法人格を与えたものがNPO法人で、誰でも資本金、申請手数料、登記手数料なしに設立できます。

通常の会社法人設立に比べて設立に時間がかかるとか、公益性重視のための規制が多いというデメリットはあるものの、法人としてのメリットとNPOとしてのメリットの両方を持つ機能的なスタイルです。

NPO法人のメリットをまとめてみましょう。まず、通常の任意団体よりも、社会的信用度が高く、責任の所在が明確なので、官公署からの事業委託や補助金、金融機関からの融資が受けやすいことです。また、通常の任意団体では不可能な、団体名による契約や登記が可能で、組織は永続的です。さらに、経費の認められる範囲が広く、相当の節税が可能です。

そのため、最近では多数のNPO法人が設立され、本来の目的や趣旨と反する団体や存続できずに解散する団体も現れてきました。資金がなくても設立でき、利益を分配しないとしても、運営には費用がかかること、本来の目的に沿った活動だからこその恩恵という点に留意し、安易に考えないことが必要です。

NPO法人になるための要件を、次に挙げます。

①団体の活動目的と活動範囲が、法で定める一七分野に該当すること（次ページ表参照）。
②活動の対象が不特定多数であること。
③最低一〇人以上の会員（社員）がいること。

介護福祉、教育関係の事業、各種資格認定団体や、様々な事業者のサポート団体、ネットワークが代表的なNPO法人です。つまり、人材ビジネスサービス自体が、NPO法人に適しているともいえましょう。

NPO法人支援

要件を満たしていても、NPO法人設立にはかなりの時間と労力を要します。まず、内閣府、または都道府県庁に申請書類一式を提出し、設立認証申請します。それが受理されると広報に掲載され、二ヵ月間公衆に縦覧の後、申請書受理四ヵ月程度で、認証の可不可が決定します。認証後二週間以内に登記、所轄庁に登記関係書類を提出、それが一般公開されます。

その一連のNPO法人設立業務を代行するサービスやその後の運営コンサルティング、労務管理代行、経理・税務代行、ホームページ・名刺・会社印作成などをメニューとする人材ビジネス会社があります。

そのサービスを活用するだけでなく、社労士、税理士などの有資格者、総務、法務、税務経験者は、その事業を行う、あるいは、そこに再就職するのも一案です。

活動目的と活動内容になる範囲（17分野）

1	保健、医療、または福祉の増進
2	社会教育の推進
3	まちづくりの推進
4	学術、文化、芸術、またはスポーツの振興
5	環境の保全
6	災害救援活動
7	地域安全活動
8	人権の擁護、または平和の推進
9	国際協力の活動
10	男女共同参画社会の形成の促進
11	子どもの健全育成
12	情報化社会の発展
13	科学技術の振興
14	経済活動の活性化
15	職業能力の開発、または雇用機会の拡充を支援
16	消費者の保護
17	1～16までの活動を行う団体の運営、または活動に関する連絡、助言、または援助

7 ICとして活動する

最近注目されている独立形態、ICとその支援に関わる人材ビジネスについて説明します。

ICとは

ICとは、Independent Contractorの略で、複数の企業から、専門性の高い仕事を、有期限で、業務単位の契約によって請け負う個人を指します。

「独立業務請負人」、「独立契約者」ですから、いわゆる業務請負、フリーランス、フリーエージェントの一つのかたちでもありますが、自立性、専門性、自由度の高さで一線を画しています。クラウドワーカーの一部はICといえるでしょう。

顧客企業と対等な立場で協議の上、業務内容や契約条項を決定し、個人単位での請負契約、顧問契約、コンサルティング契約を結びます。

請け負う業務は、主として、あらゆる分野のコンサルティング、代行業務、教育研修業務です。特に、経営コンサルティング、人事コンサルティング、ITコンサルティングと、その関連業務や代行業務が多く、結果的に人材ビジネス業者ともいえる人が多いことになります。

SOHOで行うことが多いですが、事務所や店舗を構える場合もあります。数人のICによる、オフィス共有、提携・連携による業務遂行も効率的です。

業務内容や契約内容によっては、一定期間、依頼企業の社内で業務を行い、その企業の名刺を持って活動することもあります。

先に挙げた独立開業の要件のうち、準備資金はそれほど必要としませんが、より高い自己管理能力、時間管理能力、交渉力、情報収集力と絶えざるスキルアップが必要でしょう。自由度の高さは不安定をも意味し、個人で請け負うことは代替が利かないということです。顧客企業との関係が曖昧であれば、単なる下請業者となり、中間業者が介在すれば中間搾取もあり得ます。

「雇われず、雇わない」ことのメリットとデメリットを十分検討し、自分に適しているかを判断すべきです。

ＩＣ支援

このＩＣのメリットを活かし、デメリットをできるだけ回避するために、ＩＣ支援の人材ビジネスやネットワークに登録、加入する方法があります。

入会すると、各ＩＣのプロフィールや事業内容をその支援団体・企業のホームページで公開でき、企業開拓が図れます。その他、スタート準備研修やスキルアップ研修、法律・税務相談、オフィス・医療機関紹介、契約書テンプレート提供、交流会開催、情報提供など、多彩なメニューがあります。ＩＣ対象の所得保障保険、医療保険の代理店サービスを行う場合もあります。

総合人材サービス会社の大手は、ＩＣ部門を設け、登録制の仲介サービスを実施しています。ＩＣ支援は人材ビジネスの一つの分野になりつつあるのです。

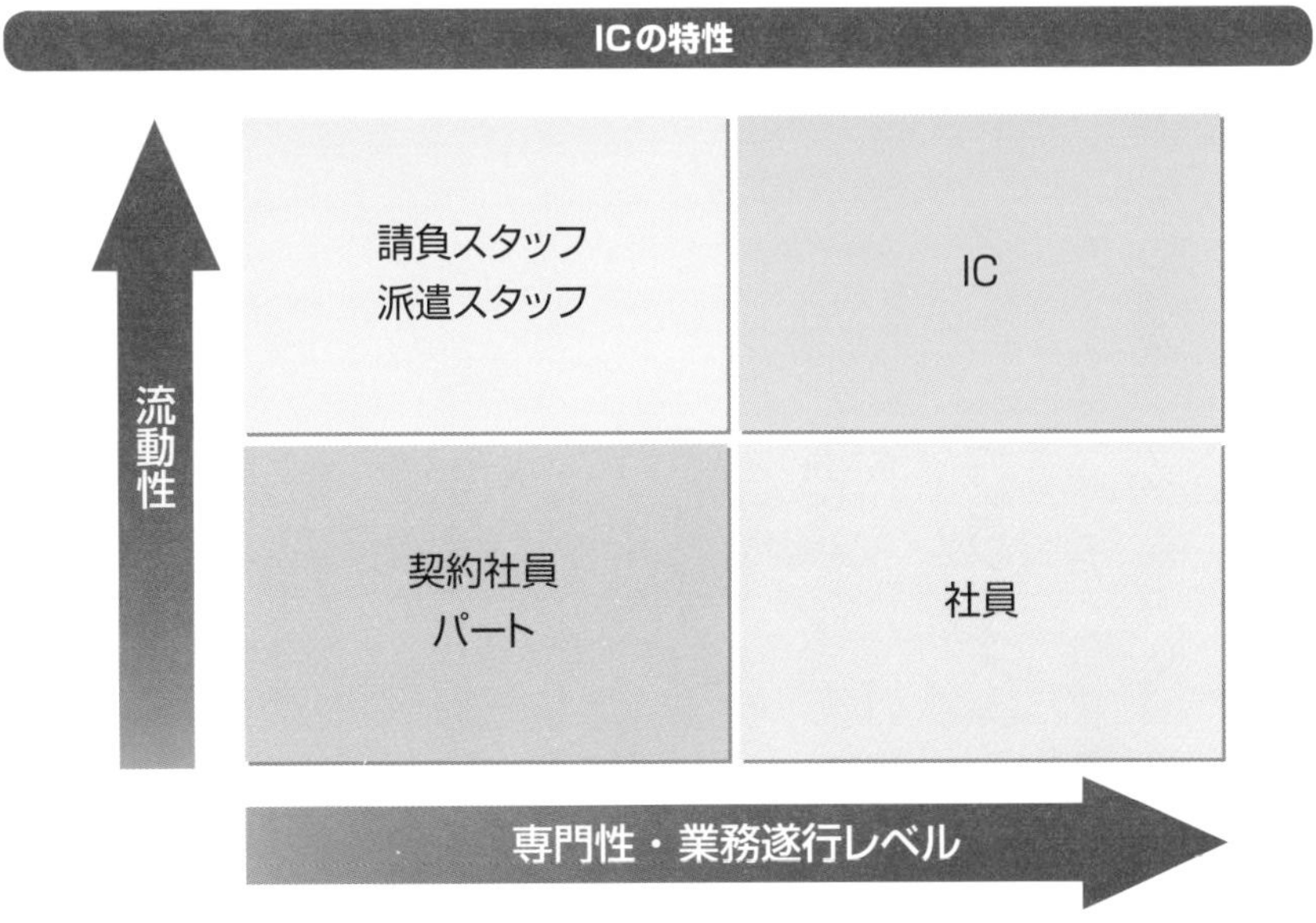

8 支援する側と支援される側

中高年の求職者・労働者・独立起業者を支援する人材ビジネスの活用と、中高年者当人が人材ビジネスに携わることについて、考えてみましょう

人材ビジネスを活用する（個人）

「生涯現役」を目指し今後も働きたいと望む、あるいは働き続けねばならない中高年者は、増加する一方です。また、ボランティア活動、社会活動、趣味などの何らかの活動をし続けることも、「生涯現役」です。

その生涯現役のために、人材ビジネスを上手く活用することは、人生の後半を豊かに生きる一つの方法です。これまでの経験をどう活かすかは当人の考え方次第であり、その方向性に沿って支援するのが人材ビジネスなのです。

環境、法律・制度が変化すると共に、ニーズが多様化し、情報が溢れる現在だからこそ、人材ビジネスを活用する意味と効果があります。

人材ビジネスを活用する（企業）

第一章で述べたように、企業が人材ビジネスを活用するメリットは様々です。人材ビジネスを活用することで、中高年の高いスキルを安いコストで活用でき、業務の効率化、人材育成、問題の解決が図れるでしょう。年齢にこだわることで、有効活用の機会を失うことは、企業の損失でもあります。

中高年対象の人材ビジネス

中高年のスキルや経験が必要とされる業務や企業があり、中高年自体の就労意欲、体力、業務遂行能力がある限り、中高年対象の人材ビジネスは成り立ちます。

むしろ、固定観念にとらわれている企業や個人に対し、意識改革、啓蒙や活用提案を含めたコンサルティングをすることが、人材ビジネスの役割でもあり、他社との差別化、業績向上につながるでしょう。

人材ビジネスに携わる

これまで述べたように、経験業種、経験職種を問わず、何らかの職業経験や勤務経験、様々な人生経験を人材ビジネスに活かすことができます。通常なら、マイナスになりがちな、転職回数の多さ、離職期間の長さ、解雇・廃業・吸収合併の経験や高年齢さえ、活かせるのが人材ビジネスです。

適性、資質、志向が人材ビジネスに合致すればという条件付きで、人材ビジネスに携わるのも一つの働き方でしょう。

その場合、人材ビジネス会社に再就職する、人材ビジネス会社を開業する、人材ビジネスをメインとするICになるなど、携わり方は様々です。どんな人材ビジネスに携わるのかも含めて、特徴や要件を比較検討し、選択しましょう。

中高年者を取り巻く人材ビジネスの状況

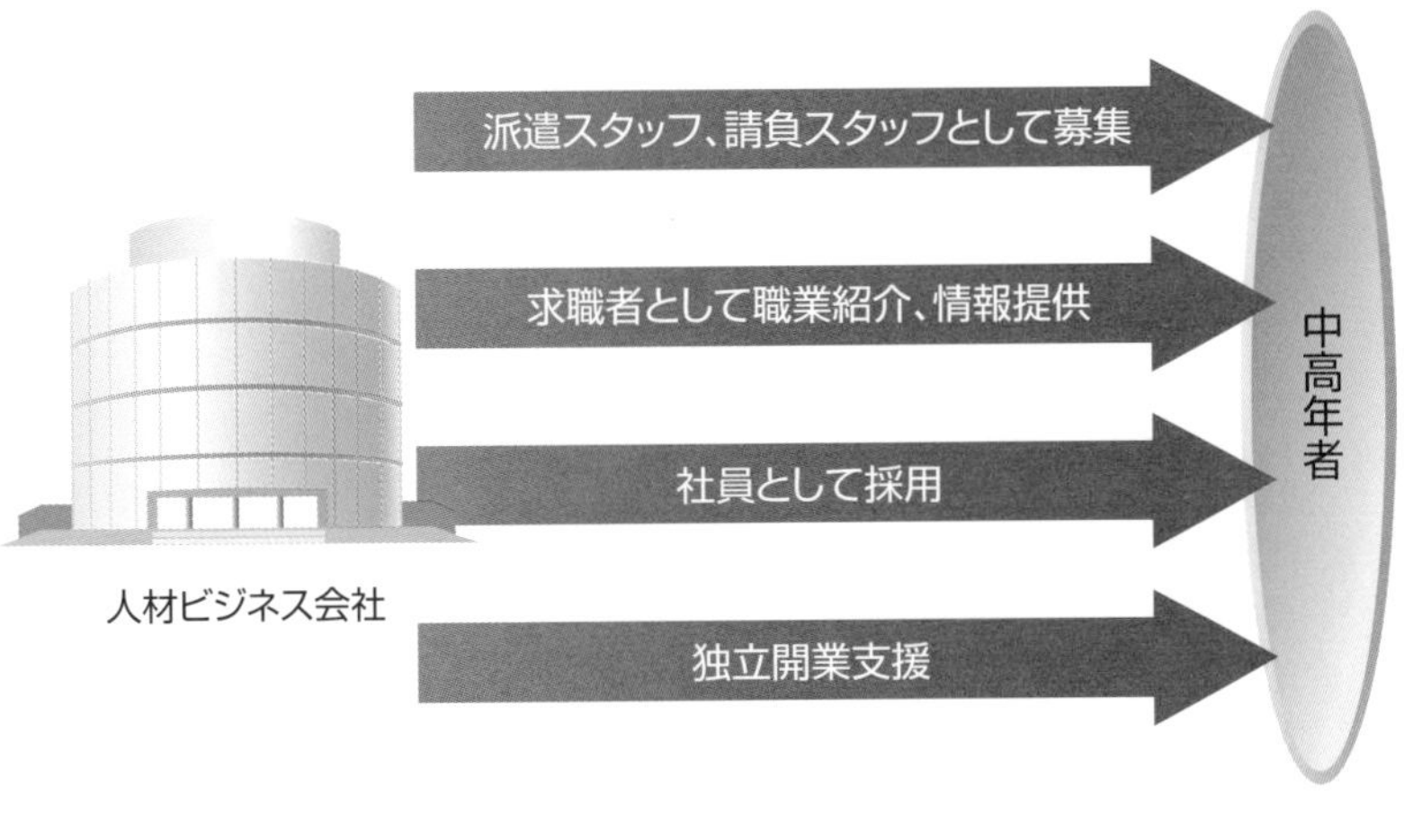

column

「標準」外のワークスタイル、ライフスタイル

人材派遣会社を早期退職して20年余、フリーランスのキャリアカウンセラーとして再就職支援を主に活動するうちに、統計上は高年齢者となりました。

その間、依頼者からの直接の受注もありましたが、就業支援を行う人材ビジネス会社との業務委託契約の下、自宅を拠点に各地の会場に出向くというスタイルも多かったものです。いまは自宅のパソコンに向かう割合が多くなりました。

「雇われず、雇わない」ICゆえに、定年も雇用保険も関係ありませんが、働き方は自然に変わってきたり、自分で変えたりしていまに至っています。

年齢や経験を重ねるごとに、状況の変化に沿って自己分析、情報収集、状況分析の結果のキャリアプラン、ライフプラン、いわばセルフ・キャリアカウンセリングでいまの自分、これからの自分に適した仕事内容、働き方を選んできたのです。

さて、少子高齢化、独身者・単身世帯の急増、多様な働き方の登場にもかかわらず、国の制度の多くは「定年まで一社で勤務する会社員、その妻(専業主婦か、パートタイマー)と子供２人の核家族」を「標準」として設計され、老後に必要な資金は「その標準家族の夫婦２人」を前提に試算されています。それらが働き方やライフプランに大きく影響するのにです。

子供はいるものの、早期退職して不安定なフリーランスとなり、厚生年金の支払い期間が短い「おひとりさま」である私は、まさに「標準」外、すべて試算し直し「自助努力」、プランニングしました。身近な友人、知人も「標準」に当てはまる人は少ないのです。

「有期労働者の社会保険加入」や専業主婦世帯の課税所得を減らす「配偶者控除」、国民年金の負担をなくす「第3号者被保険者」について改革が検討されていますが道半ば、配偶者の「扶養の範囲内」に収まる働き方をしたほうが得という概念を植え付けたままです。そのために、特に女性の働き方を狭め、低賃金に留め、活躍する機会をも奪っています。

そもそも人はそれぞれ、その個人に合った仕事、働き方を、家庭の状況は考慮するにしても、配偶者の有無や配偶者の社会保険加入状況、所得税への影響によって制限されたり、自主規制せざるを得ないのはおかしな話です。標準世帯以外の人の不安や不公平感も煽っています。「一億総活躍」「年金改革」を謳う前に「標準」を個人にすべきではないでしょうか。

多様な状況の多様な個人の多様なキャリアをサポートしたいと考えるこの頃です。

第5章

人材ビジネスの現状分析と展望

人材ビジネスすべてに共通する要素と現状を分析し、今後の将来性・可能性を探っていきましょう。

1 ワンストップサービスと事業範囲

様々な人材ビジネスすべてを一社、あるいは、グループ会社で実施する総合人材サービス会社は増加し続けています。また、サービス提供範囲と対象者層もさらに拡大しています。

ワンストップサービス

人材ビジネスを活用するにあたり、その企業や個人にとって、どのサービスが適しているか、活用すべきか判断に迷うことがあります。また、人材ビジネス会社は、企業や個人の多様なニーズに応えるため、多様なサービスを提供できることが強みでもあります。

どのサービスも相互に密接な関係があり、共通要素を持っていますから、数種のサービスを行う人材ビジネス会社は、情報やノウハウが共有でき効率的です。また、数種のサービスの組み合わせによる複合サービス、パッケージ化によるトータルサービスは、企業にとっても個人にとっても魅力的な商品です。

ですから、人材ビジネス会社の大手は、人材に関わるサービスをすべて提供する、**ワンストップサービス**を行う総合人材サービス会社なのです。その強化のため、事業部やグループ会社でのネットワークだけでなく、関連事業を行う他企業とも提携しています。

しかし、紹介予定派遣制度が設けられ、そのニーズが高まるにつれ、小規模の人材派遣会社も、紹介予定派遣を実施する目的で、紹介業の許可も得るようになりました。

ですから、ワンストップサービスに至らないとしても、人材派遣と人材紹介の二種のサービスを行う会社は、相当数にのぼるのです。現在、複数のサービスを提供できるのは、大手とは限らなくなりました。

範囲と対象層の拡大

人材ビジネス会社大手は、国内だけでなく、海外拠点や、海外企業との提携によって、マーケットを拡大しています。現地での人材派遣、人材紹介以外に、外国人留学生やUターン希望の外国人の母国への人材紹介や日本人の留学支援なども展開しているのです。

これまでも述べたように、以前は二〇代後半から三〇代前半の登録者がほとんどであった人材派遣も、中高年に特化する人材派遣会社や部門が増加しました。逆に、専門性の高い中年が主であった人材紹介は、新卒者、若年者も対象となりました。

また、人材ビジネス会社によっては、地方自治体、厚生労働省、経済産業省、文部科学省などの公的機関からの受注も増加しています。

一方、規制と自由化の傾きによっても人材ビジネスは、多様化しています。さらに、ITの発達によって、人材ビジネス会社が自社のホームページを介して、自前でも広告宣伝、情報提供、受注、発注を行うようになりました。

このように、業務範囲、マーケット、対象層は拡大し続けているのです。

ワンストップサービス

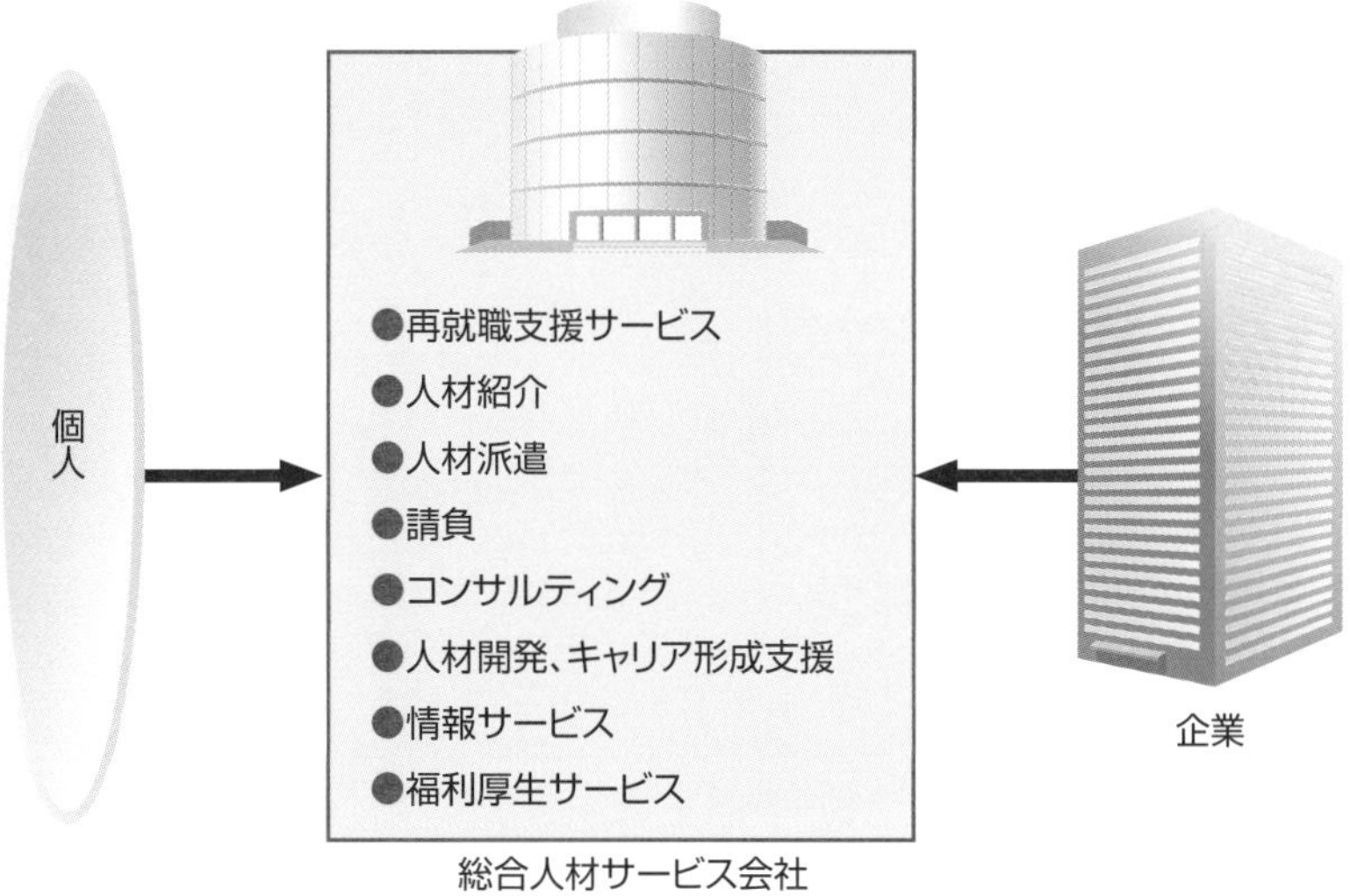

2 グローバル人材の就業、雇用

外国で働くことを希望する日本人、日本で働くことを希望する外国人や、外国人を採用する国内の企業のニーズは拡大し、人材ビジネス会社は様々な対応をしています。

海外への転職

近年、転職先として、海外の企業や日本企業の海外拠点を選択するケースが増えてきました。とはいえ、国内での転職、転職活動よりはるかにクリアすべき段階が多いため、個人で転職活動するのはなかなか困難です。個人でそこで、大手転職サイトは世界中の豊富な求人情報も掲載しています。求人情報をメインに当該国の事情や転職活動のノウハウの提供、準備支援なども行います。また、海外への転職のみを扱う人材紹介会社や転職サイトが急増しています。中には、特定の地域や特定の分野、職種のみを扱うケースもあります。

一方、世界中に拠点を持つ大手総合人材サービス会社は、同グループの人材紹介会社、転職サイトの海外部門と位置付けるか、独立したグローバル部門を設けて、総合的に転職を支援しています。

外国人の採用

人手不足と外国人求職者のニーズだけでなく、ベストマッチの人材を広い範囲から採用したいとの求人企業のニーズから、外国人の採用が注目されています。外国人の採用は日本人の採用より情報や労力、準備が必要なため、人材ビジネス会社の活用が有効です。特に、IT分野などの高度なスキルを持った人材については、人材紹介会社を通しての応募や人材紹介会社への登録だけを待たずに、サーチ型の人材紹介、採用代行のサービスも併用すると効率的です。

さて、採用された外国人が日本国内の拠点で働くのか、日系企業の海外拠点で働くのかによって、募集段階から準備が違います。それに応じて、勤務地の現状、日本企業の特性などの情報提供や面接の段取りの他、内定者の状況によっては、日本語研修、マナー研修やスキル研修も必要です。関わる人材ビジネス会社によっては、それらも担当します。

海外拠点に関する支援

すでに日本企業の海外拠点で働いている社員、これから転勤する社員や、さらに別の海外拠点へ異動する社員もいます。そのため、転職者を含め、海外拠点で働く社員すべての健康管理、メンタルヘルスケア、福利厚生サービスを行う人材ビジネス会社もあります。

また、それらの社員の給与計算、人事評価や拠点の運営管理、人事コンサルティング、財務コンサルティングまで人材ビジネス会社が請け負うこともあれば、海外拠点進出から支援することもあります。

海外においても、業務請負やコンサルティングサービスを行い、就業者、雇用企業の両者を支援しているのです。

グローバルな支援

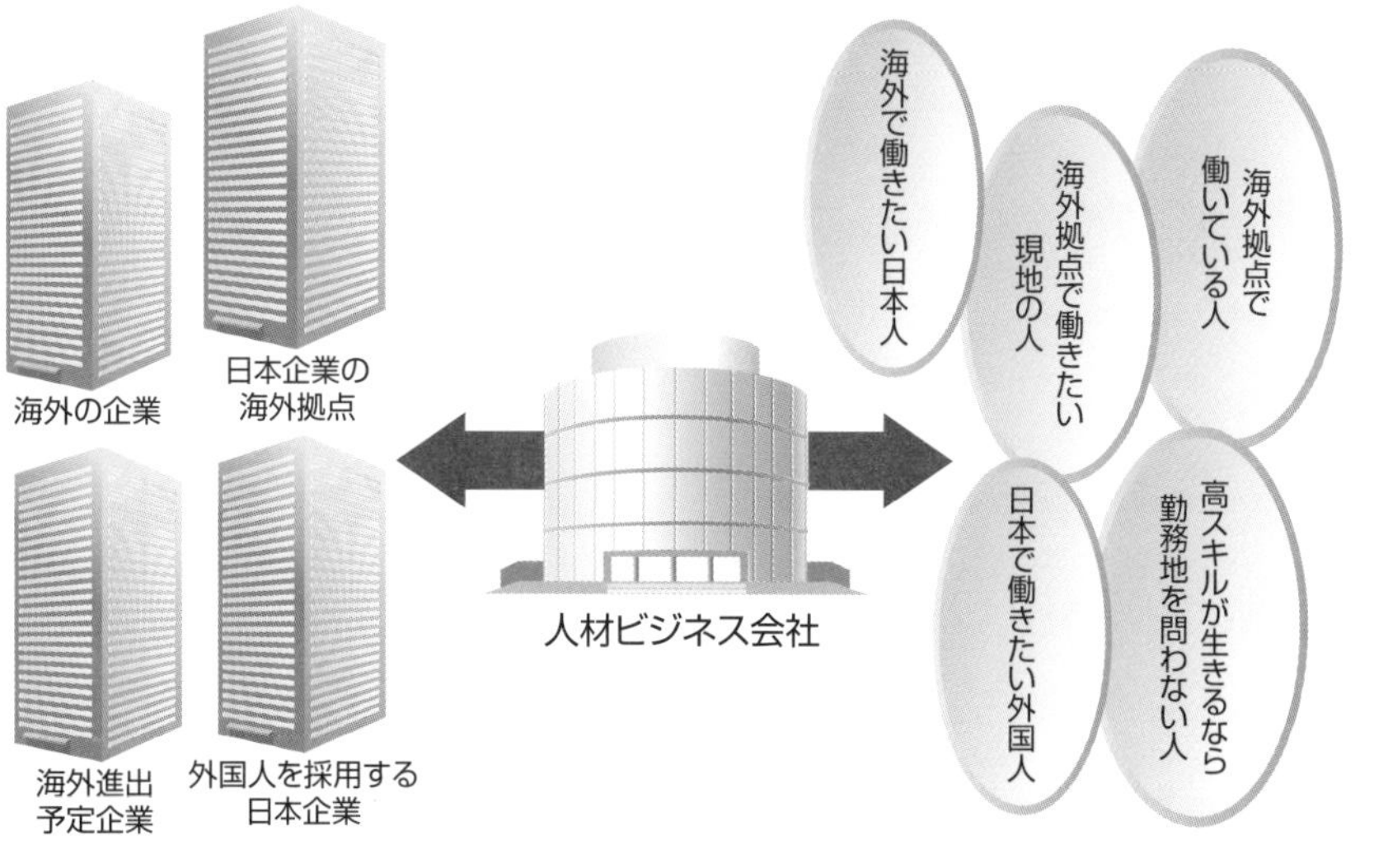

公的事業の受託

国の雇用施策の下、地方自治体や労働局、商工会議所などが行う様々な就労支援事業、人材確保事業、人材育成事業の多くを人材ビジネス会社は受託しています。

多様な就労支援事業

公共事業は公募のため、各社が入札を経て一定期間受託します。事業内容、規模によっては、NPO団体や地元の中小人材ビジネス会社、地元の企業が受託しますが、大手の人材総合サービス会社が各地で受託するケースが少なくありません。中には、公共事業受託の部門を設けている大手さえあります。

多くの人材ビジネス会社が近年、受託している事業を挙げましょう。同じ施策、内容でも委託元によって名称が違う場合がありますが、今後も同様の事業や、より複合的な事業が行われるはずです。

①求職者対象就業支援事業

・常設型就職支援施設の運営の受託
キャリアカウンセリング、マッチング、セミナーなどを行う相談員や求人開拓担当者が常駐する施設の運営ごと受託するタイプです。幅広い層対象の「就労支援センター」、フリーター、ニートを含む若年者が主対象の「ジョブカフェ」「地域サポートステーション」、シニア対象「東京都しごとセンター」などがあります。

・一部の支援業務の受託
キャリアカウンセリングやセミナー、面接会などのイベント開催を受託するタイプです。

・紹介予定派遣型就労支援事業の受託
介護や保育など特定分野へのマッチング、事前研修を含めた、紹介予定派遣です。

3

②生活保護受給者・生活困窮者対象就業支援事業

キャリアカウンセリング、セミナーなどの就労支援、就労準備支援を受託するタイプで、福祉事務所などに相談員を配置する場合もあります。

③就労移行支援事業所機能強化事業（障がい者の雇用）

障がい者が在籍する就労移行支援事業所と雇用を検討している企業との交流、連携を通して安定的雇用を支援する事業を受託します。

④外国人材就労支援事業

外国人求職者対象のセミナーや説明会を受託します。

⑤プロフェッショナル人材戦略拠点事業

地域の中小企業と高スキルを持つ人材のマッチング業務を受託するタイプです。多くの場合、求職者対象の就労支援であると同時に、求人企業、特に、中小企業の採用支援であり、人手不足が顕著な分野、業務への支援でもあります。また、その事業が行われる地域や地場産業への支援ともなるのです。

人材ビジネス会社が受託する主な公共事業

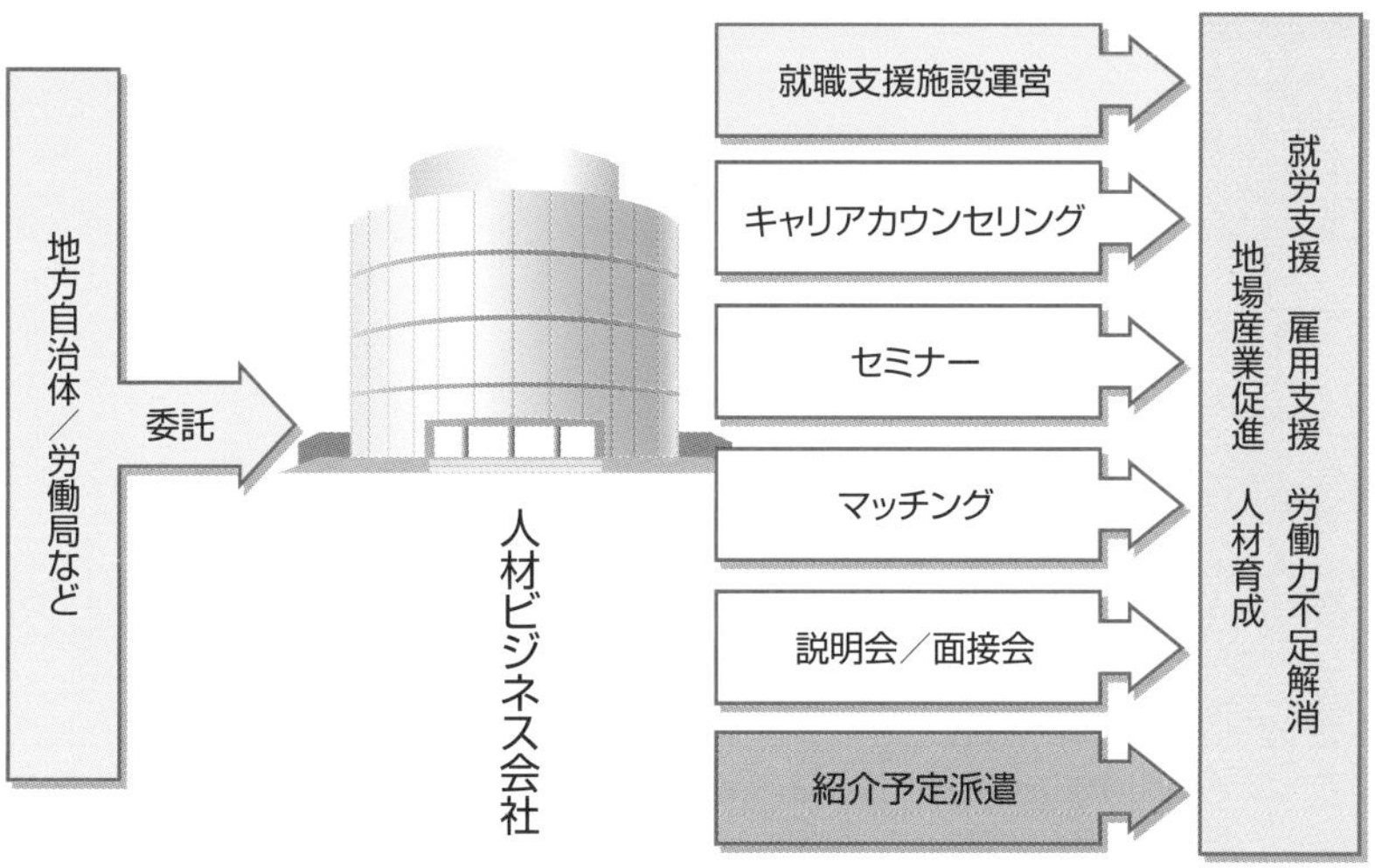

4 地域活性化と人材ビジネス

人材ビジネス会社の農業支援や地方の事業支援、地方での事業展開は、新たなかたちの就業支援、雇用支援、事業後継者対策でもあります。結果的に、地域活性化となるでしょう。

多様な農業支援

早期に農業に着目したパソナグループをはじめ大手の総合人材サービス会社は、Iターン・Uターン希望者、未就職卒業者、就農希望者、定年退職者などの就業支援、起業支援や農家の人材確保策、後継者支援として農業支援を行っています。人と仕事に関するあらゆるサービスを全国展開し、調査研究部門、コンサルティング部門、起業支援部門、研修部門などと連携していることもあって支援が充実しています。

また、同グループの人材紹介部門だけでなく、再就職支援部門とも連携して、早期希望退職者のセカンドキャリアとしての就農を支援しています。退職を機に、実家の農業を継ぐ人も少なくありません。

広範囲の地域をカバーする支援とは別に、特定の地域で地方自治体や地元の組織と連携して行うケースもあります。多くは農家、農業法人と就農希望者とのマッチング、農業起業支援、未経験者対象の研修ですが、移住支援まで行う人材ビジネス会社もあります。

また、パソナグループの「地方創生事業」には淡路などで行う、農業を軸として関連産業にも関わるケースもあります。リクルートグループ「リクルートと農家の共創プロジェクト」には受け入れ農家、農地提供者、新規就農者の三者をマッチングする就農モデル「AGRI-LINK」があり、有田で先行しています。

地方での雇用創出

ITの発達やコスト削減、地方の要請により、多くの人材ビジネス会社は地方にコールセンター、データセンターなどのアウトソーシング拠点を置いています。また、パソナグループは、それらの業務を含めた、**BPO***拠点をさらに拡大しました。

一方、パーソルグループは、神戸市との連携で地域交流と仕事の提供拠点「神戸名谷ワークラボAOZORA」を開所しました。

さらに、**リモートワーク***のエンジニアに特化したLASSIC社は、大都市圏の仕事を地方拠点で実行するニアショア事業を手掛けています。

地方での就業、雇用を拡大し、人口流出も防いでいるのです。

地銀の人材紹介参入

二〇一八年の銀行業務範囲規制緩和を受け、地方銀行、信用金庫が人材紹介事業に参入し始めました。パーソルキャリアなどの大手人材ビジネス会社と提携して、取引先中小企業に経営人材を中心に紹介するので、就業と雇用の支援と同時に、地方の中小企業支援、地銀支援、地域経済支援ともなっています。

地方の就業支援

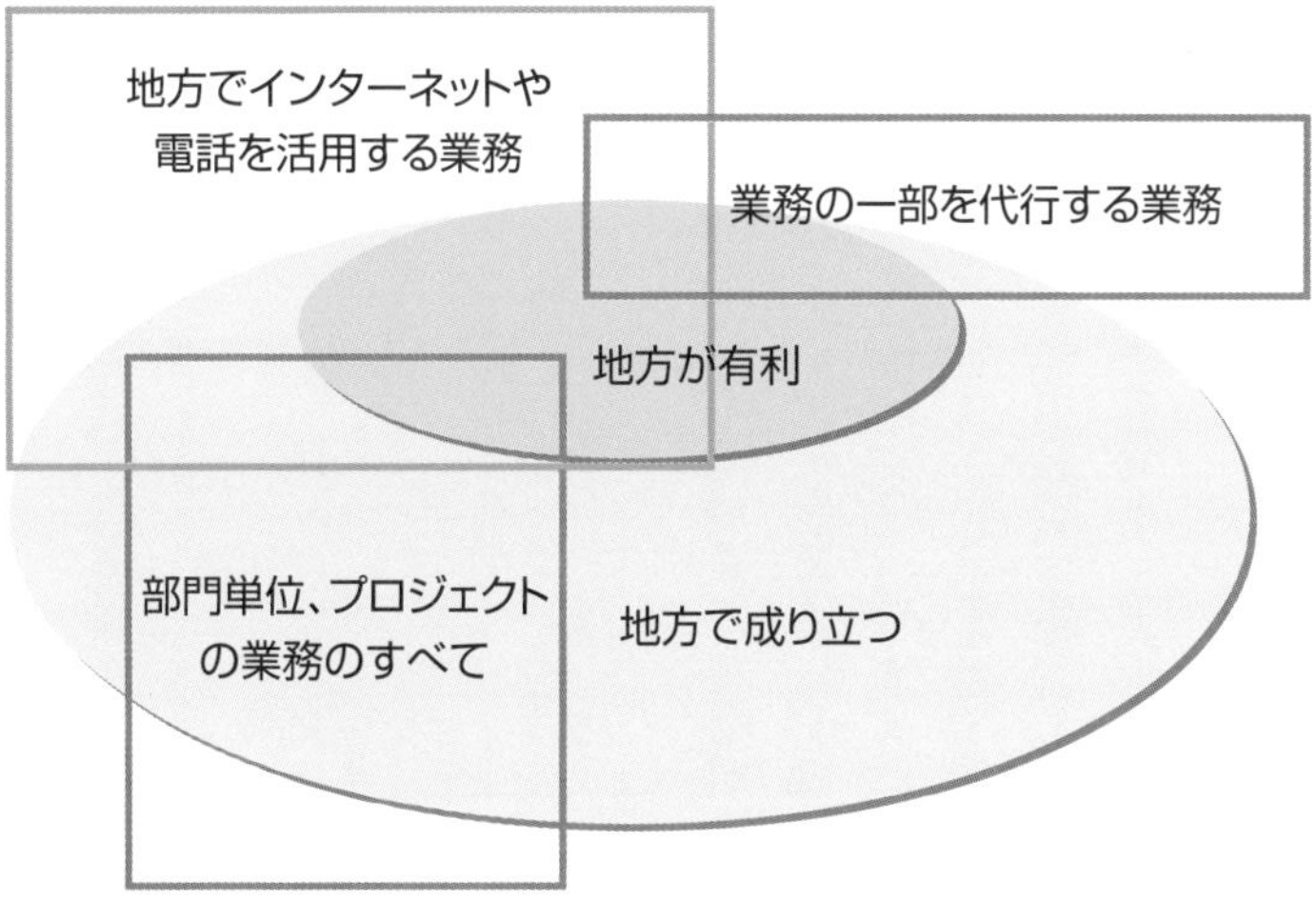

用語解説

＊**BPO**　ビジネス・プロセス・アウトソーシングの略で、一連のバックオフィス業務を受託すること。

＊**リモートワーク**　ITやインターネットを活用して、雇用者・依頼者のオフィス以外の場所で働くこと。

5 研究開発職・メディカル職の就業と雇用

研究開発などの理系業務の就業と雇用に関する人材ビジネスは、ニーズが拡大しています。分野が一部重なるメディカル職と併せて、見ていきましょう。

研究開発職

理系専攻ながら違う分野に就職して後悔している、大学の研究室に残ったが企業の研究開発職に就きたい、研究と育児が両立せずに退職したが復帰したい、商品開発より基礎研究がしたい、などのニーズに応えて、研究開発職に特化した部門を持つ人材ビジネス会社や理系専門の人材ビジネス会社が増えてきました。

就職、転職、再就職にあたり、自分の持つ理系の知識、技術、経験が活かせる分野、企業、職種の可能性を求職者が把握しているとは限りません。人材ビジネス会社はその可能性を拡大する提案から始めます。

大学の研究室、研究機関での基礎研究、分析・評価からメーカーでの商品開発、素材開発、分析、試作、検査・測定・評価などや研究補助業務、関連事務、管理業務まで、可能性は広がり続けています。複数のメーカーから治験業務を専門に請け負う機関もあります。

それらは、分野によっては、栄養士、薬剤師などの活躍範囲でもあります。

また、職種によっては、専門性が低い、経験不足の求職者でも可能性があるため、基本的な研修を設けて就業を支援する場合があります。

仕事に就くには人材紹介や紹介予定派遣を利用する、派遣労働者として働く、転職の準備としてまず派遣労働者として働く、などの様々な経路があります。

メディカル職

地域や診療科によって過不足がある医師や慢性的に

不足している看護師を専門とする人材ビジネスや、薬剤師、保健師、助産師、臨床検査技師、理学療法士、**臨床工学技士**（ME*）などの医療関係業務を専門とする部門を持つ人材ビジネス会社、医療関係業務に特化した人材ビジネス会社があります。

中には、医師の開業支援、医院運営支援をメインにする、あるいは、就業していない有資格者の掘り起こし、職場復帰支援から始める人材ビジネス会社もあります。

また、研究開発職でもある臨床開発、臨床試験、追跡調査などの業務や**医療情報担当者**（MR）の就業支援も行う人材ビジネス会社があります。

しかし、前述したように、医師、看護師、薬剤師の業務は一部の例外を除き派遣対象業務ではなく、医療現場の現状、医療従事者の事情やニーズに応じきれていません。過酷な医療現場を考慮して「働き方改革」も進められてはいますが、まだ不十分です。人手不足や過重労働の解消、医療従事者の両立支援、復帰支援など、人材派遣の規制緩和が解決する課題は多いと筆者は考えます。

研究開発・メディカル職の就業経路（人材ビジネス）

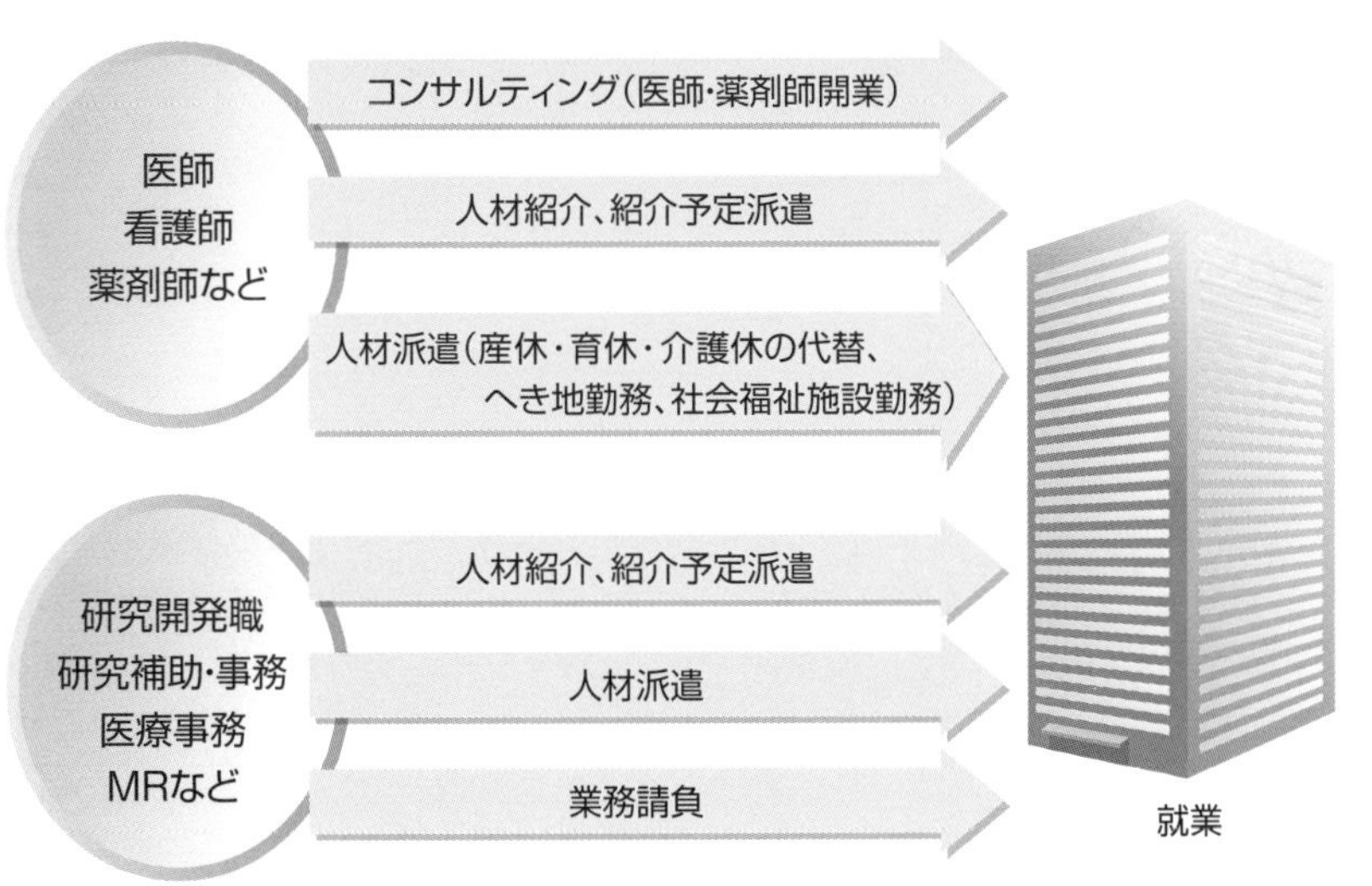

用語解説

＊ME　　medical Engineerの略。CE（Clinical Engineer）と同義。医療機器の操作、管理を行う。

6 技術者の就業と雇用、トップクラスの紹介

IT系を中心に人材不足が続く中、技術者の就業・雇用に関する人材ビジネスはより多様になっています。また、ハイクラス、エグゼクティブ対象の人材ビジネスはトップクラスに注目しています。

技術者の就業と雇用

技術者を専門とする人材ビジネス会社や技術者専門部門をもつ大手人材サービス会社は、より高いレベルのＩＴ人材やＡＩ人材の不足から、人材育成を経ての人材派遣、人材紹介、業務請負に注力しています。

ある程度のスキルと経験を持つＩＴ系技術者を対象とするスキルアップ研修や未経験分野、新分野の研修などの人材育成により高い水準のニーズに応えるものです。登録者、就業者の賃金アップ、モチベーションアップともなり、人材の確保にもつながっています。

しかし、それでもニーズに応じきれない場合も多く、広く海外から人材を求める場合もあります。中には、基本的なスキルを持つ技術者や新卒者を時間をかけて育成する人材ビジネス会社も出てきました。

さて、技術者専門の人材ビジネス会社の多くは常用型派遣労働者を企業に派遣する、請け負った業務を自社や依頼先で行うか、人材紹介を行っています。技術者専門の登録型派遣会社は少ないといえましょう。

一方、発注企業から自社とフリーランスの技術者とで業務を**共同受注**するスタイルがＰＥ-ＢＡＮＫです。常駐型と在宅型とがありますが、同社はセキュリティなどの点から常駐型を推奨しています。

近年、フリーランスの技術者を仲介する**クラウドソーシングサービス**が伸びています。高スキルの人材の力が一時的に必要、社外の人材の提案を取り入れたい、緊急性がある、繁忙期のみ必要など、スポットのニーズは今後も拡大するでしょう。

トップクラスの紹介

経営幹部などの上級管理職をメインとする人材紹介会社、転職サイトやその専門事業部を持つ大手人材サービス会社は、近年、経営者の人材紹介にも注力し始めました。

経営者の高齢化、引退や人材不足などから後継者不足が深刻な中小企業は急増し、廃業を余儀なくされる企業さえ出てきました。そのニーズに応え、経営の専門家を経営者候補としてマッチングするのです。

とはいえ、事業承継とは別に、業績悪化などの問題を抱える企業も多く、事業の再建や構造改革を担うなどの要素が加わることもあります。そのような高度なニーズには、手腕と経験、実績のある人材が適していますが、当該企業にマッチするとは限らず、多くのニーズに応えきれていないのが現状です。

そこで、経営人材の育成から手掛ける人材紹介会社や、潜在的経営者候補の発掘を行うコンサルティング会社も現れました。起業を目指す若年者が中小企業の後継者となる事例も出ています。

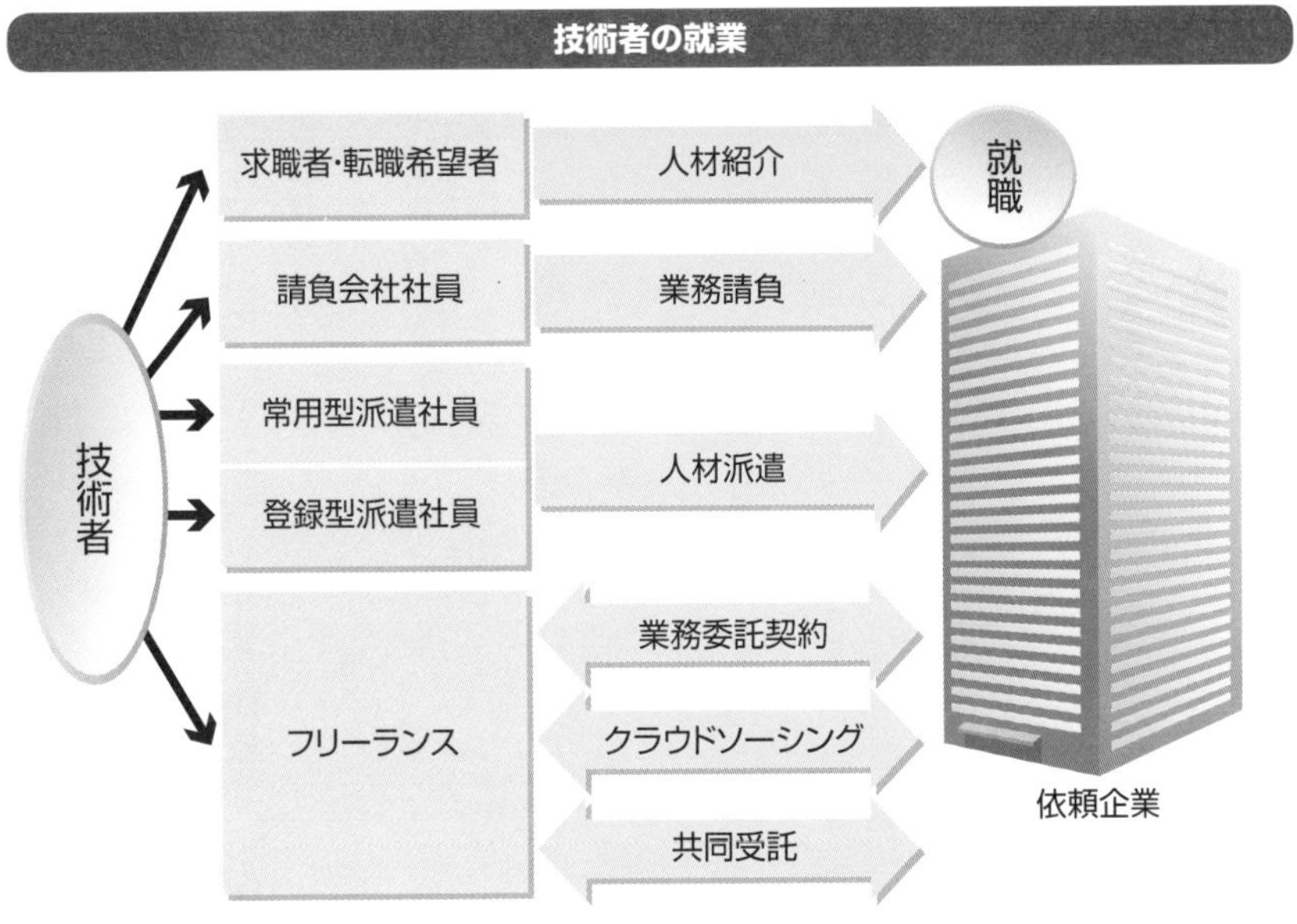

7

採用担当者支援

採用に関する人材ビジネスの一部である、採用担当者育成サービスについて説明します。いまや、求職者の就業支援と並んで、採用関連ビジネスの核になりつつあります。

採用担当者育成サービス

企業の社員採用にあたり、面接官のスキルアップをメインとする**採用担当者研修**や採用担当者に対するコンサルティングは、より細分化、特化しています。

単に応募者を評価し選考するだけでなく、多くの優秀な人材の応募を図ること、つまり就職希望者・転職希望者からその企業が選ばれることが重要なのです。

そのため、応募対象者、特に大学生の活動状況、実態や他社の採用動向の定期レポートによるマーケティング情報サービスは、いまや定番となりました。特に、現役学生のモニターによる情報は、有効です。

その後の会社説明会や合同面接会、グループディスカッションの進め方などを含めて、応募者の人数と質を高め、選択範囲を広げるコンサルティングを、**母集団**＊コンサルティングと呼びます。

そして、採用担当者研修は、面接スキル修得の面接官研修に留まらず、母集団形成のノウハウやリクルーティングスキル修得のリクルーター研修、プレゼンテーションスキルや各種手続き事務修得の採用事務担当者研修も含めるようになりました。

リクルーティングは、大学、高校、専門学校の訪問、連携によって、企業、職業の魅力や求める人材像を伝え、母集団形成の第一段階になるものです。ときには、継続的に、断続的に、個人ベースでも行われます。認知度が低い小規模の事業者であればなおさらのこと、待ちの姿勢では母集団を形成できないからです。また、多数の応募がある大企業も、採用基準に達する応募者

用語解説

＊**母集団**　対象の集団。採用分野では、その企業への応募検討者群、応募者群、社員候補群。

がいなければ、真の母集団とは言い難いでしょう。

会社説明会、合同面接会などで、会社概要、人事制度、特徴、担当業務内容、魅力をプレゼンテーションするには、その内容やツールの吟味だけでなく、そのトレーニングが効果的です。他社との差別化と入社後の良好なイメージが、母集団形成につながるからです。

また、これらの業務の前後に行われる受付・連絡・調整・説明会運営・応募者管理の事務は、単なる作業ではありません。様子伺いの応募検討者が応募を決定する際、複数の内定を取っている人材が確定する際、この事務がスムーズに行われているか、担当者に好感が持てるかをチェックし、その判断材料にするからです。

これらの研修の細分化、特化とカスタマイズは、選択肢を増やし、さらなる競争を促しています。

内定者フォローの新形態

内定者が利用できる内定企業のSNSによって、内定辞退を防ぎ、モチベーションを高める内定者フォローも行われています。

採用担当者研修

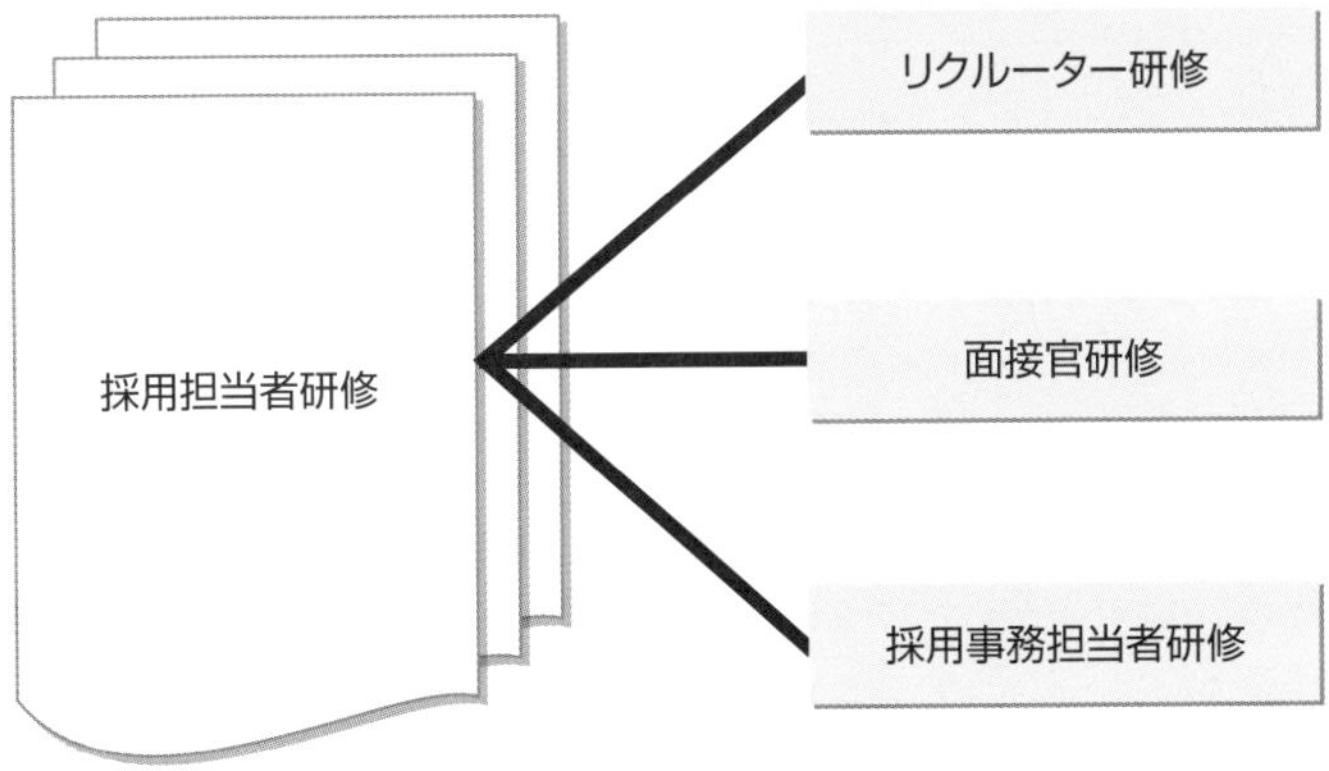

8　同一労働同一賃金

いわゆる正社員（無期雇用フルタイム労働者）と非正規雇用労働者（パートタイム労働者・有期雇用労働者・派遣労働者）との待遇格差を解消するため、関係法が改正され、二〇二〇年四月から施行されます。

直接雇用労働者の場合

パートタイマー、アルバイト、契約社員の不合理な待遇差については、「パートタイム・有期雇用労働法」によって解消を図ります。また、正社員であれ、雇用管理区分（総合職、地域限定正社員など）や定年後の継続雇用による不合理な待遇差があれば、解消しなければなりません。もちろん、解消するとコストがかかるなどの理由から、労使の合意なく正社員の待遇を引き下げることはできません。

そして、「同一労働同一賃金」とはいえ、基本給、昇給、賞与、各種手当などの賃金だけでなく、教育訓練、福利厚生など広範囲に適用されます。

しかし、実際の担当業務、そのレベル、担当範囲を正確に把握し、待遇が不合理か否かを判断し、適正な対処をするのは、ガイドラインはあるものの、なかなか困難です。「就職」ではなく「就社」である状況下、年功序列型賃金制度が崩れてきたとはいえ、勤務年数によって昇格・昇給し、役職定年で賃金と権限を抑える、男女に待遇差がある、などという事業所もいまだ多いのが現実です。育児・介護休業後に降格する、担当業務から外されるという事例さえあります。正社員間の不合理な待遇差も解消されなければなりません。

間接雇用労働者の場合

派遣労働者との不合理な待遇解消のため、「改正労働者派遣法」では、①規定の整備、②派遣労働者の待遇に関する説明義務の強化、③行政ＡＤＲの規定の強化が求められます。

同じく有期、短期、短時間勤務でも、派遣労働者は間接雇用です。「A．派遣先の通常の労働者との均等・均衡待遇」と「B．派遣元（派遣会社）での一定の要件を満たす労使協定による待遇」のいずれかの待遇決定方式により公正な待遇をしなければなりません。

Aについては、派遣先企業自体の公平な待遇が大前提です。Bについては、公正な派遣会社ならすでに行っていることの強化といえましょう。これまでも、性別、年齢、経験年数によらず、マッチした担当職務内容で賃金を決定していたはずです。

課題と人材ビジネス

「同一労働同一賃金」は、本来あるべき姿です。ですが、中には「パートだから」「派遣だから」と単純労働、低賃金と決めつける土壌さえあります。ですから、雇用企業によっては、人事制度改革、意識改革から行う必要があります。コンサルティングサービスなどの人材ビジネスが有効です。また、人材派遣、人材紹介が本来の業務を行っているかも問われます。

派遣労働者の待遇決定方式の選択

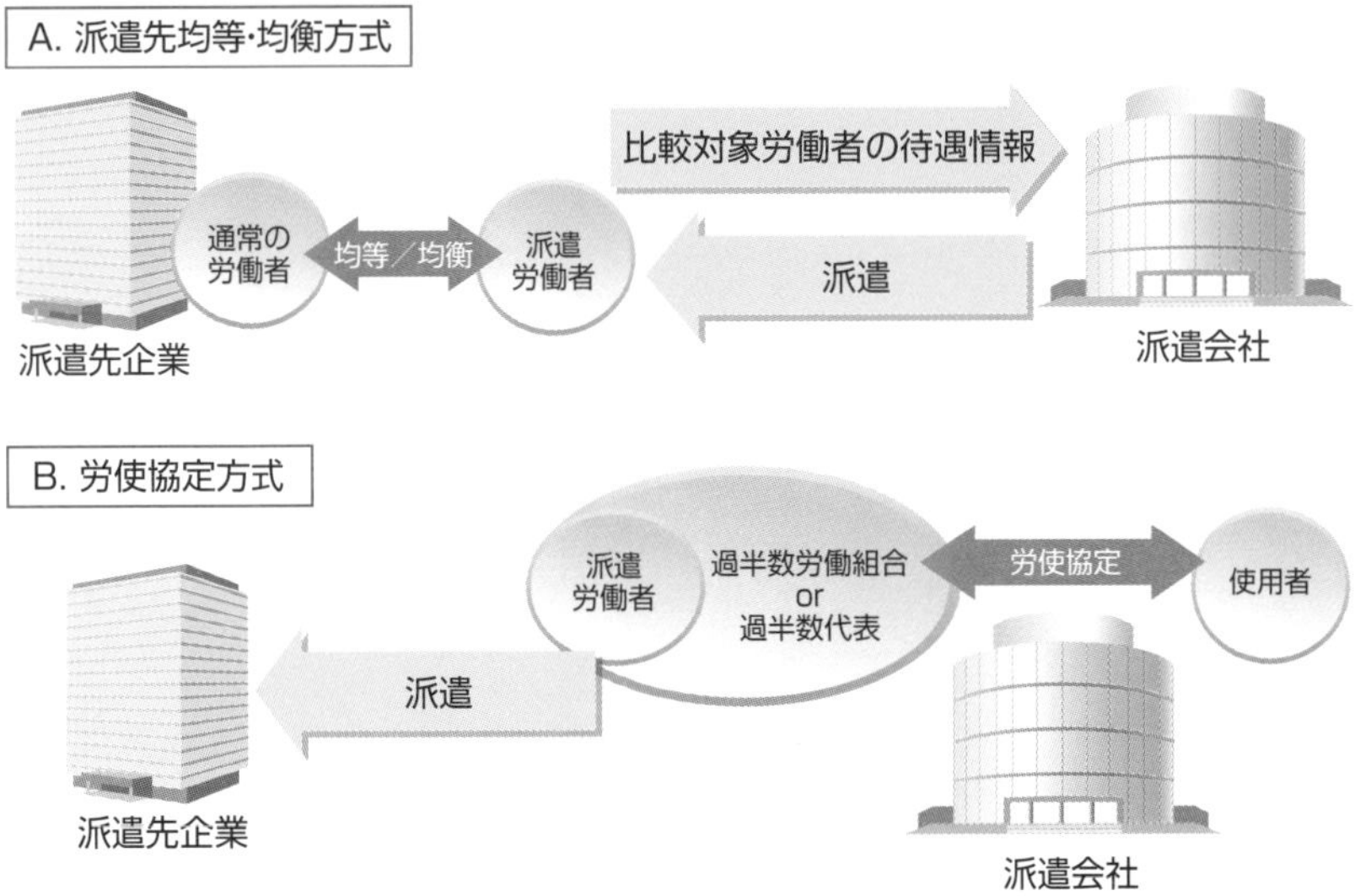

9 再就職支援・人材紹介事業の組織

人材ビジネスの業界団体、ネットワークや、人材ビジネスを支え営業窓口になる組織やビジネスがあります。まず、再就職支援サービスと人材紹介に関連する組織から説明します。

再就職支援会社の組織

●再就職支援協議会

二〇〇〇年に一般社団法人日本人材紹介事業協会の内部組織として設立した、再就職支援会社の自主的な連絡組織です。

情報交換、サービス内容の高度化、スキルアップ、企業や社会への周知などを目的に活動しています。

協会幹事（リクルートキャリアコンサルティング、パソナ、パーソルキャリアコンサルティング、マンパワーグループ）は、人材総合サービス大手のグループ会社です。

人材紹介会社の組織

●公益社団法人　全国民営職業紹介事業協会（民紹協）

民間の労働力需給の適正化と労働者の雇用の安定・福祉増進を目的に、厚生労働大臣の許可を受け、一九八七年に設立されました。

職業紹介が可能である主要な職種をほぼ取り扱う全国統一団体であり、職業別団体（次ページ表）を統括しています。この職業別団体の会員と直接会員である、相当数の職業紹介事業者によって構成され、各団体での活動と各団体との連携・共同による活動を行っています。

職業安定機関や行政との連絡調整機関、職業紹介事業の調査研究機関としての役割も担い、業界全体の業務改善や求職者の職業能力の開発・向上を図っています。

また、新規選任や継続に不可欠な職業紹介責任者講習以外に、事業開設・運営支援や各種セミナー、職業紹介士資格認定制度によるスキルアップ支援も行っています。

民紹協の職業別団体の一つである、一般社団法人**日本人材紹介事業協会**は、その代表的な団体で、「人材紹介会社」として通常イメージされる、ホワイトカラーの職業紹介をメインとする企業によって構成されています。前ページの「再就職支援協議会」のほか、「医療系紹介協議会」「九州地区協議会」が組織されています。

同協会のホームページは、「人材紹介会社イエローページ」としても機能しています。職業紹介責任者講習の他に、コンサルタント、シニアコンサルタント資格制度などにより、スキルアップと信頼性アップを図っています。

（社）全国民営職業紹介事業協会の職業別団体

芸能家	芸能事業者団体連合会
看護師、家政婦（夫）	公益社団法人日本看護家政紹介事業協会
専門的･技術的職業、管理的職業、事務的職業、販売の職業	一般社団法人日本人材紹介事業協会
理容師、美容師	西日本理美容師職業紹介事業協会
配ぜん人*	一般社団法人全国サービスクリエーター協会
	特定非営利活動法人全国ホテル&レストラン人材協会
モデル	一般社団法人日本モデルエージェンシー協会
調理士	公益社団法人日本全職業調理士協会
	全国調理士紹介事業福祉協会
クリーニング技術者	全国クリーニング技術者紹介事業協会
マネキン*	公益社団法人全日本マネキン紹介事業協会

用語解説

＊**配ぜん人**　ホテル、レストラン、料亭、大使館などで、料飲接遇サービスをする人。
＊**マネキン**　宣伝販売や接客サービスによる販売促進のプロのこと。

10 人材派遣・四大人材サービスの組織

次に、人材派遣会社の業界団体と主要な人材ビジネス四種類の団体からなる横断的組織について説明します。

人材派遣会社の組織

●一般社団法人　日本人材派遣協会（ＪＡＳＳＡ*）

一九八六年に設立した、厚生労働省に認められた公式団体です。労働者派遣法の趣旨に則り、労働者派遣事業の適正な運営や労働力の需給の適正化、派遣労働者の雇用の安定・福祉の増進を目的にしています。

大多数の人材派遣会社が会員となり、会長は会員会社から年度ごとに選出されます。

派遣元責任者就任に欠かせない「派遣元責任者講習」の実施や派遣会社開設・運営に必要な情報・知識の提供、派遣先企業への啓蒙、業界の認知度アップ、コンプライアンス研究や厚生労働省との連絡調整なども行っています。

これまで、労働者派遣法を主とする関連法規の改正にあたって調査、提言を行い、各種セミナーによる会員企業のレベルアップを図ってきました。

しかし、労働者派遣に対する誤解があり、労働者派遣法改正が「真の改正」に至らない現在、業界団体としての組織力、発言力に期待するところです。

また、厚生労働省の委託事業として、派遣スタッフ、人材派遣会社、派遣先企業からの相談、クレームに対応する相談センターも運営しています。

協会ホームページは、派遣スタッフ、人材派遣会社、派遣先企業すべてへの支援の窓口でもあります。

用語解説

＊**JASSA**　Japan Staffing Services Associationの略。

主要人材ビジネスの横断組織

●一般社団法人　日本人材サービス産業協会

二〇一二年に代表的な人材サービスの四団体、日本人材派遣協会、日本人材紹介事業協会、全国求人情報協会、日本生産技能労務協会が設立した連携横断組織で、その後、ＮＥＯＡ（エンジニアの派遣・請負）が加わり、派遣事業、職業紹介業、求人広告業、請負事業の四種類をカバーできるようになりました。

労働市場についての調査研究、情報発信や人材サービス事業者の交流、研鑽と、個人と企業に向けての多様な支援、政策に関しての提言も行っています。

これまで、「求職者の早期就業支援、就職・転職コストの削減」「成長産業への転職促進」「就業機会の拡大、再就職・職場復帰支援」「情報提供、啓発による公正な採用の促進」に努めてきました。

人材サービス業界人にとっても、潜在求職者を含めた個人、企業にとっても、横断的組織の果たす役割は大きいですが、様々な課題があります（下段参照）。

人材サービス産業の課題（日本人材サービス産業協会）

- □有期雇用労働者（派遣、請負など）のキャリア形成
- □就業管理を通じた、派遣・請負労働者の能力、処遇向上
- □マッチング能力の向上によるミスマッチの防止
- □人材育成による人材サービス産業の高度化
- □人材サービス産業に対する誤解

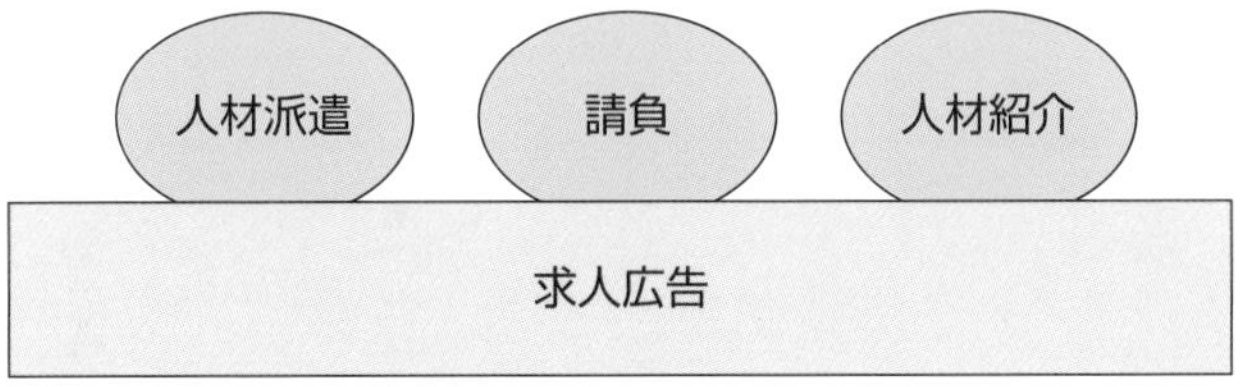

11 業種別の人材ビジネス関連団体

製造業、旅行添乗業、放送事業などについては、その業種別の団体があり、団体によっては、そのサービスを活用する側の企業や関係分野の事業者も会員になっています。

製造業関連組織

●**一般社団法人　日本生産技能労務協会**

二〇〇〇年に設立した製造業関連の事業者からなる、労働者の就業促進、就業環境改善、能力開発と労務管理の適正化・効率化が目的の団体です。その後、日本アウトソーシング協会を統合し、製造業務の請負事業者が大きな割合を占めています。

●**一般社団法人　日本エンジニアリングアウトソーシング協会（NEOA）**

二〇〇七年に設立した、製造業務請負の事業者、関係者の関係向上を目指す団体です。

●**中部アウトソーシング協同組合**

一九九二年に設立した東海地方の製造業務請負・派遣事業者の団体です。

近年は外国人技能実習生共同受入事業にも注力しています。

旅行添乗業の組織

●**一般社団法人　日本添乗サービス協会**

一九八六年に設立した**添乗員**＊の育成・福利厚生、保護を行う、国土交通省の所轄団体です。

人材情報サービスの組織

●**公益社団法人　全国求人情報協会（全求協）**

一九八五年に設立した求人広告会社の団体です。

用語解説

＊**添乗員**　旅行業法に定められている主催旅行、新企画旅行に同行し、旅程管理を行う主任者。

その他の人材ビジネス関連組織

● **一般社団法人　日本翻訳協会（JTA）**

一九八六年に設立した翻訳者や翻訳関連業務者の団体で、「翻訳専門職資格試験」、スキルアップ、情報交換と「派遣元責任者講習」を行います。

● **一般社団法人　全国放送派遣協会（zhhk）**

一九八七年に設立した放送関連派遣事業者の団体で、派遣事業に関する、調査研究、関係各方面との連絡調整、「派遣元責任者講習」や研修などを行います。

● **一般社団法人　情報サービス産業協会（JISA）**

一九八四年に設立した、インターネット付随サービスを含む、情報サービス企業の業界団体です。

● **一般社団法人　日本機械設計工業会（JMDIA）**

一八八九年に設立した、機械設計関連企業の業界団体です。

● **公益社団法人　日本ニュービジネス協議会連合会（JNB）**

全国各地のニュービジネス協議会を二〇〇五年に組織化した団体で、新規事業挑戦者や官・学の相互啓発、連携、交流を図っています。

全国求人情報協会（求人情報サービスのビジネスモデル）

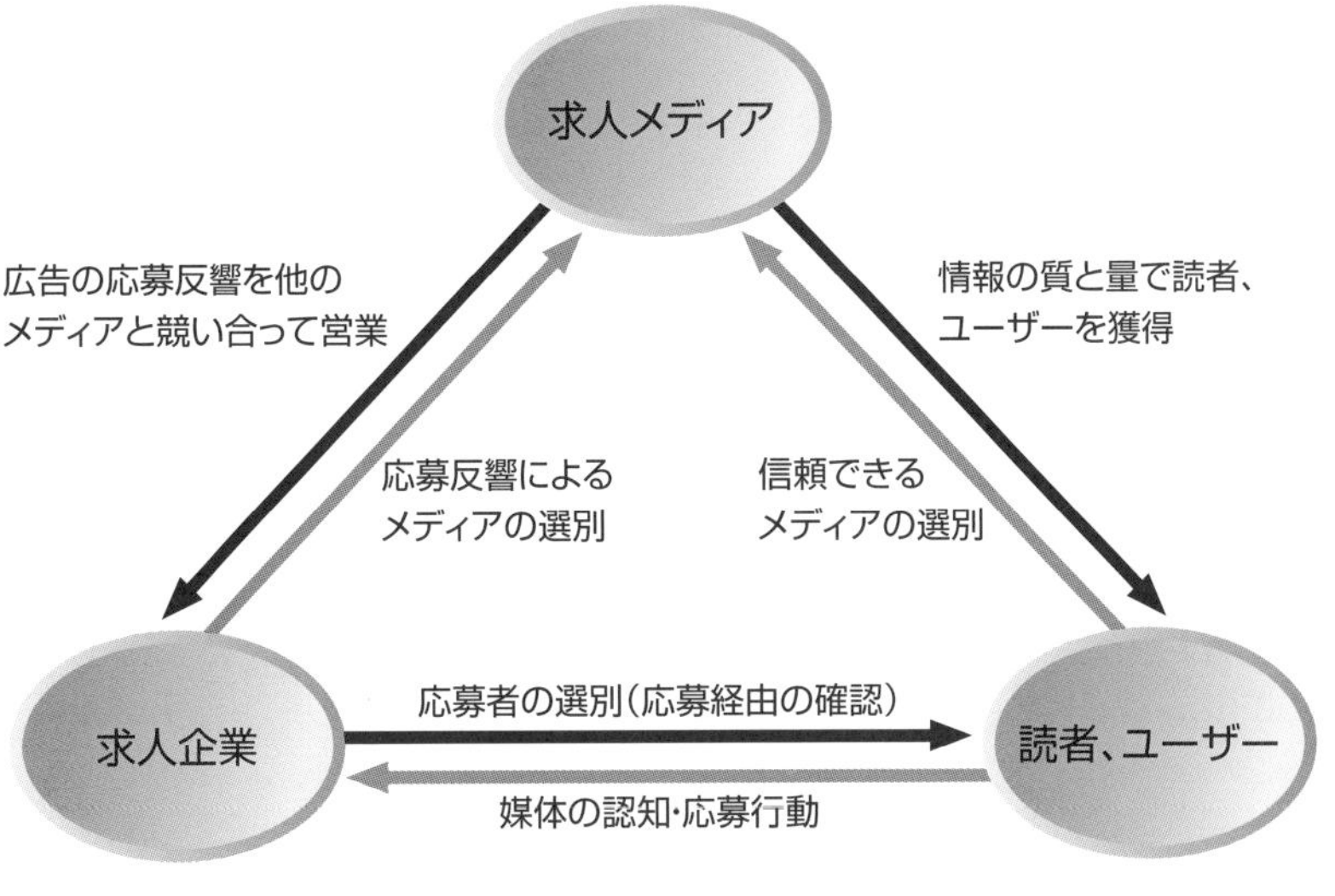

12 人材ビジネス事業者支援の組織

人材ビジネスサービスとその事業者を紹介する人材ビジネス事業者支援サイトが急増しています。その一部を見ていきましょう。

人材ビジネス事業者紹介サイト

これまで挙げた業界団体や組織の多くは、そのホームページが会員事業者の紹介や受付窓口にもなっています。

また、それとは別に、人材ビジネス情報に特化した情報サービスのサイトや組織があります。その情報サービス自体が人材ビジネスともいえるでしょう。

通常は会員制になっており、会員事業者が提供する事業案内、サービスメニュー、ＰＲ、新たな追加情報をそのまま掲載します。

その他、業界動向や関連ニュース、コラムなどを掲載しますが、中には各人材ビジネスの仕組みや活用のメリット・デメリット、人材ビジネス事業者の選び方まで言及する場合もあります。

他に、各人材ビジネス事業者の評価や、様々な角度でのランキングを掲載するサイトもあります。

いずれも同業他社を同時に比較検討でき、サービス導入の事前知識を得られ、どのサービスが適しているか検討することができますが、注意点があります。

すべての事業者の情報ではないこと、ＰＲ情報であること、評価者の価値観などの影響があることです。

その点を踏まえれば、人材ビジネスを活用する企業や個人と、会員である人材ビジネス会社、特に小規模事業所にとってのメリットは大きいでしょう。

次に、そのサイトをいくつか挙げます。

●「日本の人事部」

「会社を伸ばす人事・労務ナビ」がキャッチコピーで、人事コンサルティング、人事・労務・総務代行を主とする人材ビジネス事業者を、企業に紹介するサイトです。登録済みの商品、サービス、専門家、関連セミナーの検索をメインに、関連ニュース、調査分析結果、人事労務辞典やインタビュー、コラムを掲載しています。相談掲示板設定やメールマガジン配信もあり、充実した内容です。

●NPOインディペンデント・コントラクター協会

ICやICとして独立予定の人を正会員として、会員の活動支援とICの社会的認知度を高めるNPOのサイトです。

会員が事業内容をホームページ上で公開し、IC活用を検討中の企業がサービス分野ごとに会員を検索、直接交渉することができます。メールマガジンを発行し、その中で検討企業が会員限定で公募することも可能です。

人材ビジネス事業者紹介サイト

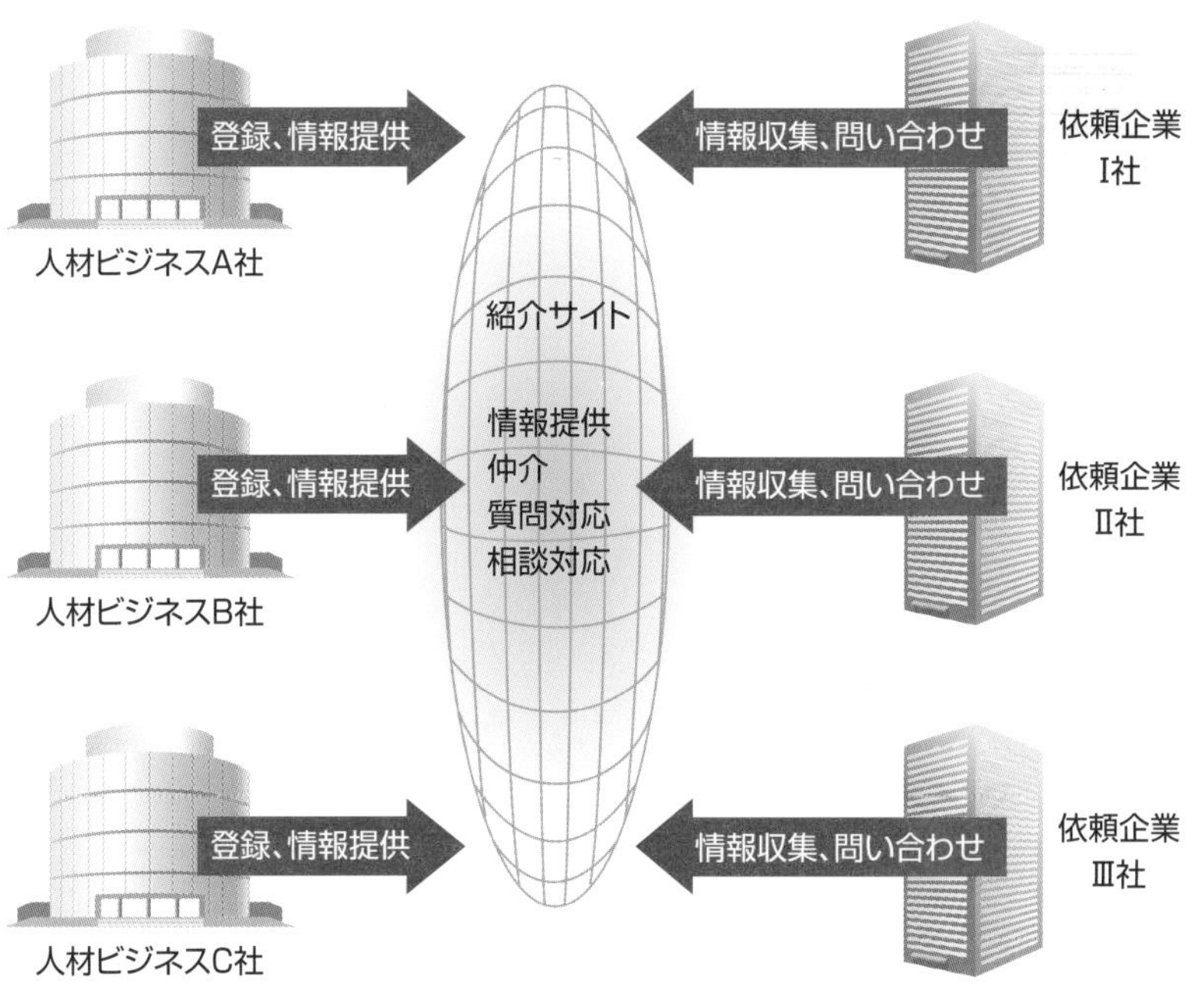

13 雇用、就業の問題に対応する

これまでも、人材ビジネスは、社会の問題点の解決に貢献してきました。ですから、現在の課題への対応や今後発生する問題を防ぐことにも貢献できるはずです。

非正社員と正社員

現在も労働者の非正社員比率は高く、非正社員であること自体が問題視されています。では、その非正社員の一つの形態とも、直接雇用ゆえ正社員ともくくられる**契約社員**について考えてみましょう。

有期契約である契約社員は、企業によっては、準社員、アルバイト、パート社員を指す場合、短期間の契約による雇用の調整弁に過ぎない場合、契約期間が正社員への試用期間である場合など、一様でないことは前にも述べました。リクルートグループのように、戦略的な契約社員活用を制度化している企業もあります。

また、コスト削減や雇用調整しやすいという点だけで非正社員を雇用する場合もあれば、業務内容によって振り分けた結果の場合もあります。業務委託契約を結ぶ場合、その個人も非正社員です。

中には、「正社員ではないから」と、社会保険加入要件を満たしても加入させない違法行為、加入しなくても済む期間、時間などに抑えての、違法ではないが不安定で低賃金での雇用など、労働者にとって不当な、または不利な状況も見られます。

その一方、多様な働き方を受け入れる、正当に評価することで生産性を高める雇用者や、自分のライフスタイルに適した働き方として非正社員を選択する労働者もいます。

同時に、パート、アルバイト、契約社員からの正社員登用の増大、紹介予定派遣の導入など、非正社員から正社員への切り替えも増加しています。帰属意識、モチベーションアップやスキルアップ、定着率アップの他、後継者育成、技術継承が目的なのです。

この多方向の現象は、共に人材ビジネスの介入のチャンスでもあり、どちらに向かっても、その活用の効果があります。どちらが正当かではなく、個々の企業と個人にとって、適したスタイルは何なのかが重要なのです。その選択に、人事コンサルティングやキャリア・カウンセリングが、決定後は、人材紹介、人材派遣、請負、人材情報サービスが貢献できます。

企業は雇用形態を、個人は働き方を、中長期的計画のもと、積極的に、前向きに選択することが、両者のその後の成果につながるのです。

フリーター・ニート問題

前の章で述べたように、フリーターやニートとひとくくりに名付けられていても、その実像は多様で、一律の対応は不可能です。そもそも多様な「人」を扱い、その就業支援、キャリア開発支援を行う人材ビジネスだからこそ、柔軟な対応ができます。その結果の適材適所は、個人と企業両方にプラスなのです。

仕事に就けない理由＊（割合）

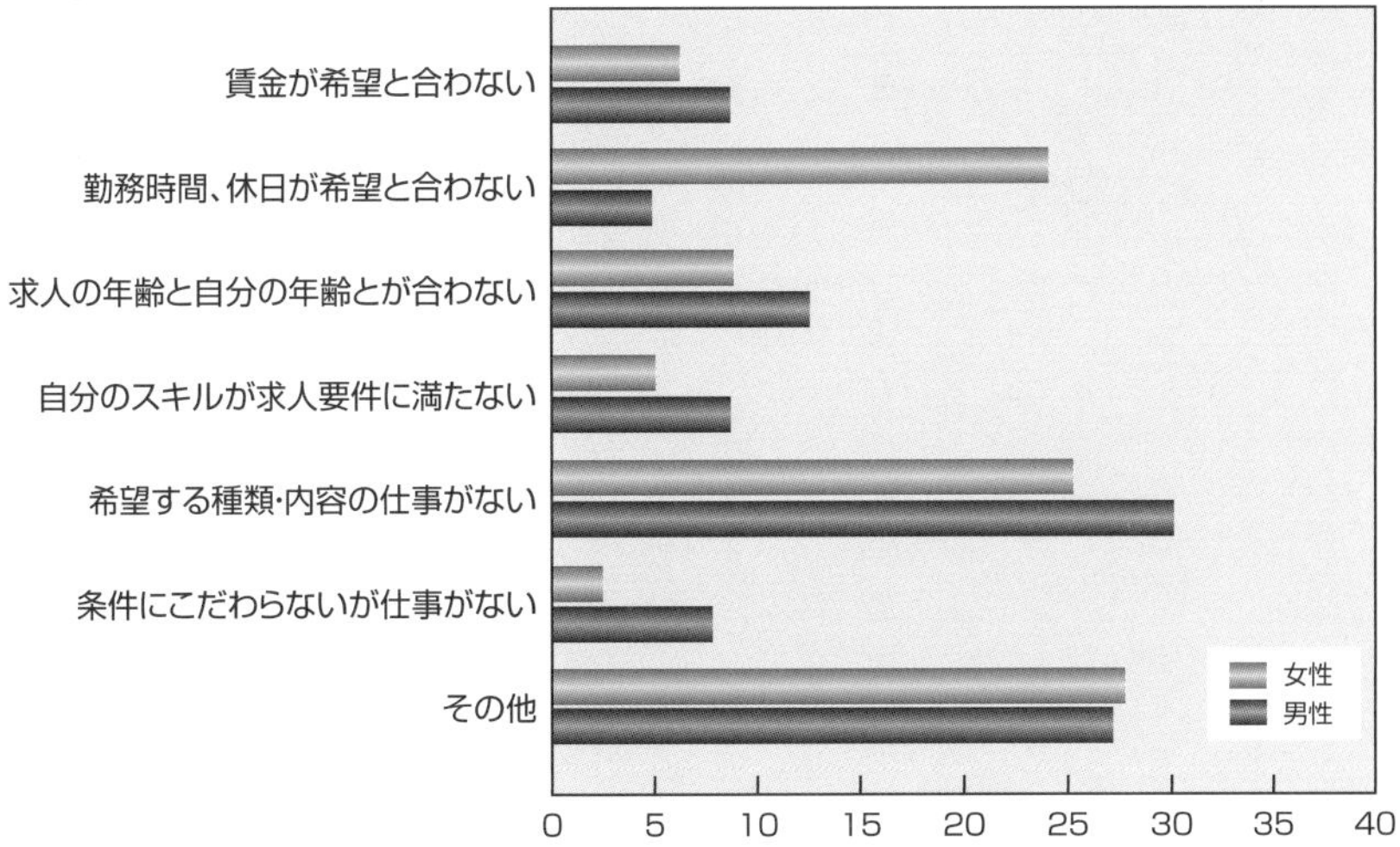

＊…**に就けない理由**　出典：総務省「平成30年労働力調査」より作成。

14 早期離職を防ぎ、就業継続を支援

早期離職者の増大は、当人や採用企業だけの問題ではありません。波及効果も含めて、説明します。

新卒者の早期離職

七五三現象*といわれた新卒者の離職率は、多少の増減はあるもののいまだ高いですが、景気や意識の変化、企業努力によって、定着率がアップする企業も現れました。いずれにしても、短期間での離職は当人にとっても、企業にとっても問題です。

その要因は、個人の事情や性格だけでなく、いくつかの要素が絡み合っています。ミスマッチ、新卒者の就業意識、価値観の変化や一部の企業に見られる一律の硬直した指示命令型マネジメントスタイル、長期的人材育成の視点の欠如、世代間の断裂などです。

では、ミスマッチの要因は何でしょう。前にも述べたように、家庭、社会、学校の中で、早くからの継続的、縦断的キャリア教育を受けず、自己理解、職業理解の上の自主的な進路選択ができなかったこと、情報不足、家庭や学校の固定観念などが挙げられます。

ということは、早期離職防止に人材ビジネスが貢献できるのです。キャリア教育や進路支援にキャリア・カウンセリングや人材育成・キャリア形成支援サービス、人材情報サービス、企業の採用計画、環境整備に人材コンサルティング、人材紹介、人材派遣、人材育成・キャリア形成サービスが適しています。

また、早期離職を防ぐことは、出身校のその後の卒業生の進路選択支援にもなります。その学校の評価につながり、その成功体験はケーススタディとして、その後のキャリア教育やキャリア・カウンセリングに活かせるからです。

同時に、採用企業のコスト削減だけでなく、体質改

用語解説

＊**七五三現象**　入社後3年以内に中卒者7割、高卒者5割、大卒者3割が退職する現象。

善にもつながるでしょう。一方、数年後の転職を想定して就職先を選ぶ新卒者が出てきました。新たな早期離職のかたちです。それを踏まえての採用もありますが、多くの企業は対策が急務です。

その他の問題点・課題

その他の問題に、企業の正社員採用の抑制や派遣スタッフ、請負スタッフの収入の不安定さ、社会保障の低さがあります。それを見て、人材派遣や請負は、依頼先企業の正社員の雇用を妨げている、あるいは、派遣スタッフや請負スタッフの賃金をピンはねしている、不当な待遇をしているという誤解が、いまだにあります。ですが、検討結果が間接雇用であり、むしろ正社員の就業継続や職場復帰の支援にもなることは、これまでも述べました。また、人材派遣や請負の仕組みを正確に理解すれば、あるいは人材派遣会社や請負事業者が本来の役割を果たしている限り、、ピンはねや不当待遇はあり得ないことがわかるはずです。

つまり、人材派遣や請負は、依頼先企業の社員と自社の登録者、社員の両者の就業支援でもあるのです。

一つの問題解決は好循環を作る

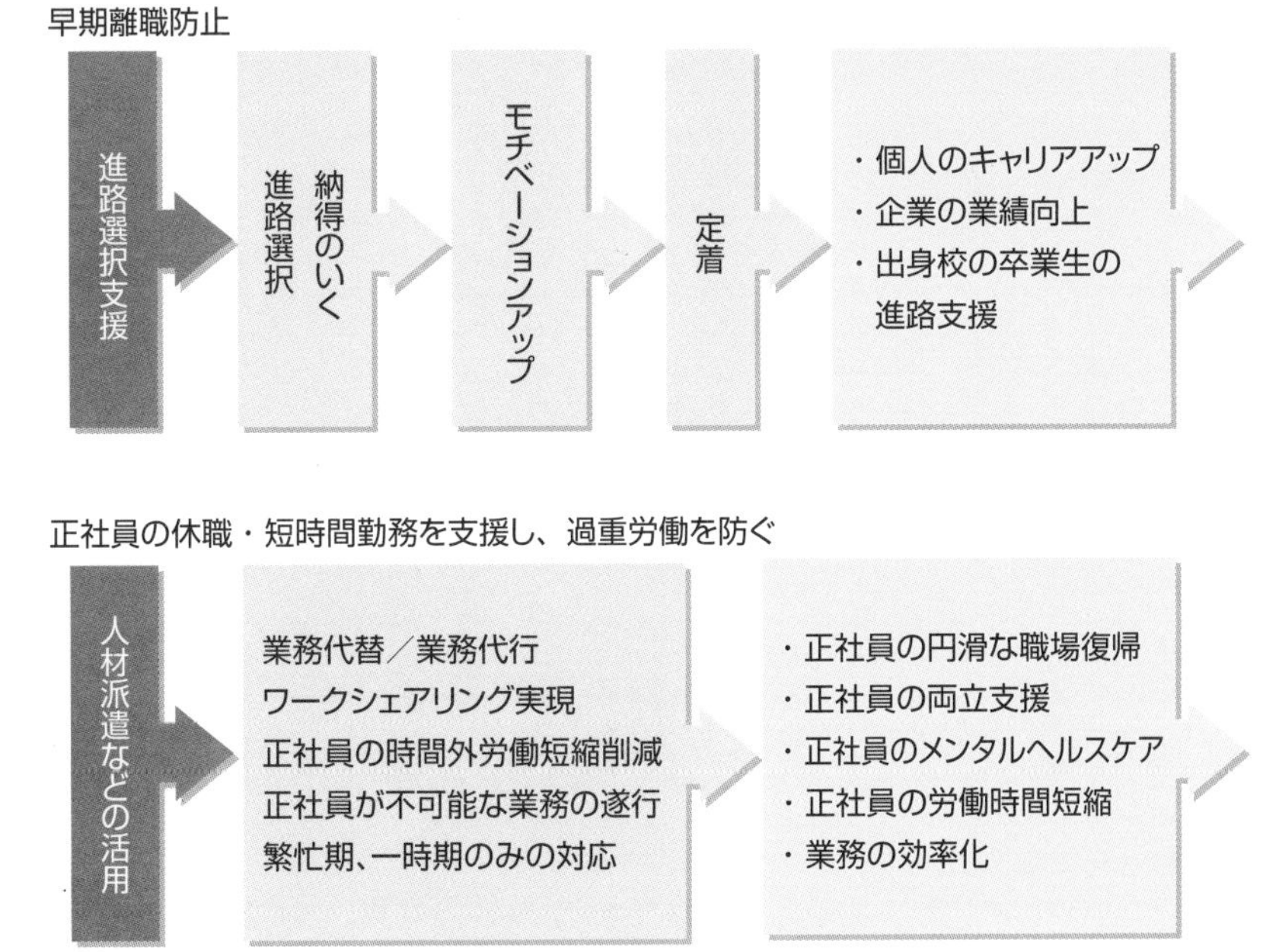

15 ダイバーシティマネジメント

雇用形態、ライフスタイル、価値観の多様化は、ダイバーシティマネジメントの必要性を示しています。つまり、人材ビジネスが貢献できるということです。

ダイバーシティとは

ダイバーシティは、辞書では「多様性」と記され、雇用分野では「**ジェンダー**＊・人種・年齢における差異」という意味で使われ始めて、グローバル企業のマネジメントの課題でした。日本では、雇用に関する女性差別の撤廃や女性の職環境の向上、女性の管理職登用の増大を意味した時期がありました。年齢による採用制限の削減や高齢者の雇用継続などを中心とする場合もありました。

その後、雇用分野の多様性の範囲は拡大し、「性別、年齢や障害の有無、人種、文化、習慣、価値観などの多様な人たちが生き生きと働ける環境を創ること」を**ダイバーシティマネジメント**というようになりました。

女性管理職の組織における割合の数値目標達成や障害者の雇用率などの法的規制に従うという義務的マネジメント、宣伝効果のみを狙うものではなく、結果的にすべての労働者の職場環境整備・モチベーションアップであり、組織改革、業績向上につながるという認識に至ったからです。

さらに、現在、ダイバーシティは、そのダイバーシティマネジメントをも意味するようになりました。

「男女雇用機会均等法」「育児介護休業法」「雇用確保措置」などの法整備や両立支援の動きもあり、ダイバーシティは進んできてはいますが、その運用や認識に課題は山積しています。

一方、仕事の進め方のアドバイスや悩みの相談にあたる**メンター**（助言者）を企業に送る人材ビジネス会社

用語解説

＊**ジェンダー**　文化的、社会的に作られる性、性別、性差のこと。

が登場しました。社内にロールモデルやメンターのいない女性管理職のサポートになっています。

ワン・トゥー・ワン・マネジメント

人は誰しも、多様な能力、経験、価値観を持ち、活かされる場も多様です。また、性差や年齢差をまったく無視することは、むしろ不合理です。不当な差別は排除しなければなりませんが、区別は必要です。

ですから、個人の「違い」を「違い」として認め、むしろその「違い」を活かす、**ワン・トゥー・ワン・マネジメント**が求められています。組織において、「違い」を活かす人員配置が「適材適所」であり、伸ばす教育が「人材育成」であり、それらを統合したマネジメントが必要なのです。つまり、ワン・トゥー・ワン・マネジメントは、ダイバーシティでもあります。

多様な個人の能力・経験・適性・価値観を把握し、そのニーズに応えると同時に、企業の多様なニーズに応えるのが人材ビジネスです。ワン・トゥー・ワン・マーケティングの人材ビジネスだからこそ、ワン・トゥー・ワン・マネジメントに貢献できるのです。

ダイバーシティの効果

16 ワーク・ライフ・バランス

個人の多様性を認め、それを活かす組織のマネジメントがダイバーシティなら、個人の「ワーク・ライフ・バランス」を実現できる組織を創ることもまた、ダイバーシティでしょう。

ワーク・ライフ・バランスとは

ワーク・ライフ・バランスとは、「仕事と家庭の調和」や「やりがいのある仕事と充実した生活を求めること」を指しますが、現在の職業人の一つの考え方、就労観、生活観ともいえます。

「ライフ」の意味するものは、家族との生活（育児、介護を含む場合あり）、個人の生活や、趣味、旅行、ボランティア、地域活動、友人・知人との関係など、その人によって様々です。また、価値観の違いだけでなく、家庭環境、地域環境や趣味、社外活動状況などによって、どの状態なら調和が取れるかは、一様ではありません。

しかし、社員の「ワーク・ライフ・バランス」の実現が、組織にとってもプラスになることはいうまでもありません。具体的には、次のような効果があります。

- 十分に休養、リフレッシュすることで、モチベーションアップ、生産性向上、職場活性化につながる。
- 時間管理能力やコスト意識が高まり、業務効率化と時間外勤務の削減が可能になる。
- 社外の活動を行うことで、多方面からの情報収集や様々な経験を積むことができ、広い視野や分析力、新たな発想を得ることができる。
- キャリアを中断せずに済むので、個人のスキルアップと組織の基盤強化になる。
- 調和が取れているからこそ、組織に定着できる。

つまりは、企業の業績向上につながるのです。また、既存の社員の「ワーク・ライフ・バランス」実現は、今後の優秀な人材の確保につながります。

ダイバーシティとの関係

多様な個人の「ワーク・ライフ・バランス」を実現する組織のシステム・制度、体制は、ダイバーシティに他なりません。ダイバーシティを考慮しての組織構築が、「ワーク・ライフ・バランス」の実現につながるのです。

ワーク・ライフ・バランスと人材ビジネス

人材ビジネスは、どのように「ワーク・ライフ・バランス」を支援できるでしょうか。

まず、組織改革、制度策定、意識改革などに対する人事コンサルティング、人材育成・キャリア形成支援サービス、請負が有効です。

また、社員の休業（出産、育児、介護、傷病）や有給休暇取得時の代替業務実施と職場復帰支援、ワークシェアリングの実現、過重労働削減に、人材派遣、請負が有効です。これは、前に述べた、正社員の就業支援そのものでもあります。

ワーク・ライフ・バランスはダイバーシティそのもの

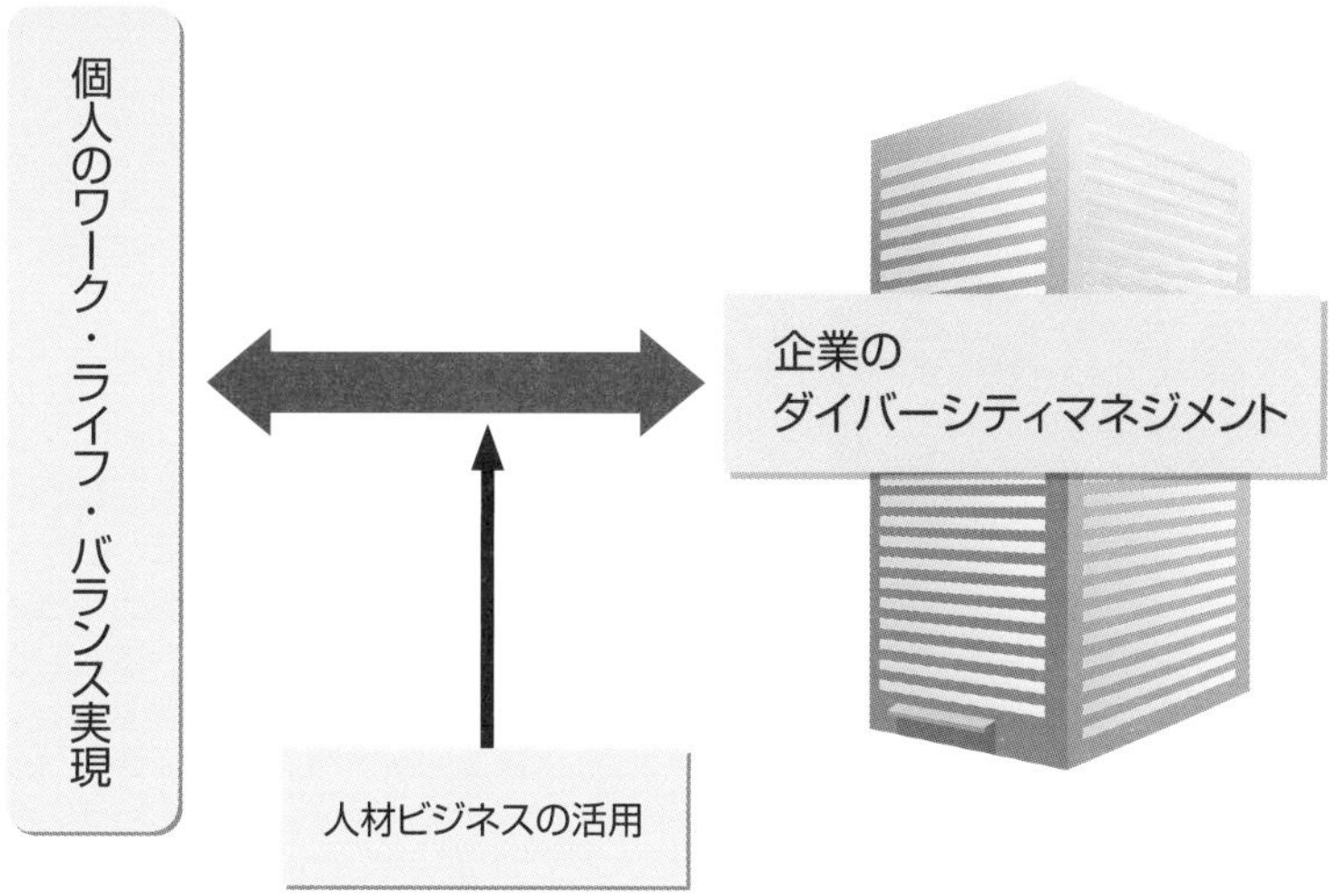

17 信頼に基づく関係者の利害の一致

多様な人材ビジネスのすべてに共通する点があります。それは、商品が「人」の力である、あるいは受益者が「人」であるということから発生します。

関係者の利害は一致する

これまで述べてきたことからわかるように、人材ビジネスが「本来の」業務を遂行したとき、人材ビジネスに関わる人すべての利害は一致します。

人材紹介、人材派遣、請負、人材情報サービスの場合、求人企業と求職者の利害が一致するはずです。

人事コンサルティングは依頼企業の利害が、結果としてその企業の社員の利害に影響します。個人に対するキャリア・カウンセリングやコンサルティングは、結果として、現在勤務している企業、これから勤務する企業の利害に影響します。

再就職支援サービスは依頼企業、対象者、対象者の再就職先企業の利害が一致します。

商品や対象が「物」であれば、それ自体の満足や理解は不要で、規格化や修理・返品が可能です。人材ビジネスでは、それらが「人」であるがゆえに、その「人」の納得も必要なのです。拘束できないため、その不満や評価を口外する、逃げ出すことを避けられません。依頼者以外の「人」の評価によっても、再オーダー、再契約の可能性がなくなる、契約中途解除や契約更新不可に至ること、登録希望者やオーダー検討者が他社に流れることもあり得ます。

また、組織は人で成り立ち、人は組織の中での充足や評価を求めます。どちらが依頼者であれ、結果として両者に影響があるのです。

依頼者や強者だけが利益を得たり、一時的な利益、表面的な利益、不当な利益を追求することは、長期的にはその人材ビジネスの破綻を招きます。

ともすると、依頼者が組織の場合、人材ビジネス会社は、その組織の利益のみを重視すると思われがちです。それは、誤解か、本来の業務を遂行していない人材ビジネス会社のみを見ているからに過ぎません。

信頼関係構築がスタート

人材ビジネスのサービス・商品は、その内容や効果、導入実績を説明することはできますが、有形化して見せることはできません。

また、多様で、変化する人材に関する契約を、その満了まで保証することは容易ではありません。

その上、登録型の人材派遣、請負なら、契約期間のみ雇用関係、業務委託関係にあるわけですから、その後の定着も重要です。

だからこそ、信頼関係があってはじめて成り立ち、存続するのです。したがって、人材ビジネスの営業業務は、信頼関係を築くことそのものともいえます。

先に述べた、関係者の利害の一致が信頼関係のもとに成り立っているのはいうまでもありません。

人材ビジネスは人との信頼関係で成り立つ

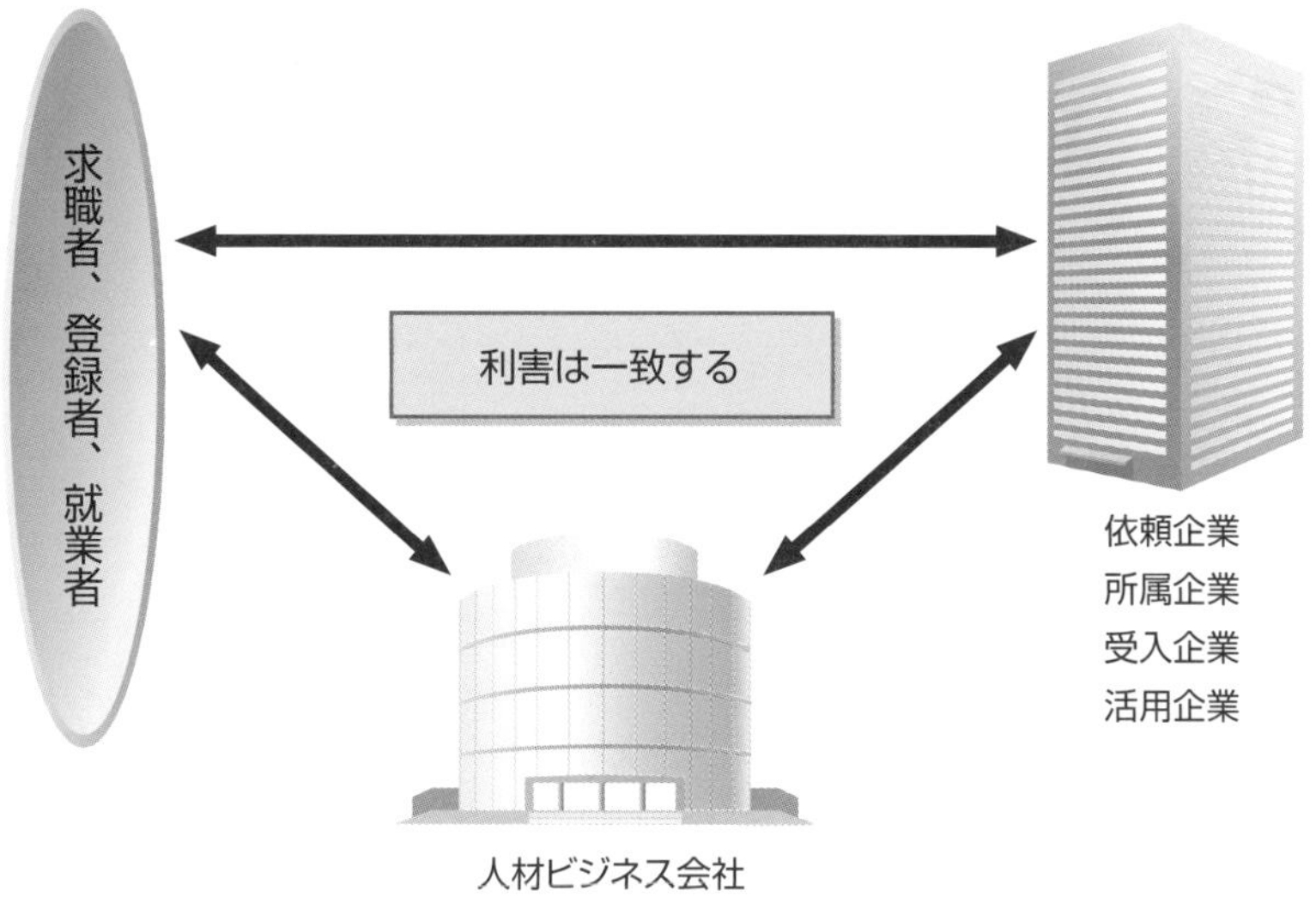

重要なのは理想的な組織

どの組織も、その構成員の質が問われますが、「人」を扱う人材ビジネスは、さらに広範囲の能力や柔軟な取り組み姿勢が求められるでしょう。人材育成とその人材からなる理想的な組織が重要なのです。

自社の人材育成が鍵

人材の多様な能力、経験、価値観、性格、適性、ニーズや企業の多様な風土、組織、課題、ニーズをその後の変化を含めて把握し、コンサルティングしつつ対応するのが人材ビジネスです。コミュニケーション能力、分析力と業種、職種などの知識を含めたキャリア・カウンセリング能力やコンサルティング能力など、その事業内容に応じた様々な能力が必要なわけです。

そもそも、意見や感情を持つ、「人」とその「人」の集合体である企業は絶えず変化し、取り巻く環境も変化します。ですから、人材ビジネスは、変化するからこその緊急事態や不測の事態に、迅速、的確、柔軟に対応することが不可欠なのです。

そのためには、応用力、判断力、交渉力、問題解決能力、柔軟性や真摯な取り組み姿勢が必要です。

また、業務を行う際、人材ビジネスの内容によっては、関連法規の知識や契約管理技術が不可欠です。多様で、変化する「人」を扱うこのビジネスの管理業務の一面は、法に基づく契約管理のためです。労働基準法、職業安定法、労働安全衛生法、男女雇用機会均等法、労働者派遣法、雇用対策法、育児・介護休業法、個人情報保護法などや、社会保険制度、税金などの知識とその後の改正点、運用知識などが必要です。

しかし、ここまで挙げた能力、知識、技術、取り組み姿勢を当初からすべて備えている人は、まずいないでしょう。ですが、一人が全部可能でなくても、組み合わせによるチームワークで業務を行うことも考えられま

18

す。いずれにしろ、業務を遂行できるレベルまで、社員を育成することが不可欠です。

また、習得した知識・技術・ノウハウだけで業務を遂行するのはなかなか困難です。何らかの職業経験、人生経験がある人材を、年齢にこだわらず採用し、育成効果を高めることがベターでしょう。

どんなにシステム化、機械化、マニュアル化が進んでも、「人」を扱う人材ビジネスは、社員である「人」がコミュニケーションを図ることで成り立つからです。

自社が企業モデル

人事コンサルティングや経営コンサルティングを事業内容とする人材ビジネス会社でなくても、人材ビジネスサービスは、程度の差はあれ、コンサルティングサービスの要素を含んでいます。その営業業務は、コンサルティング業務ともいえるでしょう。

したがって、人材ビジネス会社自体が理想的なマネジメントスタイル、組織構造でなければ、説得力を持ちません。自社が企業モデルである、あるいは企業モデルであろうとすることが営業効果になるのです。

人材ビジネスを行うには

人材ビジネス会社は「企業モデル」であるべし

- 理想的なマネジメントスタイル
- 理想的な組織構造
- 全社員の意識、スキルの高水準化
- 全社員のモチベーション維持

業務完遂
営業効果
信頼獲得

共通原則のもと、可能性を広げる

共通原則に立ち返る、守ることが、人材ビジネスの中長期的な利益確保につながります。それは、産業構造や雇用環境が変わっても、普遍なのです。

パートナーシップ

人材ビジネスに限らず、本来、あらゆるビジネスは取引先と対等な関係にあるはずです。

信頼関係を基盤に、常に関係者すべての利害の一致点に配慮する、企業モデルでもある人材ビジネス会社は、依頼先にとって、すでにイコールパートナーです。

逆に、イコールパートナーでなければ、真の支援、コンサルティングは不可能であり、利害はどこかに偏り、信頼関係は築けないでしょう。

変化、多様化はビジネスチャンス

人も、組織も、環境も多様であり、変化し続けます。それに応じた、ダイバーシティが組織力を向上し、個人のワーク・ライフ・バランスを実現します。

それらに有効な情報も含めて、現在は、膨大な情報が溢れています。情報収集、分析、更新は、業種を問わず、企業に不可欠な業務となりました。

いまや多方面から情報を収集し、様々な変化を捉え、柔軟に対応し、ダイバーシティと個人のワーク・ライフ・バランスやキャリア形成に配慮した企業が、業績を向上する時代になりました。無個性の画一化した会社人間を作り上げ、指示命令型のマスマネジメントを行う企業が高度成長できた時代は終わったのです。

しかし、企業が、自社でそれらをすべて成し遂げることは困難で、そこに人材ビジネスの出番があります。あらゆる変化や多様化は、新たなニーズを生み出し、人材ビジネスのチャンスがあることを意味します。

問題・課題はニーズ

人や組織の多様性、可塑性から、過失や悪意がなくても、トラブルやクレームが発生します。また、かつてのマネジメントスタイルや成功体験が、必ずしも通用するとは限りません。さらに、人や組織をマネジメントする上で必要な法律・制度が創設、改正され、それを遵守する、運用するには正確な理解が不可欠です。

このように、解決すべき問題や、達成すべき課題が次々と現われます。ですが、それは人材ビジネスの新たなニーズの存在を意味するのです。

「人」がいる限り、可能性は無限大

規制緩和、または強化と新たな規制の中、不況と好況を通じて、人材ビジネス業界は、新規参入、拡大と撤退、縮小が相次ぎ、業務の統合と細分化・特化は加速しています。その上、認識不足から安易に参入する企業もあり、競争は激化する一方です。

ですが、「人」がいる限り、常にこの共通原則に立ち返れば、人材ビジネスの可能性は無限大なのです。

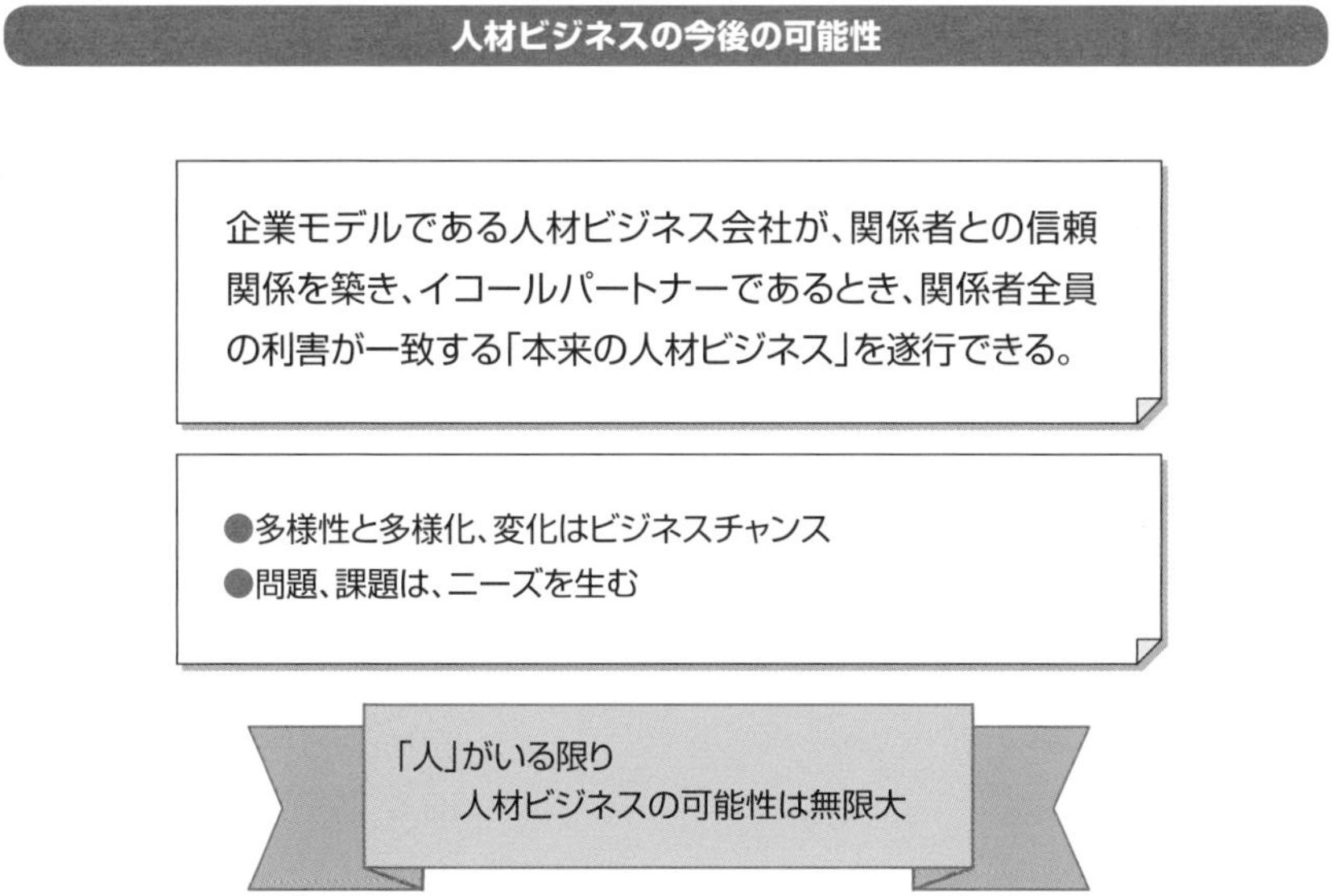
人材ビジネスの今後の可能性
企業モデルである人材ビジネス会社が、関係者との信頼関係を築き、イコールパートナーであるとき、関係者全員の利害が一致する「本来の人材ビジネス」を遂行できる。
●多様性と多様化、変化はビジネスチャンス
●問題、課題は、ニーズを生む
「人」がいる限り
人材ビジネスの可能性は無限大

column

非正規と正規の間

パート、アルバイト、派遣労働者、請負労働者を「**非正規労働者**」と呼ぶようになったのはいつ頃からでしょうか。正規ではない労働者、まるで「違法労働をしている人」「不当な雇用関係を結んでいる人」のようではありませんか。いわゆる「正社員」でないことは、「正社員にはなれないこと、不当な立場にいること」で当人にとって不本意でしかないかのようです。「正社員」と「正社員以外の働き方をしている人」の2つの階級をつくり、後者を「非正規」と名付けることで下層と位置付けているのでしょうか。

そもそも、就業先においてパート、アルバイトは直接雇用ですが、派遣労働者、請負労働者は間接雇用です。常用型派遣なら派遣会社の正社員、または契約社員ですし、請負労働者の多くが請負会社の正社員、契約社員です。また、パート、アルバイト、派遣労働者の多くは時間給ですが、それ以外は日給か月給、その給料も通常、派遣労働者の方が高額です。労働時間も短時間からフルタイムまでまちまちで、社会保険加入要件を満たせば社会保険に加入しますが、要件を満たさず加入できない、または加入しなくてもよい働き方の人、いわゆる扶養の範囲内に抑える人もいるわけです。

さらに、「正社員になれないから仕方なく…」という人がいる一方、「ライフスタイルや環境、事情に合っているから」と、それらの働き方を選ぶ人がいます。専門的スキルと実績を持ち、高い評価を得ている人もいます。

このように雇用形態が違い、多様な層が混在する、これらの働き方をひとくくりにするのはもともと無理がありますが、あえて共通項を挙げるなら、事実上、常用雇用に近い人がいるものの、多くが有期雇用で、長期の安定雇用を望み難いことです。その意味での「不安定さ」をどう捉えるかが鍵ともいえます。しかし、不当な雇止めがあるなら、社会保険要件を満たしていても加入させないなら、安全衛生に問題があるなら、不当な扱いをするなら、「非正規」だからではなく、雇用者の違法行為、不当行為です。

本来、法に則り、「同一労働同一賃金」「適材適所」を図り、適正な評価、待遇をするなら、「正社員以外」の働き方は、多様な働き方の一つ、あるいは次のステップまでの一段階ともいえ、「正社員」の下層と見なされないはずです。

人材ビジネスサービスのキャリア形成支援、就業支援と提案、啓蒙が功を奏すれば、「非正規」という言葉はなくなるものと信じています。

Data

資料編

データで見る人材ビジネス

人材ビジネスの活用度

中途採用時に利用したルート（事業所）

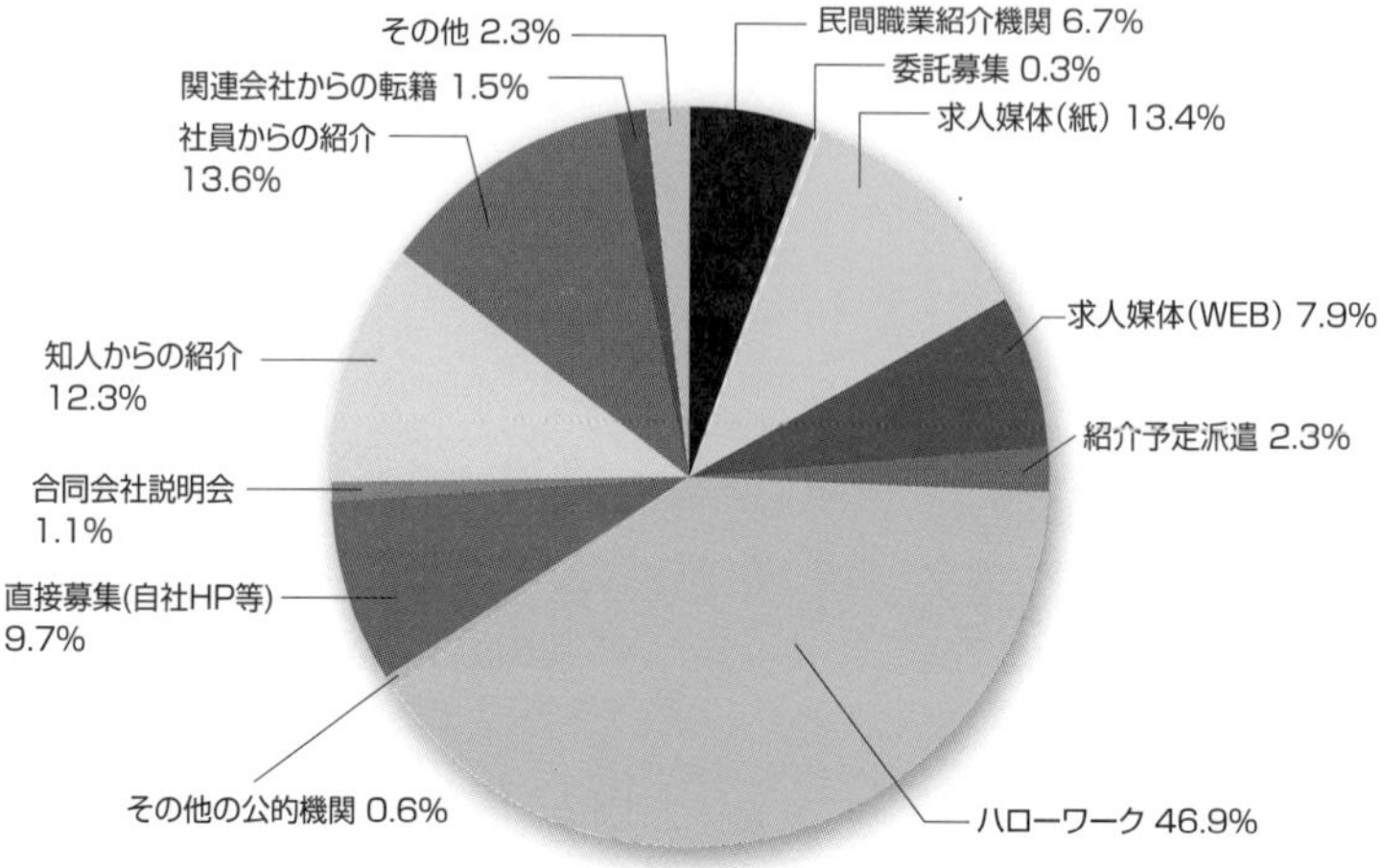

採用以外に利用しているサービス（事業所）

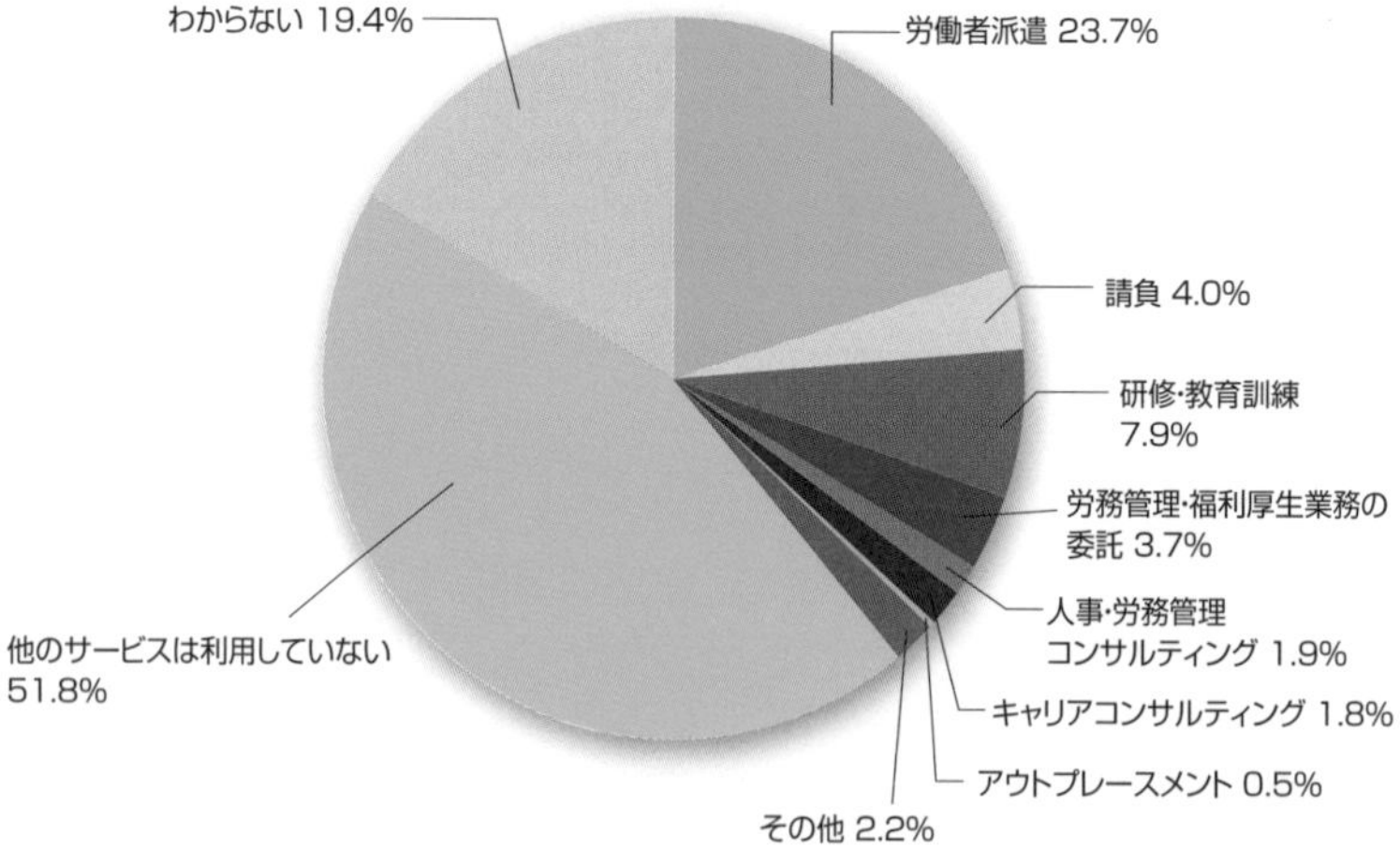

厚生労働省平成28年発表「民間人材ビジネス実態把握調査」より作成

人材ビジネスの活用度

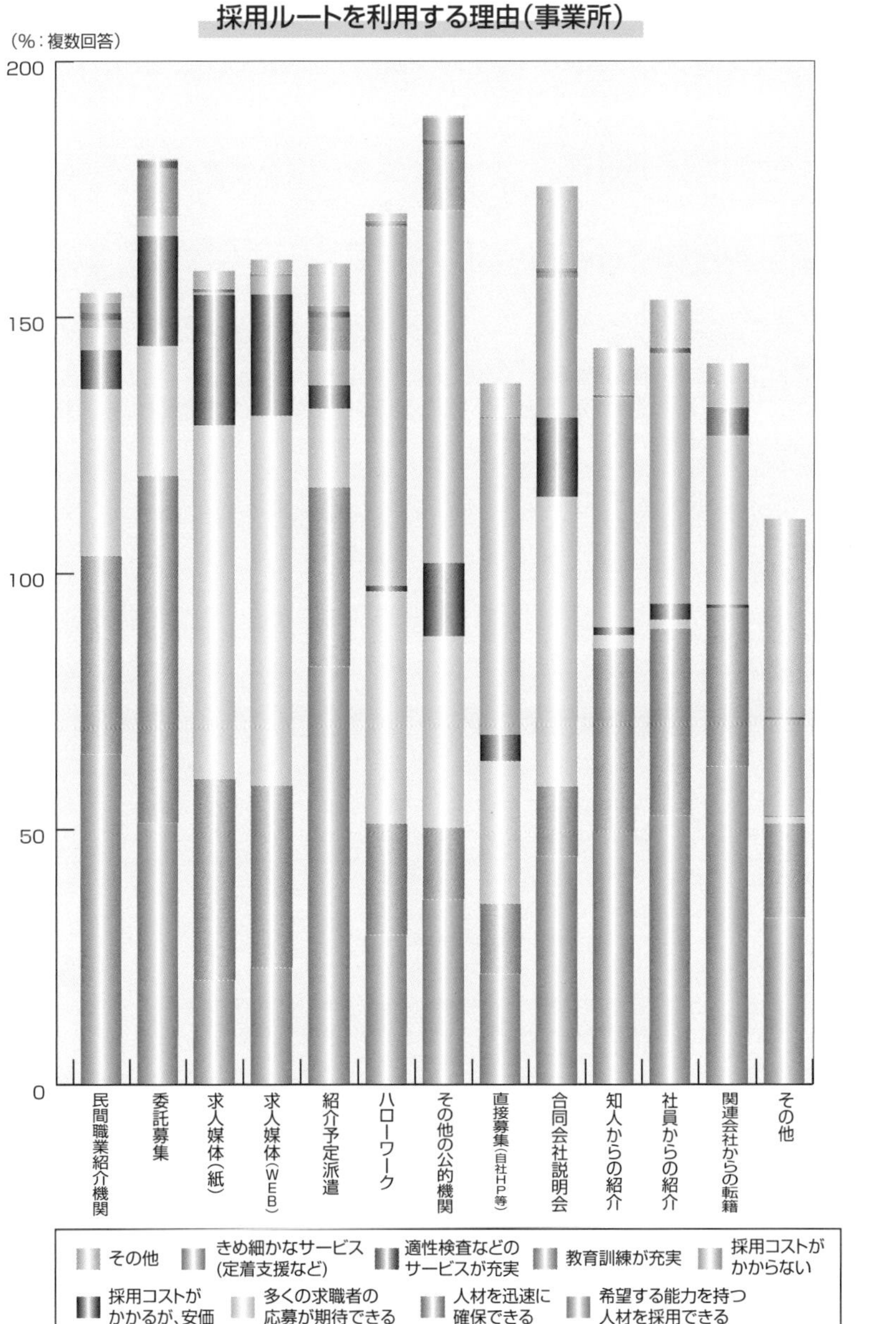

厚生労働省平成28年発表「民間人材ビジネス実態把握調査」より作成

人材ビジネスの活用度

採用に有効なサービス（事業所）

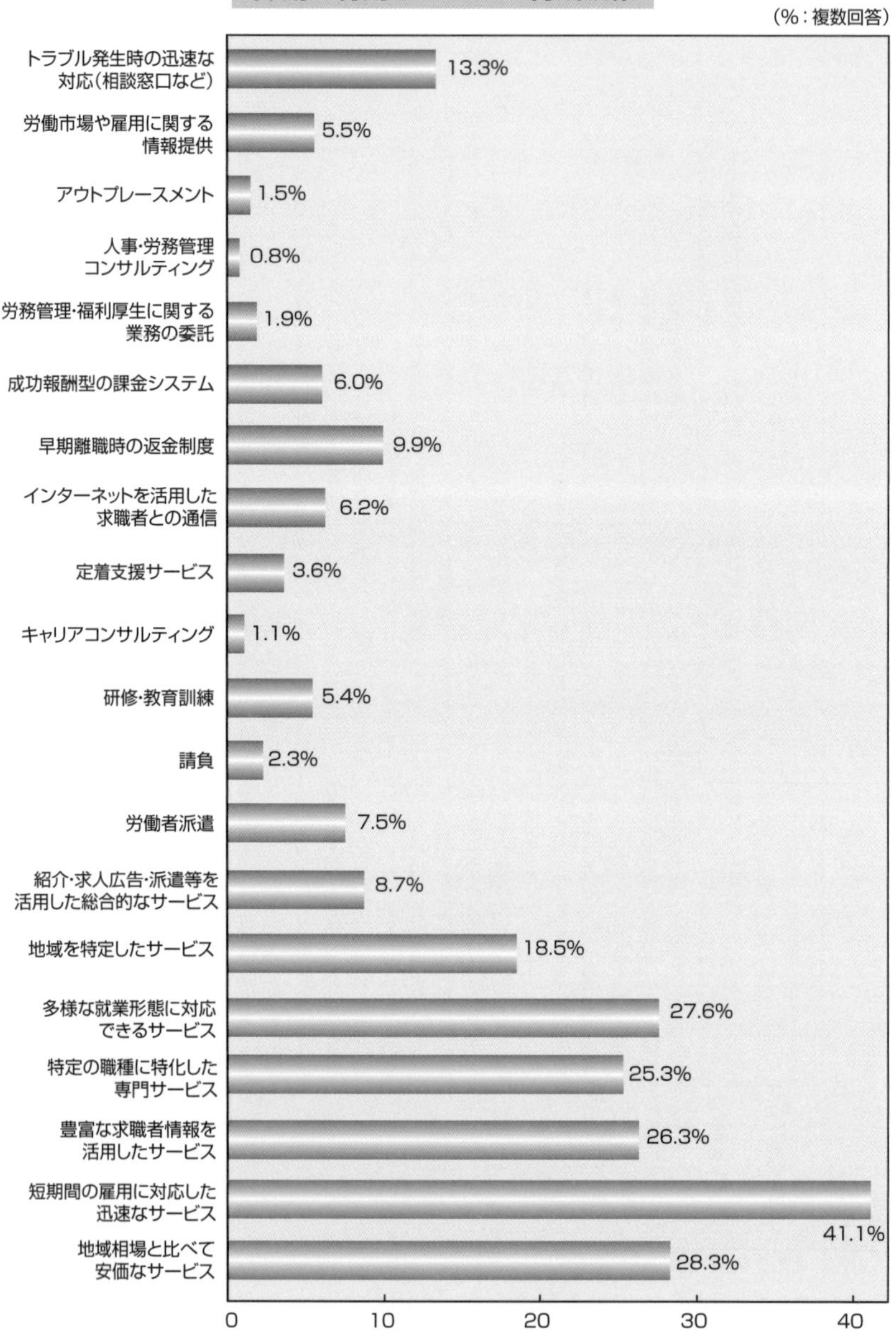

厚生労働省平成28年発表「民間人材ビジネス実態把握調査」より作成

人材ビジネスの活用度

就職に結びついたルート(求職者)

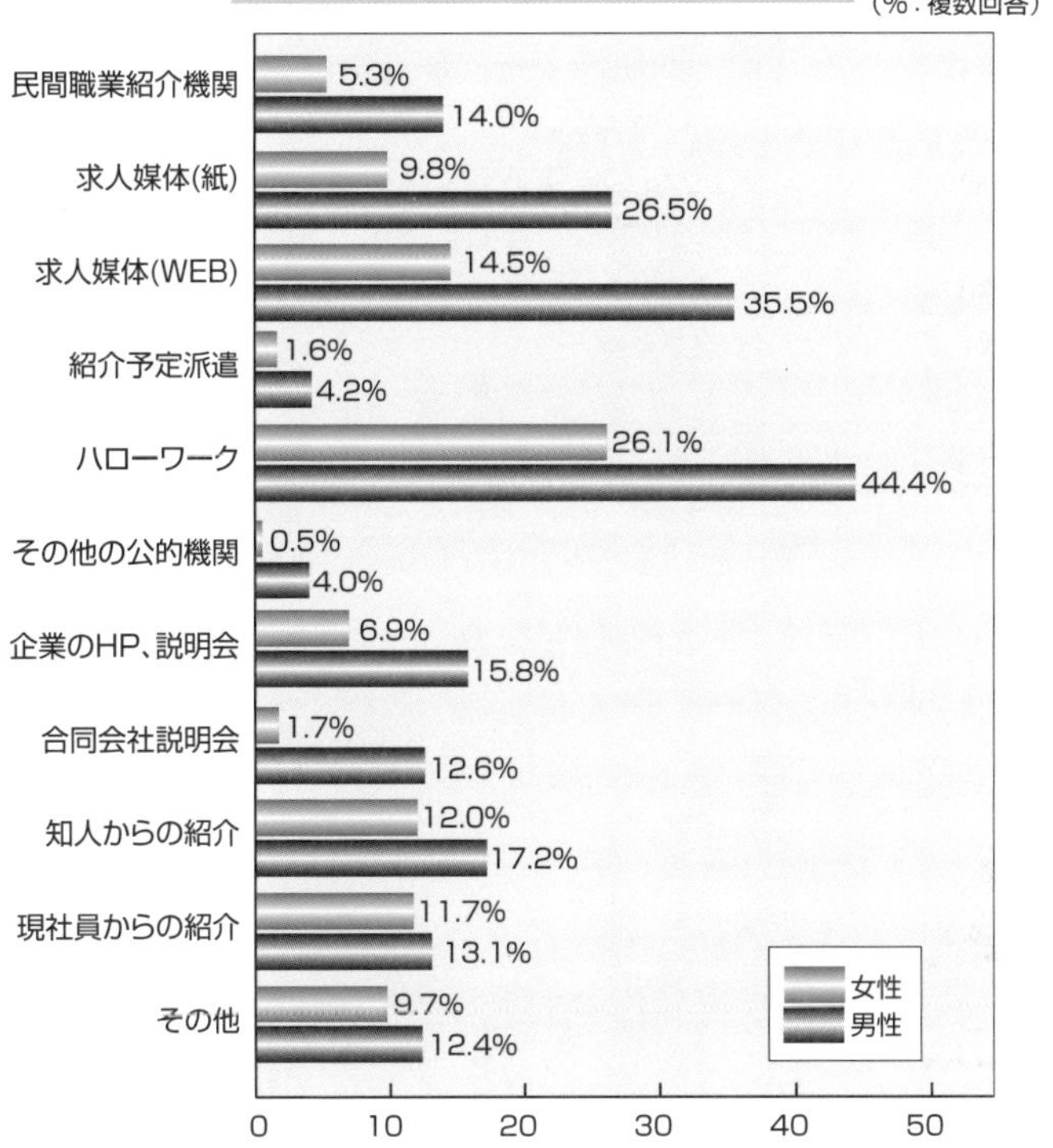

人材ビジネスの認知度(人材ビジネスを活用していない労働者)

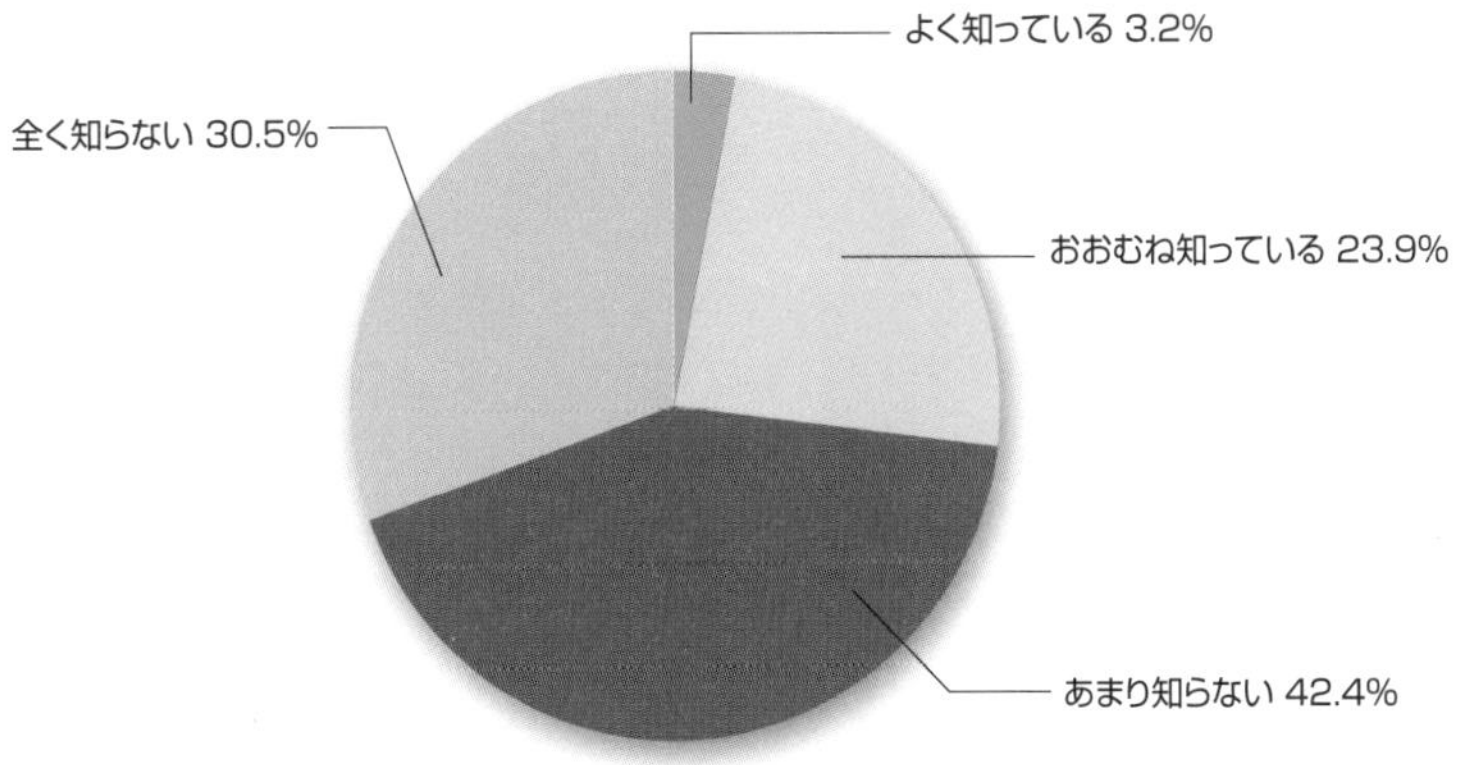

厚生労働省平成28年発表「民間人材ビジネス実態把握調査」より作成

人材紹介

常用求人数

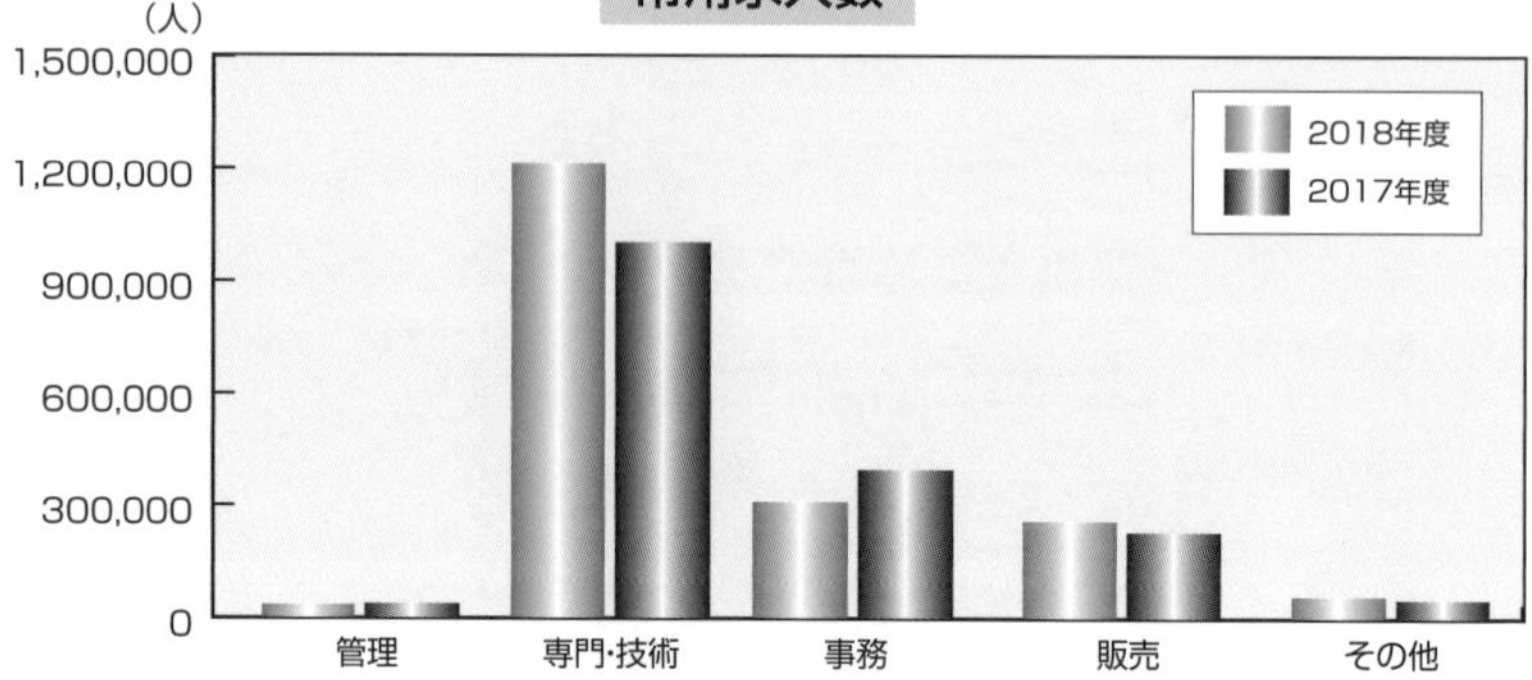

常用就職件数

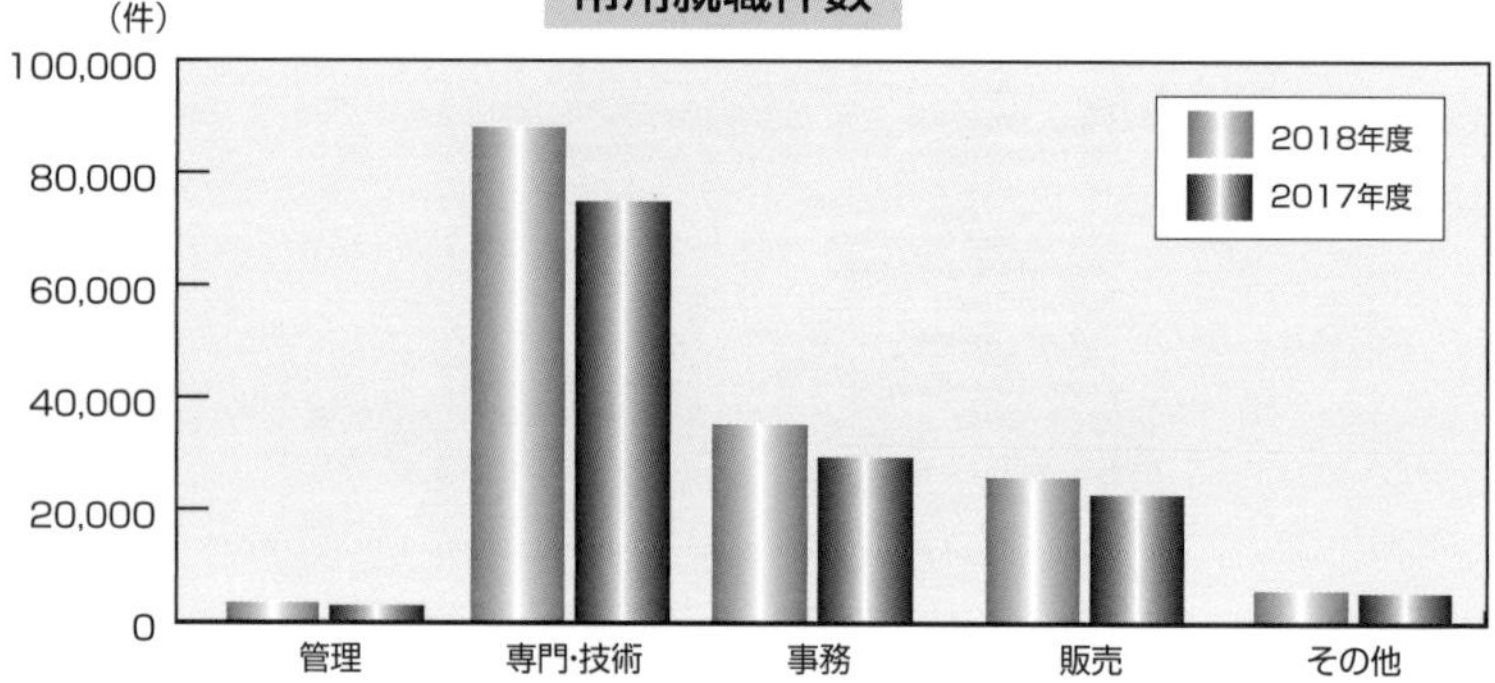

売上高推移

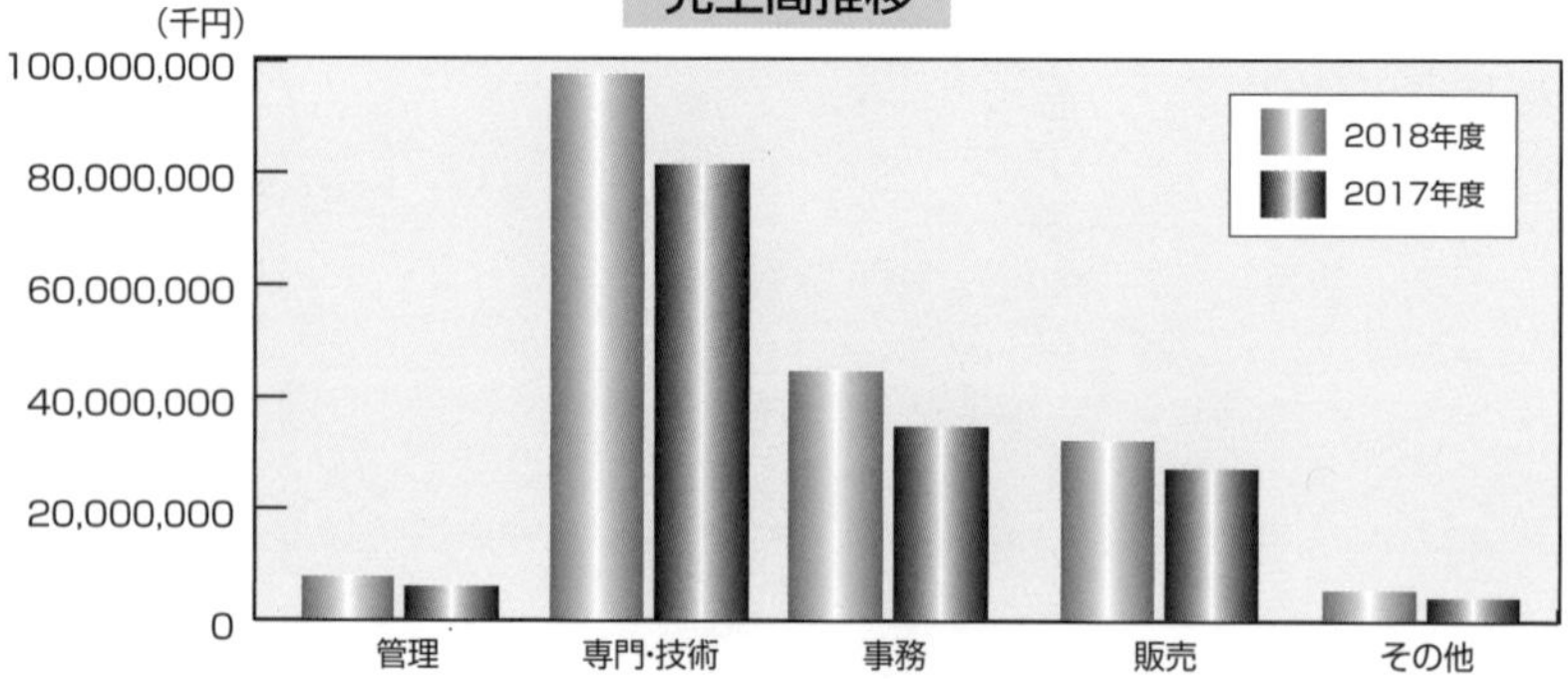

日本人材紹介事業協会「2018年度分業況調査」より作成

人材派遣

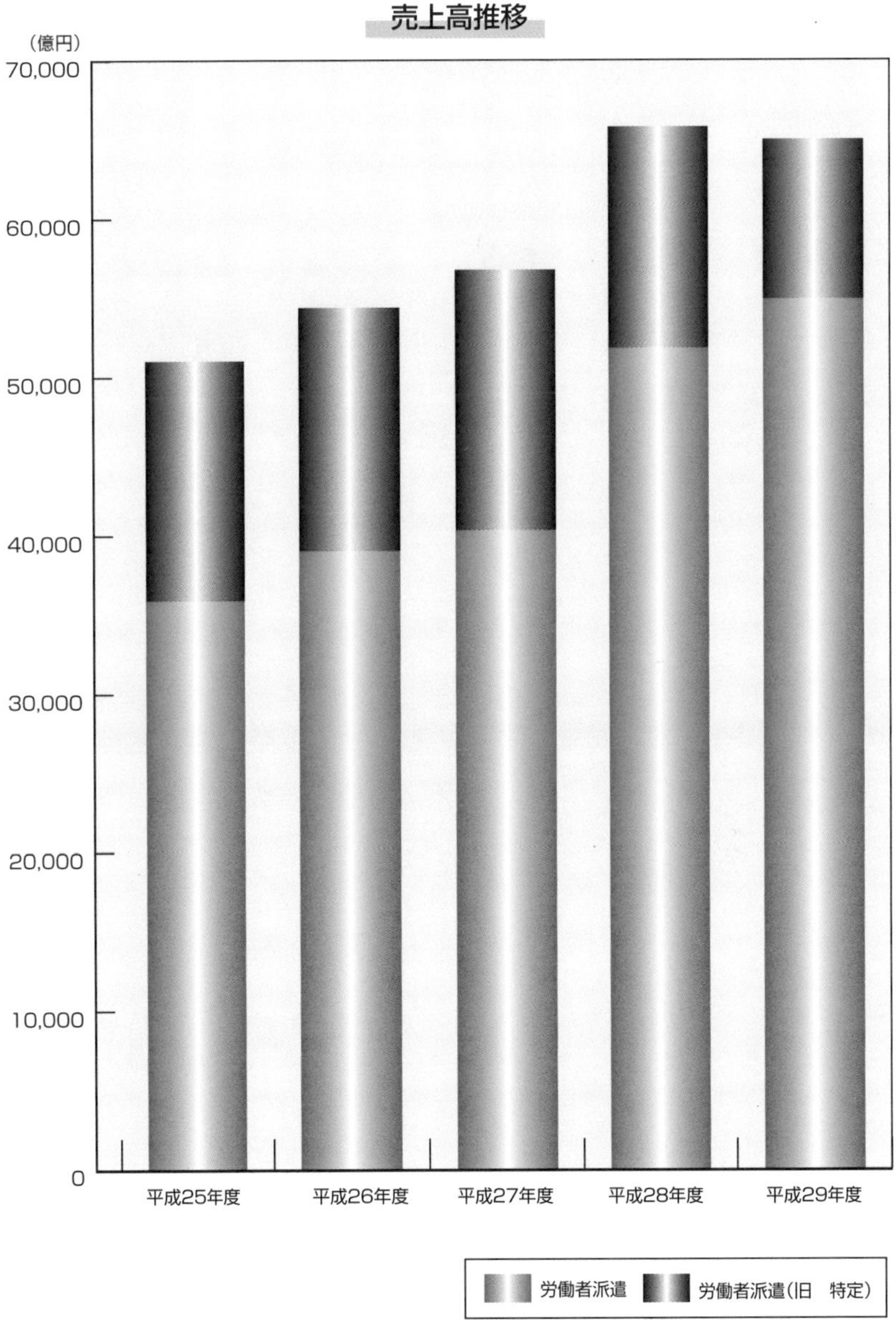

厚生労働省「平成29年度労働者派遣事業報告」より作成

人材ビジネス基本用語

コーディネーター

通常は、派遣会社における、登録希望者の面接からマッチング・フォローに至るスタッフ側の業務を行う社員。広義では、ニーズに適合する資源をマッチさせる人。

コールセンター

電話による受注処理、問い合わせ対応などの顧客対象業務を行う設備、部門。

個人情報保護法

「個人情報の保護に関する法律」の略称。2003年制定後、準備期間が設けられ、2005年4月1日をもって全面的施行。個人情報のデータベースを事業用に使用している「個人情報取扱事業者」は法的に決まっており、個人情報の適正管理の義務がある。

その義務は、個人情報に関する、①利用目的の特定②利用目的による制限③適正な取得④取得に際しての利用目的の通知等⑤苦情の処理。そのデータに関しては⑥内容の正確性の確保⑦安全管理措置⑧従事者・委託先の監督⑨第三者提供の制限がある。⑩データに関する本人への公表⑪本人から要求に応じたデータ開示⑫本人の要求によるデータ内容訂正⑬本人からの利用停止要望対応である。

雇用対策法

1966年制定。国の総合的施策により、労働者の職業安定と経済的社会的地位向上を図り、国民経済の発展と完全雇用の達成を目的とする。労働者の自主性を重んじ、事業主の努力も求める。

雇用調整

不況時の業務縮小や過剰雇用を様々な方法で調整すること。人員削減のみを指す場合もある。

アセスメント・ツール

診断・評価する方法、その道具。

育児・介護休業法

1992年、企業の労働者が育児休業することを事業主に義務付ける法律として制定される。その後の改正により、介護休業制度、子の看護休暇、介護休暇が制度化された。また、所定外労働、時間外労働、深夜業を制限する制度も設けられた。

解雇

使用者が一方的に労働契約を解約すること。労使の合意による「合意解約」や期間が予め定められた労働契約の期間満了による「雇い止め」との違いに留意。判例や規定追加により「解雇権乱用」について明文化された。そのうち、「整理解雇」の四要件は①人員整理の必要性②解雇回避の努力③被解雇者選定の合理性④労働組合や労働者への事前説明と誠実な協議である。

高年齢者雇用安定法

「高年齢者等の雇用の安定等に関する法律」の略称。1994年には、60歳定年が法制化。2004年の法改正では、募集・採用時に、年齢制限を行う場合の理由の提示が事業主に義務付けられた。また、2006年から2013年まで段階的に、①定年の65歳以上への引き上げ②希望者対象の65歳までの継続雇用制度の導入③定年制廃止の3つのうち、いずれかの措置を講じなければならない。2019年12月、70歳までの就業機会を拡大するため、66歳から70歳までの就業継続希望者を雇用する努力義務が企業に課された。先に挙げた3つの措置にさらに3つの措置を加え、選択肢を増やしている。

産前産後休暇

使用者は､6 週間(多胎妊娠の場合は 14 週間)以内に出産予定の女性が休業を請求した場合、その女性を就業させてはならない。産後 6 週間を経過した女性が、職場に復帰したいと請求した場合は、医者が就業に差し支えないと診断すれば、就業させても構わない。

社会保険

広義には、厚生年金、健康保険、国民健康保険、国民年金、労災保険、雇用保険、介護保険の総称で、国が管理運営している強制保険。通常は、厚生年金、健康保険、雇用保険を指し、加入要件が定まっている。

就業規則

事業場での職場規律、労働条件を統一的に定めた規則。労働基準法では、常時 10 人以上の者を使っている事業場では、必ず作成し、労働基準監督署に届け出なければならない。

出向

①在籍出向

親企業に在籍したまま、他企業で就業すること。

②移籍出向(転籍)

親企業から他企業へ籍を移すこと。

③移籍含み出向(移籍条件付出向)

中高年労働者の雇用調整策としての条件付移籍。

職業安定法

1947 年制定。公共職業安定所とその他無料職業紹介機関、有料職業紹介機関の職業紹介事業に関する法律。労働力の適正な需給供給と労働者の就業機会の供給と安定を図る。

男女雇用機会均等法(均等法)

「雇用の分野における男女の均等な機会及び待遇の確保等に関する法律」の略称。1985 年

雇用保険

労働保険の一種。1974 年制定の雇用保険法を根拠。失業等給付と、雇用安定、能力開発、雇用福祉を行う。一般的には、**失業保険**。

コンセプチュアルスキル

問題発見能力､問題解決能力､企画立案力など､課題や問題に理論的、合理的に対処できる能力。課題対応能力ともいえる。

コンピテンシー

成果を出している人物の行動特性、取り組み姿勢、ものの考え方で、観察、測定できるもの。または、そのコンピテンシーの分析と活用による能力向上プログラム。

コンプライアンス

法令順守。広義には、企業倫理、社会倫理の遵守も含まれる。

サービス残業

残業手当(2 割 5 分以上の割増賃金)を支払わずに時間外労働をさせること。

裁量労働

業務内容や特質によっては、労働者自身に仕事の進め方を任せる必要がある。その場合の、使用者が業務遂行の手段や時間配分について具体的な指示をせず、労働者の裁量に委ねる労働形態。

①専門業務型裁量労働制(SEなど 19 の業務を対象。労使協定締結要)

②企画業務型裁量労働制(事業運営に関する企画・立案業務を対象。労使委員会決議とその届出要)

労働基準法によって、実働時間にかかわらず一定時間労働したものとみなす**みなし労働時間制**が認められている。

マッチング

求人企業、派遣先企業のニーズに適した人材を選出し、交渉すること。

ミスマッチ

企業が労働者に求める条件と、労働者の希望条件、適性、能力とが一致しないこと。

物の製造業務

物の溶融、鋳造、加工、組立、洗浄、塗装、運搬など、物を製造する工程における作業に係る業務。

有給休暇

労働基準法で定められた休暇。6ヵ月継続勤務し、その間のすべての労働日のうち八割以上を勤務すると10日付与される。以後、勤続年数1年ごとに最大20日まで。使用期限は付与された日から2年。

労災保険

労働保険の一種。1947年制定の労働者災害補償保険法(労災保険法)を根拠。業務災害、通勤災害に遭った労働者やその家族に対する必要な保険給付を行う。

労働安全衛生法

1972年制定。事業場内の安全衛生管理の責任体制の明確化、危害防止基準の確立、事業者の自主的安全衛生活動の促進を図り、労働者の安全、健康と快適な作業環境形成を目的としている。

事業主は、事業所の業種と規模により、統括安全衛生管理者、安全管理者、衛生管理者を選任し、労働者の安全衛生に努めなければならない。

制定。女性労働者に対する、募集、採用、配置、昇進、教育訓練、福利厚生、定年、退職、解雇の範囲での男性労働者との差別的取扱いが禁止されている。賃金差別は、労働基準法によって禁止。

抵触日の通知

抵触日とは、派遣期間の制限規定に違反することとなる最初の日(=派遣可能期間の最終日の翌日)のこと。抵触日の通知は、それを知らないために派遣元が抵触日を超える派遣契約を締結することを防ぐのが目的。派遣契約を締結する際には、派遣先は派遣元に対し、この抵触日を通知しなければならない。この通知がないときには、派遣元は労働者派遣契約を結ぶことを禁じられている。

テクニカルスキル

業務遂行スキル、パソコン操作能力、語学力など、業務、職種ごとに必要とされ、正確性、迅速性や習熟度が求められる能力。技術的能力ともいえる。

ヒューマンスキル

協調性、柔軟性、積極性、コミュニケーション能力や人柄など、業種・職種・職場を問わず必要とされる、あるいは高いことが有効な能力。対人関係能力ともいえる。

フレックスタイム

規定の労働時間を守れば、出社・退社時間は、各従業員が自由に決められる制度、またはその自由勤務時間。通常、その就業時間内に含まれることが原則になっている最低限の時間帯(コアタイム)が定められている。

ヘッドハンティング

企業などが行う人材集め、引き抜き。ヘッドハンティングを行う業者や人を**ヘッドハンター**という。

労働基準法

1947年制定。労働者の労働条件についての統一的な保護法。1959年には最低賃金法が、1972年には労働安全衛生法が独立分離。最低基準を定め、強行法規(法律違反の労働契約は該当部分無効)、刑罰法規であることが特徴。

労働者派遣法

「労働者派遣事業の適正な運営の確保及び派遣労働者の就業条件の整備等に関する法律」の略称。1986年施行。派遣労働者の雇用条件の整備と権利の確保を目的とする。

ワークシェアリング

仕事の分け合い。一つの仕事を多数の労働者で分け合うことで、雇用の確保を図るものだが、所得抑制になりがちな面もある。

EQ

心の知能指数。**情動指数**とも呼ばれ、仕事への取り組み方、感情表現、人間関係への関心の度合いを表す。採用、配置、人材育成の一つの指標でもある。

ISO9001

品質管理のシステムについて定めた国際規格。国際標準化機構(ISO)が1987年にまとめた品質管理の指針ISO9000ファミリーの代表。この認証は企業の品質管理·保障体制の証明。

ISO14001

環境管理システムを構築する手順などを定めた国際規格。1995年に成立した環境管理·監査の国際規格ISO14000シリーズの代表。

おわりに

既刊の発行から四年経過したことがきっかけで本書に取りかかったのでしたが、この間の業界の変化はめまぐるしく、思いの外、追加修正事項が多かった上、修正中にも変化がありました。さらに、人材ビジネスのサービス内容、活用範囲の拡大と他の産業界とのリンクによって、業界は複層化し、人材ビジネスとはどこまでを指すのかを、問い直しながら作業を進めなければなりません。何しろ総合人材サービス大手は、「人」に関わるあらゆるサービスを、自前で、あるいは多様な業界、公的機関と連携して手がけ、もはや一つの枠に収められないほどです。シンクタンクさえ持っています。世界規模での吸収合併や多様な企業を子会社化するなど、巨大化してもいます。

その上、ＩＴの発達、変化の影響は大きく、ＩＴ関連事業者との連携、提携は当たり前で、中には相互参入も見られます。大手のポータルサイトは転職サイトとリンクしていますし、個人が就業にまつわる情報をＳＮＳで発信してもいます。膨大な情報の中から、本書に取りあげるものだけを抽出するのも大変な始末でした。

そして、人材ビジネスの範囲はさらに拡大し、新たな発想による事業がスタートしています。それに伴い、働き方も多様になりました。こうしているいまも人材ビジネスに関するニュースが飛び込んでくるのです。いつを最新とすべきでしょうか。

このことは、人材ビジネス自体の拡大、変化、多様化とそれに伴う競争激化を意味しています。同時に、限りない可能性、将来性を示すものでもあります。その意味で、現在、人材ビジネスに関わっている、これから関わろうとするすべての人に本書が少しでもお役に立てれば、筆者としても、本書の改訂作業に苦慮した甲斐があるものと、嬉しく思います。

図解入門
How-nual

索引

INDEX

あ行

か行

索引

さ行

な行

た行

ま行

は行

わ行

英数字

や行

ら行

参考文献

『個人と企業のための　再就職支援全ガイド』　深田洵二著、実業之日本社
『図解　驚異のアウトソーシングビジネス』　戸村聖一著、東洋経済新報社
『アウトソーシングの知識』　妹尾雅夫著、日経文庫
『儲かる会社は　業務委託契約で　リスクなく　人材を活用する』　吉本俊樹＆BMCネットワーク著、明日香出版社
『人材派遣のことならこの1冊』　岡田良則著、自由国民社
『よくわかる派遣業界』　三浦和夫著、日本実業出版社
『コンサル業界の動向とカラクリがよ〜くわかる本』　廣川州伸著、秀和システム
『ITエンジニアが独立して成功する本』　岩松祥典著、翔泳社
『図解　個人情報保護法　早わかり』　岡信浩著、中経出版
『実践　コーチングマニュアル』　伊東明著、ダイヤモンド社
『パート・派遣・契約社員の労働法便利事典』　小見山敏郎著、こう書房
『カウンセリング＆コーチング　クイックマスター』　日向薫著、竹永亮監修、同友館
『キャリアデザイン入門［I］［II］』　大久保幸夫著、日経文庫
『日経経済用語辞典』　日本経済新聞社編
『イミダス』　集英社

ホームページ

厚生労働省／文部科学省／経済産業省
独立行政法人　労働政策研究・研修機構
社団法人　日本人材派遣協会／社団法人　全国民営職業紹介事業協会
社団法人　日本人材紹介事業協会／社団法人　全国求人情報協会
社団法人　全国放送関連派遣事業協会／社団法人　日本添乗サービス協会
社団法人　日本翻訳協会／社団法人　情報サービス産業協会
社団法人　日本機械設計工業会／NPOインディペンデント・コントラクター協会
人材ビジネス企業各社のホームページ

※朝日新聞、読売新聞、毎日新聞、日本経済新聞、日経ＭＪなども参考にさせて頂きました。御礼申し上げます。

●著者紹介

土岐　優美（とき　ゆみ）

人材ビジネスコンサルタント
キャリア・カウンセラー
大手人材派遣会社での経験と自身の再就職・転職経験、新たに身に付けたキャリア・カウンセリングスキルを活かし、キャリア・カウンセラーとして2001年独立、現在に至る。都度の業務委託契約によって活動するIC（独立業務請負人）。人材派遣業においては、派遣業務いっさいを1人で行う拠点スタッフからスタートし、後年は管理全般を行う。全国各地でセカンドキャリアに関する相談と研修に携わったが、近年は執筆活動に注力している。『図解入門　派遣業界の動向とカラクリがよ～くわかる本』（秀和システム）など。

図《ず》解《かい》入《にゅう》門《もん》業《ぎょう》界《かい》研《けん》究《きゅう》
最新《さいしん》人材《じんざい》ビジネスの動向《どうこう》とカラクリがよ～くわかる本《ほん》［第《だい》３版《はん》］

発行日　2020年　2月20日　第1版第1刷

著　者　土岐《とき》　優美《ゆみ》

発行者　斉藤　和邦
発行所　株式会社　秀和システム
〒135-0016
東京都江東区東陽2-4-2　新宮ビル2F
Tel 03-6264-3105（販売）Fax 03-6264-3094
印刷所　三松堂印刷株式会社　Printed in Japan

ISBN978-4-7980-6109-2 C0033

定価はカバーに表示してあります。

乱丁本・落丁本はお取りかえいたします。

本書に関するご質問については、ご質問の内容と住所、氏名、電話番号を明記のうえ、当社編集部宛FAXまたは書面にてお送りください。お電話によるご質問は受け付けておりませんのであらかじめご了承ください。